U0534874

本书受广东省哲学社会科学"十二五"规划2014年度特别委托项目"广州新移民与侨乡社会的互动"（编号：GD14TW01-12）和2013年度中国侨联课题"社会地位补偿视角下的移民跨国实践研究——基于广州花都籍巴拿马华侨华人的考察"（项目批准号：13CZQK202）的资助。特别感谢《广东华侨史》编修工作团队以及张应龙教授、袁丁教授与张国雄教授。

乡土情结还是都市精神？

当代移民与广州社会的双层跨国互动

Rural or Urban Ethos?

Dual-Layered Transnational Interactions between Contemporary Migrants and Guangzhou Society

黎相宜　陈杰　著

中国社会科学出版社

图书在版编目（CIP）数据

乡土情结还是都市精神？：当代移民与广州社会的双层跨国互动 / 黎相宜，陈杰著. -- 北京：中国社会科学出版社，2024.8. -- ISBN 978-7-5227-4146-8

Ⅰ．D632.4

中国国家版本馆CIP数据核字第2024SE0572号

出 版 人	赵剑英
选题策划	宋燕鹏
责任编辑	王正英　宋燕鹏
责任校对	李　硕
责任印制	李寡寡

出　　版	中国社会科学出版社
社　　址	北京鼓楼西大街甲158号
邮　　编	100720
网　　址	http://www.csspw.cn
发 行 部	010-84083685
门 市 部	010-84029450
经　　销	新华书店及其他书店

印　　刷	北京明恒达印务有限公司
装　　订	廊坊市广阳区广增装订厂
版　　次	2024年8月第1版
印　　次	2024年8月第1次印刷

开　　本	710×1000　1/16
印　　张	15.5
插　　页	2
字　　数	215千字
定　　价	85.00元

凡购买中国社会科学出版社图书，如有质量问题请与本社营销中心联系调换
电话：010-84083683
版权所有　侵权必究

序　双层跨国主义：作为枢纽的侨都广州

周　敏[*]

全球移民跨国/境流动的加剧，为国际移民社会学、移民跨国主义以及海外华侨华人研究创造了更广阔的发展空间，也为这些有关国际移民的跨学科领域与传统的社会学领域如城市社会学提供了穿越学科和交叉研究的发展机会。黎相宜和陈杰合著的《乡土情结还是都市精神？：当代移民与广州社会的双层跨国互动》正是在上述背景下展开的。

我认识黎、陈两位作者将近二十年了。我跟黎相宜博士初次见面，是在2005年我第一次应邀回母校中山大学社会学系做讲座期间。那时她还是中大社会学系的本科生。后来她在中大社会学与人类学学院攻读社会学硕士和博士学位，正好我受聘于中山大学"长江学者"讲座教授，与她有了更加密切的接触。相宜的博士论文研究是在王宁教授与我的共同指导下进行的。她以改革开放后中国东南沿海地区华人移民的跨国实践为题，完成了她的博士论文并获得了一系列创新性成果，[①] 其中包括荣获第三届"余天休社会学

---

[*] 周敏，美国洛杉矶加州大学（UCLA）社会学系与亚裔研究系终身讲座教授，美国国家科学院院士、美国艺术与科学院院士。

[①] 黎相宜：《政策性地位、区别化治理与区别化应责——基于一个移民安置聚集区的讨论》，《社会学研究》2020年第3期，第169—192页；黎相宜、周敏：《跨国实践中的社会地位补偿——华南侨乡两个移民群体文化馈赠的比较研究》，《社会学研究》2012年第3期；黎相宜、周敏：《抵御性族裔身份认同——美国洛杉矶海南籍越南华人的田野调查与分析》，《民族研究》2013年第1期；黎相宜、周敏：《跨国空间下消费的社会价值兑现——基于美国福州移民两栖消费的个案研究》，《社会学研究》2014年第2期；Min Zhou, Xiangyi Li, "Remittances for Collective Consumption and Social Status Compensation: Variations on Transnational Practices among Chinese International Migrants", *International Migration Review*, 2018, 52 (1): 4-42。

优秀博士论文奖"（社会学界博士学位论文的最高荣誉）以及于2019年出版学术专著《移民跨国实践中的社会地位补偿：基于华南侨乡三个华人移民群体的比较研究》。① 相宜的"社会地位补偿"概念对原有以民族国家为分析单位的社会学知识框架和传统社会学理论预设进行了修正，并推进了移民跨国主义理论与移民跨国实践的比较研究。她指出，国际移民可以利用不同国家的货币汇率及在全球的阶层等级差异，最大限度发挥其在祖籍国与移居国的边缘性杠杆作用，通过跨国实践模式实现"社会地位的季节性表达"，其社会地位表达可以不再固着于一个客观存在、静态同质的社会空间。她的这一结论回应了跨国主义理论给传统社会地位理论所带来的冲击。在同一期间我也认识了陈杰博士。他所在的广州市社会科学院社会学研究所的国际移民与海外华侨华人的研究团队，与我一直保持着长期合作关系，陈杰是其中活跃的一员。陈杰也是在中大的社会学与人类学学院攻读博士学位的。他的人类学博士论文基于海南侨乡的田野调查，于2008年完成，并在2015年、2017年到移居国泰国的曼谷和清迈作后续补充调研，于2023年出版了学术专著《两头家：华南侨乡的家庭策略与社会互动》②，对理解中华文化语境下的家及其跨国形式有着独到的贡献。

2013年始，在过往研究的基础上，黎、陈两位学者围绕着华人移民与家乡的跨国互动这一议题启动了一个合作项目，聚焦于源自侨都广州（以下简称"广州籍"）的海外华侨华人与广州社会的跨国互动。该项目选题背后的考量更多是为了突出"侨都"的独特性，并将之与传统"侨乡"——中国沿海的广东、海南和福建传统侨乡——做一个互为映照，围绕国际移民与不同祖籍地社区类型的跨国互动模式和结果等相关议题，对国际移民跨国主义理论与城市社会学的社区研究理论进行回应。目前读者看到的这本书就

---

① 黎相宜：《移民跨国实践中的社会地位补偿：基于华南侨乡三个华人移民群体的比较研究》，中国社会科学出版社2019年版。
② 陈杰：《两头家：华南侨乡的家庭策略与社会互动——基于海南南村的田野调查》，社会科学文献出版社2023年版。

是该项研究的重要成果之一。

一　城市社会学与社区研究

美国学界最早从社会学视角关注的城市社区，是国际移民聚居的少数族裔社区，以美国芝加哥学派人文区位学和城市社会学的学者，如帕克、伯吉斯、麦肯兹、沃斯、佐尔博、甘斯等为代表。① 对于少数族裔社区的研究，经典理论一般将不同的族裔飞地/聚居区（ethnic enclave）视为与主流社会相互隔离的"分隔型社区"。这种隔离格局（segregation）被视为少数族裔族群自身文化凝聚力的结果，而族裔性（ethnicity）从长远看将会强化社会隔离、阻碍族群成员融入主流社会。而我研究的城市社区，虽然同样是由移民及其后裔所组成的族裔聚居区，但关注的重点是族裔社区内部的社会和经济结构如何与国际筛选性（immigrant selectivity）、族群迁移历史以及与移居国大社会互动的发展过程和结果。②

我通过长期追踪和比较研究发现，不同族裔聚居区的组织完备性（institutional completeness）及族裔资本（ethnic capital）生产因族群迁移历史和移民筛选性的不同而呈现差异。族裔聚居区的兴衰及其与主流社会的整合程度取决于社区族裔资本、族裔文化、族裔组织与宏观社会结构的互动。唐人街与其他族裔聚居区的不同之处，在于它自身具有多元化程度较高的、并能与大都市经济接轨的聚居区族裔经济（ethnic enclave economy）。这一聚居区族裔经济中包括低端和高端两条轨道，双向而不是单向地发展。唐人街族裔经济的二元发展模式与主流经济的二元结构（核心与边缘）有共

---

① Robert E. Park, Robert D. Mc Kenzie & Ernest Burgess, *The City: Suggestions for the Study of Human Nature in the Urban Environment*, Chicago: University of Chicago Press, 1925; Louis Wirth, *The Ghetto*, Chicago: University of Chicago Press, 1928; Harvey Warren Zorbaugh, *The Gold Coast and the Slum: A Sociological Study of Chicago's Near North Side*, Chicago: University of Chicago Press, 1929; Herbert Gans, *The Urban Villagers*, New York: Free Press of Glencoe, 1962.

② Min Zhou, *Chinatown: The Socioeconomic Potential of an Urban Enclave*, Philadelphia: Temple University Press, 1992.

通之处，它既包含核心经济和高端轨道的特征，又包括边缘经济和低端轨道的特征。当代华裔经济是呈双向发展的，其保护型和外向型经济的二元结构的形成和发展有利于促进华人移民向上社会流动。比如，华裔经济中的保护型经济活动（protected sector）即依赖华人社区内部多元的、跨阶层的族裔消费需求的发展，不仅满足了供求平衡、有效保证族裔经济的资本再生产，也丰富了族裔社会资源在社区内部的良性循环，防止因社会隔离所产生的副作用。华裔经济中的外向型经济活动（export sector）可以使利润和收入源源不断地从主流经济注回族裔经济，因而强化社区内循环机制，进一步促进族裔经济在社区内的再投资和再生产。[1]

此外，我还和著名国际移民学者、普林斯顿大学阿列汗德罗·波特斯教授（Alejandro Portes）共同提出多向分层同化（segmented assimilation）理论[2]，探讨族裔性和族裔聚居区是如何与移居国社会互动、如何塑造国际移民不同的社会融入路径的。由于作为移居国的美国是一个异质分层鲜明的社会结构。这使得当代国际移民及其后代的社会融入或同化呈现多种类、多层次的结果，其中通过三条比较显著的路径：第一条是传统的向上社会流动路径（upward assimilation），指国际移民通过与主流社会持续的文化适应和经济整合，随着时间推移，逐渐从边缘汇入主流，融入移居国社会的中产阶级，如搬迁至以白人为主的中产阶级城市社区或郊区。第二条路径是向下社会流动路径（downward assimilation），指国际移民在文化适应和经济整合的过程中，因结构性障碍被围困于城市贫困社区之中，继而融入移居国社会的边缘，如城市贫民窟。第三条途径则是通过族裔社区有选择地进行文化融合，利用族裔资源融入移居国社会，成为中产阶级。后一种融入方式是在保留本族群族裔性的

---

[1] Min Zhou, *Chinatown: The Socioeconomic Potential of an Urban Enclave*, Philadelphia: Temple University Press, 1992.

[2] Alejandro Portes and Min Zhou, "The New Second Generation: Segmented Assimilation and Its Variants among Post-1965 Immigrant Youth", *The Annals of the American Academy of Political and Social Sciences*, 1993, 530: 74-96.

基础上，有选择吸收主流文化，重构族裔社会网络和社区组织，创设族裔特有资源，借助族裔优势和族裔资本融入主流社会。①

由此可见，我一直从城市社会学的经典命题出发，批判性地考察移居国社会及国际移民社区的多元性、异质性、杂糅性及其变迁所带来的社会结果，尤其是不同的族裔社区对族群成员社会融入的影响。而族裔社区的这些特质不仅发生在输入地，也受输出地社会变迁的影响。正如黎、陈两位学者在本书所关注到的，世界范围内众多的国际移民输出地经历了急剧的社会变迁和城市化。一方面，原本具有村落共同体形态的传统国际移民输出地由于大量人口向外流动而出现村落空心化。同时一些邻近传统移民输出村落的乡镇因城市化变为中心城市或市郊。另一方面，越来越多的中心城市也因有不少移民迁移海外而成为新的移民输出地。传统的和新兴的国际移民输出地的社会结构由于城市化带来的变迁及随之而来的内部异质分化，使很多发展中国家的国际移民输出地同时兼具了乡村与都市的双重特征。《乡土情结还是都市精神？》从城市化与社会转型视角，展示了国际移民输出地的这种乡村—都市二元形态是如何影响了其与海外移民跨国互动的频率、模式与结果的。正如书中所指出的，当代国际移民输出地社区兼具了乡村共同体与陌生人社会的特质，这使得社区内国际移民所能得到的社会支持网络，以及与海外移民保持联系的跨国社会网络，兼具了同质性与异质性、强关系与弱关系的性质。② 此外，这些国际移民输出地所体现出的"乡都二元性"也意味着其本身社会经济发展的不均衡，与国际移民输入地在世界体系中的位置差异以及国际移民在不同社会空间中所感知的不同的"社会地位落差"③，会进一步塑造不同的跨国主义路

---

① Alejandro Portes and Min Zhou, "Gaining the Upper Hand: Economic Mobility among Immigrant and Domestic Minorities", *Ethnic and Racial Studies*, 1992, 15: 491522.

② Mark S. Granovetter, *Getting a Job: A Study of Contacts and Careers*. Cambridge, MA: Harvard University Press, 1974.

③ 黎相宜：《移民跨国实践中的社会地位补偿：基于华南侨乡三个华人移民群体的比较研究》，中国社会科学出版社2019年版。

径与模式。可以说，该书结论也在一定程度上回应了社会变迁与城市社会学理论中有关有机团结与机械团结①、社区与社会②等经典命题的讨论。

二 国际移民理论与跨国主义模式

移民跨国主义是近三十年国际移民研究领域的热门话题。阿列汗德罗·波特斯教授将跨国主义分为草根跨国主义（transnationalism from below）与政策导向跨国主义（transnationalism from above）两种。③ 波特斯的区分主要以跨国实践主体作为区分不同类型的跨国主义活动。但这种区分没有考虑到跨国互动模式的性质。跨国互动模式不仅受到国际移民自身的社会经济背景、迁移模式、移居的社会适应和社会融入程度的影响，还与国际移民输出地的文化以及社会经济特征有着密切关系。

华南学派的领军人物陈春声教授曾在一篇文章中指出，从19世纪中叶开始，在华南地区（尤其闽、粤两地）有大规模的人口流向东南亚，这导致移民输出地的地方社会向侨乡社会转型④。海外移民扮演"士绅"的角色，承担起为村庄共同体提供公共物品（public good）及照顾老弱病残的社会责任⑤。可以说，基于费孝通

---

① Emily Durkheim, *The Division of Labor in Society*, Free Press, 2014.
② Ferdinand Tonnies, *Community and Society*, Dover Publications, 2011.
③ Alejandro Portes, "Conclusion: Theoretical Convergencies and Empirical Evidence in the Study of Immigrant Transnationalism", *International Migration Review*, 2003, 37（3）: 874-892.
④ 陈春声：《海外移民与地方社会的转型——论清末潮州社会向"侨乡"的转变》，徐杰舜，许宪隆主编：《人类学与乡土中国——人类学高级论坛2005卷》，黑龙江人民出版社2006年版。
⑤ 陈志明：《人类学与华人研究视野下的公益慈善》，《中山大学学报（社会科学版）》2013年第4期；段颖：《跨国网络、公益传统与侨乡社会——以梅州松口德村为例》，《中山大学学报（社会科学版）》2013年第4期；陈杰，黎相宜：《道义传统、社会地位补偿与文化馈赠——以广东五邑侨乡坎镇移民的跨国实践为例》，《开放时代》2014年第3期。

所说的"差序格局"① 与"士绅传统"② 发展而来的道义责任是维系中国东南沿海与其海外华侨华人的重要纽带，深刻塑造了传统侨乡的社会结构、组织形态和社会文化资本。

上述侨乡传统的变化始于新中国建立，更是在改革开放后发生了巨大变化。随着中国改革开放及城市化进程加速，大量农村人口进入城市，造成乡村空心化。而大城市也在不断向周边扩展，不少城乡结合部的村落被合并至城区而不复存在。③ 这些社会变迁与结构转型折射在国际移民输出地则呈现为侨乡社会大面积空心化并引发侨乡传统的逐渐式微④。与此同时，传统的国际移民输出地大量杂糅了乡村与大都市的特性，形成了以都市为中心的新国际移民输出地。不少中国学者已经关注到这一社会变迁现象对海外华人移民与祖国家乡跨国互动的深远影响，比如暨南大学张应龙教授早在2005 年就提出了"都市侨乡"的命题。⑤

黎、陈两位学者在此基础上进一步提出"双层跨国主义"的分析框架，探讨具有双重结构特征的移民输出地与海外华侨华人跨国主义实践中所呈现的双层互动特征：一是侨乡型跨国主义（qiaoxiang transnationalism），二是侨都型跨国主义（qiaodu transnationalism）。其中，侨乡型跨国主义的行动者对家乡具有一种浓厚的乡土情结及强烈的道义责任，他们与祖籍地的互动基本延续了以往基于物质经济层面的传统互动模式，如侨汇、公益慈善捐赠以及带有使命感的投资等。而侨都型跨国主义的行动者与家乡的跨国互动更多从物质经济层面迈向其他非经济层面，如智力、技术、思

---

① 费孝通：《乡土中国生育制度》，北京大学出版社1998 年版。
② 费孝通：《中国绅士》，中国社会科学出版社2006 年版。
③ 李培林：《村落的终结——羊城村的故事》，中国社会科学出版社2014 年版。
④ 陈杰、黎相宜：《海南冠南侨乡公共文化空间的变迁——兼论侨乡范式的式微》，《广西民族大学学报（社会科学版）》2014 年第5 期。
⑤ 张应龙：《都市侨乡：侨乡研究新命题》，《海外移民史研究》2005 年第3 期；张应龙：《都市侨乡研究：广州市荔湾区调查》，见陈志明、丁毓玲、王连茂主编《跨国网络与华南侨乡：文化、认同和社会变迁》，香港中文大学香港亚太研究所2006 年版。

想、观念等方面，呈现出现代性与非经济化特征。上述两类跨国主义在现实生活世界中常常交叉影响，侨乡型跨国主义和侨都型跨国主义的互动类型会出现叠合和相应调整，比如跨境贸易上升，纯公益型捐赠下降，跨国政治与民间文化交流等非经济跨国互动频率增加。双层跨国主义的分析框架为我们理解都市输出地，如北京、上海、杭州乃至全中国其他新兴大城市，与海外华侨华人的跨国互动提供了新视角。

三 集侨乡与侨都为一体的广州

侨乡中山和侨都广州都是我的娘家。中山和广州都是我的家。我妈是广州人，我爸是中山人，我从小就在两地跑，既是广州人，又是中山人。我外婆家在广州，小时候每年的寒暑假都会去广州，在我舅舅和姨妈家住上个把月，与表兄弟姐妹玩耍。1978年初我考入中山大学，毕业后留校工作，在广州生活了将近七年时间。广州也是我的婆家，我在那里结婚生子。我先生是我的大学同学，他父母是南下干部，他是在广州出生和成长的广州人。1984年出国后每次回国，中山和广州都是我探亲的目的地。在广州，除了妈妈那边的亲戚，我和我先生还有很多同学和朋友。可以说，我见证了改革开放以来广州高速的经济发展与社会的剧烈变迁。

广州市作为广东省省会，一直是广东移民出国的集散地和辐射地。广州人迁移海外的历史以及形成的社会文化传统一直延续至今。正如本书作者所分析的，广州城市化发展较早，也是中国改革开放的前沿地。广州籍移民长期受到大都市和侨乡文化的熏陶，他们在改革开放先行一步和数百年跨国移民网络的重新激活的优势下迁移海外，遍布全球。同时广州又有传统侨乡的一面：随着广州城市化推进，许多近郊农村和城郊结合部均被并入广州城区。这些近郊和城郊结合部的大小村落长期为乡土社会，从城市近郊农村移出的移民在迁移模式上与源自传统侨乡的移民很相似，都是以亲缘、地缘为基础的一种劳工移民迁移模式，他们在移居国的社会地位相对比较边缘。如源自广州花都区的巴拿马华人移民就是一个典型案例。花都籍移民在巴拿马所发展出来的浅层融入、深层区隔的工具型社会适应模式，使其深层次的社会心理需求主要透过跨国主义实现。这些前花县①乡村移民与家乡的跨国互动既与其他传统侨乡的华人移民群体有着共性，也由于输出地广州的城市化进程与输入地巴拿马的政经特征而发展出不同于其他乡村移民的跨国互动形式。

此外，本书作者还观察到，广州是当代华人移民进行跨国活动的首要空间，但不是唯一空间。广州籍的海外华侨华人会回来进行跨境消费、社会捐赠、经济投资、政治参与，这为他们在世界范围内频繁的多空间跨国活动提供了情感、信息与资金支持，促进了华人多空间跨国网络的形成和扩展。随着广州社会经济发展，也有越来越多新移民选择回到广州定居。同时，随着全球化加深，很多新移民的跨国主义已经超越了广州、广东乃至中国，遍布世界各国。对于一些广州籍移民来说，单一的祖籍国或移居国并不能够完全满足他们获取多种资源的需求。因此他们试图采取多空间弹性策略，不断流动于世界多个空间（不仅仅限于祖籍国与移居国），在其中居住、经商甚至参与当地政治经济与社会文化生活。这种多空间跨国模式是广州移民尝试巩固经济所得、实现地位提升与分散政治风险的重要方式，其跨国活动及跨国实践空间随着个体生命历程发展、家庭成员流动与跨国社会网络扩张而呈现出多空间、不定向、多层次的特点。

上述社会事实呈现出广州作为国际大都市不同于其他传统侨乡的特性以及广州籍移民与祖籍地广州之间的跨国互动的侨都特征。广州自古就是中国海上贸易和移民出洋最早、最多的城市，也是中国的南大门——大陆与海外世界连接的重要节点。在日益加剧的全球化进程中，广州与各类国际移民的跨国互动不仅在国际移民与跨

---

① 花都区曾经是广州市近郊的一个市属农业县——花县，2000年后成为广州市的一个市辖区。

国主义研究领域具有重要的理论意义，而且对于这一议题的探讨也能为广州建设枢纽型侨都①提供实证依据。遗憾的是，学界对广州华侨华人尤其是当代广州籍移民的研究仍处于较零散状态。本书正好做了有益补充。

四 都市移民社区的混合研究方法

我在1980年代中期做的有关纽约唐人街的博士论文研究②采用了一种定量和质性混合的研究方法（mixed research methods），这在当时的城市社会学领域是为数不多采取混合研究方法的创新性尝试。源自大都市的国际移民群体具有多元异质的特征，他们在移居地的居住分布广泛，缺乏相关的定量数据，这导致难以获取调研抓手，并使研究难以深入。我很高兴看到本书的两位作者为了解决这一问题，在研究中综合运用田野调查、口述史及问卷调查等多种资料搜集方法，并采用了质性资料与统计数据结合的呈现方式。

黎、陈两位作者整合了自身的田野调查与广东华侨史团队搜集整理的珍贵口述史资料，并在此基础上进行多角材料交叉。2013—2017年，两位作者陆续在重点国际移民输出地（花都区的狮岭镇和花侨镇、海珠区、白云区、番禺区、南沙区）完成了有关广州籍华侨华人的田野调查，并对广州市及各区的侨办、侨工委、侨联、政协等涉侨部门进行了侨情调研，同时还前往福州、温州、青田、泉州等地进行补充的比较调研。此外，从2013年开始，两位作者参与了编修"广东华侨史"工程项目。"广东华侨史"是广东省"十二五"期间及之后一段时期侨务工作和文化强省建设的重点工程。2013年11—12月，相宜还随"广东华侨史"团队前往菲律宾马尼拉和印尼雅加达、泗水、棉兰、巴厘岛等地搜集当地华侨华人口述资

---

① 《江帆：加快建设新时代枢纽型侨都》，http://www.gzqw.gov.cn/c/tyzx/qwgzg-zdt/39012.jhtml，阅览时间：2024年3月18日。

② Min Zhou, *Chinatown: The Socioeconomic Potential of an Urban Enclave*, Philadelphia: Temple University Press, 1992.

料。本书作者还充分利用了"广东华侨史"编写团队在北美、拉美、大洋洲等地搜集的有关广州华侨华人的口述历史资料。

此外，本书作者还使用了2015年、2019年"广州社会状况综合调查"（Guang Zhou Social Survey，简称GZSS）的统计数据。"广州社会状况综合调查"是广州市社会科学院于2015年发起的一项全市范围内的大型连续性长期纵贯抽样调查项目。两位作者作为课题组成员参与了2015年、2019年的问卷设计与调查。该调查采取的是PPS和等间距相结合的抽样方法，随机入户、等概率抽样的方式，以保证每个受访者被抽中的几率是均等的。其中2015年数据覆盖全市8个区20个街道的50个社区，2019年数据覆盖了全市11个区50个街道的100个社区。在调查问卷中，设置了有关广州居民的海外关系的一系列问题，这也是中国国内为数不多的、涉及中国居民的海外亲属及其相关情况的纵贯社会调查。

值得指出的是，本书作者采用的多角材料交叉、多种分析方法综合与多元书写方式并不是为了"炫技"，而是为了从不同侧面深入分析研究对象，更好地理解国际移民输出地的乡都二元性以及由此带来的双层跨国主义模式。美中不足的是，本书在探讨侨乡型跨国主义时使用了丰富生动的田野调查与口述史资料，但在探讨侨都型跨国主义时则主要依赖统计数据分析，因而字数略少。

瑕不掩瑜，黎相宜和陈杰两位作者从社会学视角出发，提出了国际移民输出地的乡都二元性以及双层跨国主义模式，以大量事实和数据探讨了广州籍移民与广州社会的跨国互动，为我们理解中国其他都市型社会（如北京、上海、杭州等）乃至其他发展中国家的新兴大城市与海外移民的跨国互动，以及世界其他国际移民群体与输出地的政治、经济、社会与文化联系提供了新视角、新思路，在拓展移民社会学、城市社会学的研究边界及其跨学科交叉融合上无疑是一大贡献。

2024年4月15日于洛杉矶

目　录

引子　传统与现代双重面相下的跨国主义……………………… 001

绪　论………………………………………………………………… 001
　　第一节　问题：侨乡、侨都与移民………………………… 001
　　第二节　文献：移民跨国主义与社会发展………………… 003
　　第三节　框架：双层跨国主义……………………………… 025
　　第四节　方法：案例与资料………………………………… 027

第一章　当代广州移民的双重跨国主义背景……………………… 031
　　第一节　缓和与重启：新移民的产生背景………………… 031
　　第二节　多元与糅合：新移民的发展特征………………… 033
　　第三节　侨乡与侨都：广州作为移民输出地……………… 038

**第二章　乡土情结与道义责任：广州移民的侨乡型
　　　　　跨国主义**………………………………………………… 044
　　第一节　亲缘型劳工移民：花都人在巴拿马……………… 046
　　第二节　乡土道义模式：侨乡型跨国主义………………… 112
　　第三节　小结………………………………………………… 159

第三章 都市精神与全球视野：广州移民的侨都型跨国主义 ……………………………………………… **161**
  第一节 都市移民的全球迁移…………………… 162
  第二节 非经济原子化模式：侨都型跨国主义……… 167
  第三节 小结……………………………………… 184

结 论 ………………………………………………………… **187**
  第一节 从乡土到现代：移民输出地的社会转型…… 187
  第二节 从双层到多层：移民跨国主义及其未来…… 189

参考文献 ……………………………………………………… **194**

后 记 ………………………………………………………… **223**

引子　传统与现代双重面相下的跨国主义

1986年阿静出生在广东开平。那里是中国著名的侨乡，大部分的华侨华人分布在美国和加拿大。但是阿静没有去北美。她的堂伯父早年在巴西里约发迹，阿静所在的村与邻近的村不少循着这个轨迹到了里约（Rio Grande）。阿静全家也是其中的成员。阿静十岁那年跟着家人到里约开小餐馆，三年后家人才还清了当年因移民而借堂伯父的费用。阿静边读书边给家里打工。她觉得父母相对重男轻女，若干年后父母的产业大多留给了唯一的兄长，她的兄长目前在巴西，事业发展得风生水起，而她利用精通中葡双语的语言优势开始了跨界的生活和生计。2006年，阿静跟着同样在里约谋生的浙江朋友到义乌考察，决定与一位在浙江结识的朋友经营往来于里约和义乌的进出口贸易公司。这个合伙人后来成为阿静的第一任男朋友。合伙公司生意终止于合伙人提出分手。阿静的第三份工作是在距离里约大概四五个小时车程的另一座城市维多利亚（Vitoria）。当时中国石化集团驻当地机构招聘翻译，阿静很快应聘上，她说那时的工作很清闲，并与一位天津到巴西公干的航空公司的工程师谈了一段短暂恋爱。这时阿静在加拿大生活的远亲介绍了阿辉给阿静认识。两人通过QQ一来二去，建立了恋爱关系。

阿辉1982年在广州花都出生，祖籍广东清远，小时候随祖父母生活，初一时投奔在花都做皮具生意的父母。当时的花都叫花县，隶属于广州，1993年撤县设花都市，2000年撤销花都市，设立广州市花都区。阿辉在北方一所重点大学毕业后回到清远，在一家国企工作了一段时间。2010年，在尼日利亚的一位中国朋友怂恿下到首都阿布贾（Abuja）做屋顶瓦片生意。生意经营转淡后，阿辉转到尼日利亚最大城市拉各斯（Lagos）的中国领事馆下属的企业工作，主要负责尼日利亚人到中国的签证事宜。每年中国给尼日利亚四万个签证名额，广交会期间不限额。阿辉说，大部分尼日利亚人是到"广州"淘金的，他在尼日利亚见证了尼日利亚人往返广州的国际人口流动历史。阿辉在2012年回到广州，在天河区的火车东站附近重操屋顶瓦片生意。这时阿静在加拿大生活的远亲介绍了阿辉给阿静认识。两人通过QQ一来二去，建立了恋爱关系。两个平行的世界发生了交集，他们的跨国经历对未来的人生将产生深远影响。

阿静在QQ上和阿辉网恋半年后，到广州与已经回国工作的阿辉一起生活。2014年，阿辉随已有身孕的阿静回到里约。阿辉逐渐学会了简单的葡萄牙语，可以基本应付阿静家里伙食店内的生意。2017年，当两人决定到美国旧金山投奔阿静的亲戚时，阿静意外发现自己又怀孕了，于是全家人放弃了前往美国打拼的念头。在第二个儿子出生后，阿辉抱着要让两个儿子学习中华文化的想法，决定回中国发展。他们先是在开平以阿静父母名义买的房子住下来。阿静也开始了日夜颠倒的工作模式，她通过互联网联系并协调巴西的朋友从巴西出口大米到委内瑞拉边境。阿静现在瘀黑的手肘是当时生意兴隆、24小时在电脑前连轴转给身体留下的痕迹。三年后，他们的大儿子转眼到了入小学的年纪，但发现因房产无阿静名字而无法就近入学。阿静和阿辉选择回到清远城区买房。受全球疫情影响，巴西与委内瑞拉边境贸易受到限制。阿静成为中国与巴西热带鱼贸易的中介经纪人，为巴西老板和中国老板提供翻译与转介服务。阿静和阿辉每天从晚上九点开始忙碌，因为在里约是早上八点，港口货运开始。

阿静和阿辉的定居生活并未就此稳定下来。阿静时时想念在里约的生活。而当阿辉和阿静向我们展示家里的巴西地图时，则告诉我们不打算回里约，而是计划去巴西东北部重要海港福塔莱萨（Fortaleza）生活，因为那里有一些朋友，可能会有商机。阿静希望两个儿子趁这几年能够把中文学好，在大儿子读初中时举家回巴西，日后以国际留学生身份来中国留学，毕业后返回巴西从事跟中巴经贸与文化交流有关的职业。阿静也向往去广州，但觉得那里没有"社会网络"（笔者注：这是阿静原话，而非我们强加的学术术语）可以支持孩子未来的发展。

同时，两人和开平、花都、浙江甚至尼日利亚的联系也从未中断。阿静说沿袭爸爸妈妈的习惯，每次回开平都得请大家在县城吃饭，三十多个人，每个人都得派红包。最近清明节，开平老家摆外嫁女回乡宴，她不回去也给了红包。阿辉还时不时回到花都办出入境手续，并且和我们说花都的出入境办事人员的态度比广州其他老城区好太多了。阿辉还说在广州看到的大多数尼日利亚人是南部的伊博族。本书截稿的时候，阿静还跑去温州帮助商业伙伴，接待从巴西来洽谈生意的老板。

阿静和阿辉与我们熟知的华人移民故事很类似，比如阿静展示出的是一个来自乡村的女性移民故事，基于地缘血缘的连锁迁移，依托家庭作坊的在地融入模式，沿袭履行道义责任的侨乡传统（参见黎相宜，2019；陈杰、黎相宜，2014a），以及与祖籍国、所在国及第三国发生的多层次、不定点的跨国互动（参见黎相宜、陈送贤，2019）。阿辉则更多呈现出一个都市移民的形象，其与清远、花都的跨国互动更多局限于家庭范围。但与此同时，阿静身上出现了很强的现代性与都市精神，热情洋溢，开放包容。而阿辉则对于清远乡下依然有着一种眷恋与乡愁，更像是一个来自乡村的谦逊的乡绅。

他们所呈现的传统与现代的双重面相、自身所杂糅的都市性与乡土性以及由此带来的一系列困惑，似乎恰如我们本身以及我们所身处的社会。如果仅从研究视角来看，他们的故事似乎过于零碎，难以整合到一个更为宏大又具有理论创建的学术研究中去。但是，当我们听他们讲述自己的故事时，我们的感受是震撼的。我们长期关注的是国际移民与华侨华人的"跨国主义"（transnationalism）议题。应该说，这个议题在研究对象上具有一定特殊性和局限性。我们首先考虑的是要到哪里、找谁，找到的素材能否构成一个总体性的、有关国际迁移与跨国实践的"社会事实"。在五邑、潮汕、梅州、闽南、福州、海南这些被称为传统侨乡的地方，要寻找到抓手展开调研主要依赖于侨乡的各种地缘亲缘组织以及在海外的华人社团。但要在像广州这样的大城市中寻找这些抓手并非易事。谁是广州移民？谁会和广州互动？上哪里可以找到他们？并且，在哪里可以观察到他们与广州的跨国互动？他们是不是一个完整的社群，研究这些零碎的片段究竟有什么样的社会学意义？这也让我们感受到超大城市里隐藏着这些跨国流动的人口，他们的行踪与网络像毛细血管一样丰富，从乡村到二、三线城市，最后总也绕不开类似像广州这样的枢纽型大城市。这也使得我们在开展本研究的时候，突然发现自己原本具备的一些调研技能变得无用武之地。虽然，我们采取了多点田野调查、口述史、问卷调查与文献档案等多种材料交叉的方式，尽可能扩大资料规模与拓展资料维度，但总感觉不尽如人意，以至于对本研究的学术意义与学术价值有所怀疑。

而我们在修改书稿的过程中，意外认识阿静和阿辉后，感觉对广州及周边地区的国际移民图景豁然开朗。他们的故事组成了千千万万个国际移民的故事。他们可能就是我们的邻居、同学、朋友，他们湮没在都市当中，但通过网络、各种社交媒体甚至传统社交及仪式与周遭世界发生千丝万缕的关系。他们的职业选择、生活方式、家庭策略（麻国庆，2023；陈杰，2023）以及与祖国家乡的互动也许与我们有所不同。以至于我们可能往往有了一种观望"他者"的"猎奇"心理。但他们的困惑也许和我们每个普通人也并没有很大差异。"我们"和"他们"都想要通过自己的努力争取更好的工作机会与美好生活，期冀通过自己的网络与资源让孩子拥有多种选择与璀璨未来。我们也都会面临"行而不得"的挫败,"反求诸己"的调整,与"直面人生"的释然。我们在书写他们的故事的时候,也给了"我们"重新审视自己人生的机会。而国际迁移与跨国互动本身是一个过程,而非终点。他们为应付自己所处的状况而进行各种实践活动,或者根据自己的条件去重新解释各种未必对他们有利的条件,通过这种办法来绕行或克服自己的困难处境(参见广田康生,2005)。谁会成为(becoming)国际移民与跨国互动者,可能本身并不是我们要奔赴某个抽象理论过程中的一个方法工具,也许就是需要我们孜孜以求、不断追寻的问题。

绪　　论

第一节　问题：侨乡、侨都与移民

广东作为海外华侨华人人数最多的省份，一直以来是国际移民与华侨华人研究关注的重点领域。在海外的广东籍华侨华人、港澳台同胞近3000万人，其中华侨华人约2000万人，遍及世界100多个国家和地区。但以往研究大多关注广东的传统侨乡，如五邑、潮汕、梅县等地区与集中在北美及东南亚的移民的跨国互动（黄静，2003；肖文评，2008；张国雄，2003），反而往往忽视了广州作为一个区域政治、经济、文化中心及其内在的社会形态与文化特征，如其在整个近代以来的国际移民活动中所扮演的关键角色，以及广州移民与作为广东华侨华人中心点的祖籍地——广州之间的互动以及影响。实际上，广州作为广东省省会，自古就是中国海上贸易和移民出洋最早、最多的城市，一直是广东移民出国的集散地和辐射地，也是大陆与海外世界连接的重要节点。广州人迁移海外的历史以及形成的文化传统一直延续至今。

目前广州的华侨华人与港澳同胞人数在中国直辖市及计划单列市中位居第一，有海外华侨华人、港澳同胞和归侨、侨港澳眷属近400万人，其中市内归侨侨眷、侨港澳眷属近160万人，占广州户籍人口近1/5，海外华侨华人、港澳同胞近240万人，分布在世界130多个国家和地区。[①] 广州作为一个国际性大都市，其在与海外

---

① 上述数据由广州市人民政府侨务办公室提供，侨情变化迅速，相关数据仅供参考。

移民的互动方面既与五邑、潮汕、梅州等传统侨乡有相似之处，也存在着比较明显的差异。这与广州的乡都二元性以及广州海外移民兼具乡土情结与都市精神的双重特征有着密切关系。张应龙（2005）曾就广州的情况，提出"都市侨乡"的命题，将一个城市的海外华人和在城市居住的侨眷、侨属人口数量作为界定"都市侨乡"的最重要的依据，此外还提出把地区级以上的城市的"中心城区"作为主要的研究对象。此外，广州所辖的区域内仍然保留了不少"乡村侨乡"，比如在番禺、花都、从化、增城等地就分布着不少拥有众多海外华侨华人的农村社区。尽管在都市化快速发展的背景下，部分农村逐渐转变成城市的郊区甚至成为城区。但仍然有一些侨乡尚未被纳入城区，依然还保留着"乡土味"较浓、以"熟人圈"为主的侨乡社会。这些乡村侨乡与都市侨乡（本书称为"侨都"）在人口、社会结构特征以及与海外移民的互动上都存在着一定差异，值得做进一步比较研究。当然，我们也不能完全地将城市中心城区以及郊区的海外移民割裂来看。实际上，城市中心区的居民不少就是来源于广州近郊的乡村居民，许多乡村居民迁移海外后也会在城市中心区购买商铺、房产，将家庭迁移至城市中心居住。其与广州社会的跨国互动既具有乡土情结特征也同时具有都市精神。

在中国提出"一带一路"倡议的新时代背景下，广州与各类国际移民的跨国互动不仅在国际移民与跨国主义研究领域具有重要的类型学意义，而且对于这一议题的探讨也能为广州建设枢纽型侨都①提供实证依据。本书将广州整个行政管辖范围②作为分析单位，通过梳理移民的家庭史、生活史、迁移史以及跨国实践资料，探讨

---

① 《江帆：加快建设新时代枢纽型侨都》，http://www.gzqw.gov.cn/c/tyzx/qwgzg-zdt/39012.jhtml，阅览时间：2024年3月18日。
② 涉及广州11个区，分别为越秀、海珠、荔湾、天河、白云、黄埔、南沙、增城、从化、花都、番禺。

以下相关问题：在广州的乡都二元背景下，当代广州移民①的侨乡型跨国主义（qiaoxiang transnationalism）与侨都型跨国主义（qiaodu transnationalism）是如何形成与发展的？这种双层跨国主义又对广州社会产生了怎样的影响？

第二节 文献：移民跨国主义与社会发展

作为国际移民的重要组成部分，当代广州移民与移民输出地的跨国互动受到个体与群体、微观与宏观、文化与结构等多层面因素影响。我们对于该议题的探讨应放置在国际移民跨国主义与全球社会发展这一学术脉络下来理解。我们将分别从发展视角与跨国主义视角切入进行相关文献的梳理与评述。

一 发展视角下的国际移民与跨国主义

下面我们将从发展视角切入，探讨国际移民是如何在全球化与社会发展的浪潮下产生、发展并不断变化的，社会发展又是如何影响移民跨国主义的（周敏、黎相宜，2012；周敏、张国雄主编，2012：393-410）。

移民为什么会迁移？"推拉理论"是最早对移民的迁移原因进行解释的。在"推拉模型"中，"推力"指祖籍地导致个体外流的排斥因素，"拉力"则指移居地的高收入、良好的生活前景等有利于个体发展的吸引因素。"推—拉"理论提出后饱受批评。有学者指出，"推拉理论"设计了一个简易灵巧的大框架，研究者可以任由"自由想象"而往里进行"填充"，但却无视移民主体在迁移过程中的主观能动性与随意性，而且无法回答在相似的"推拉"因素作用下，同一群体并不都选择迁移，有的群体提前停止了迁移，

---

① 本书讨论的大部分为改革开放后出去的新移民，这一群体与广州社会互动最为频繁，但也涵盖部分仍与广州保持密切联系的老移民群体。故本书大部分使用"当代广州移民"一词，用以涵盖上述群体。

有的即使在"推拉"因素出现变化后还依然迁移（李明欢，2000）。随后的移民研究超越了简单的"推力"与"拉力"的分析框架，而更多试图解释迁移所形成的历史背景及其对移民个体所产生的影响。在学术界产生深远影响的移民动因理论主要包括经济论与体系论。新传统理论用于解释经济发展进程中的劳工移民问题，包括宏观论与微观论。宏观论认为国际移民是由于世界体系范围内不同民族国家对劳动力需求不同所引起的（Lewis，1954；Ranis & Fei，1961）。祖籍国或家乡的经济发展水平对国际劳工移民的影响最为显著，研究证明经济前景改善对国际劳工移民有明显的负相关关系，祖籍国的经济前景越好，国际劳工移民越少。祖籍国的贫困状况以及祖籍地的经济前景都是国际劳工移民跨国迁移中经常考虑的因素（Susanto & Che Sulaiman，2022）。当国家达到更高发展水平时，往往可能实现从净移出国家向净移入国家的转变（De Haas et al.，2019）。而微观论表示选择迁移是移民个体和家庭策略的理性结果（Sjaastad，1962；Todaro，1969）。研究发现，相比绝对贫困，"相对贫困"更能激发移民个体的移民意向，即自己比其他家庭更贫困更能刺激移民倾向，这与有关贫困阈值效应（最贫困者要么没有移民意图，要么没有移民能力）影响移民的观点有所不同（参见 Black et al.，2006）。新经济理论对新传统理论提出了挑战，认为移民决策不是由孤立的个人因素所决定的，而是由相关人的单位（如家庭）所决定的（Portes & Walton，1981；Petras，1981；Castells，1989；Morawska，1990）。比如家庭原因是女性群体常提及的原因，这表现为陪同或是追随配偶出国的女性人数多于男性（Van der Erf & Heering，2002；Van Dalen et al.，2005）。女性也有可能把移民作为摆脱对男性的传统依赖和亲属义务的一种方式（Heering et al.，2004）。新经济论后续的发展从经济理性转向了对社会理性的探讨。比如一些新研究认为国际移民的跨国迁移不仅为了追求经济利益，也为了追求自由、幸福与生活的意义，这与移民个体的价值观紧密相关，具体包括公平、自由、平等、宽容等一系列具体价值观。这些深入内化的价值观可能比意识形态对移民迁徙行为的影响更为直接（Nyíri & Xiang，2022）。祖籍国的政治稳定性以及该国发生的冲突、暴力事件、恐怖活动的历史与现实也是影响国际移民的重要因素，政治稳定水平较差的国家的民众更有可能选择迁出以确保自身安全（Fong et al.，2020）。佐尔伯格等人也指出，国家政权更迭、殖民化和非殖民化等都对催生大量移民与难民具有显著影响（Zolberg，1983）。在一些突发事件暴发后，国家的应变能力与权力结构都会影响国际移民的迁移规模与方式。如突发事件发生时，往往伴随着"冲击性流动"，即为了应对严重破坏而打破常规方式的"被迫迁移"，常常表现为短时间内流动人口激增，或大规模遣返与封锁，如2013年日本海啸、2018年的埃博拉疫情所带来的暂时性流动（Xiang et al.，2023）。这些流动可能是短暂的，但其影响却是深远的（Xiang，2021）。世界体系理论指出资本主义经济关系对周围非资本主义国家的渗透造成了移出国人口流动（Portes & Walton，1981；Petras，1981；Castells，1989；Morawska，1990；项飚，2012）。发达国家与边缘国家除了在政治经济体系中的不平等外，发达国家由于掌握着意识形态与话语权也会引发发展中国家的国际人口迁移。如众多发展中国家面临急剧社会转型，这会导致深处其中的人们出现不同形式的能动性与抵抗性，如宗教或民族主义运动，移民行为也是其中的重要形式（Castles，2010）。此外，移民输出地的社会发展情况对国际移民也具有影响力。如有研究发现城市化发展水平是拉动国际移民的重要因素（Kim & Cohen，2010），且城市化水平变化比人均GDP变化更有可能成为促进国际移民迁入的原因（Royuela，2015）。双重劳动力市场理论则认为国际移民是由于现代工业社会对劳动力市场的内在需求所引起的（Piore，1979）。移民系统论指出作用于多层次因果的力量造成了长期性国际移民，并随着时间推移出现一些稳定的移民系统（参见Massey et al.，1993 & 1994）。后三种观点都可以归为体系论的范畴。随着全球化的深入发展，多元类型的新的迁移方式不断涌现。移民迁移由线性模式转变为"环流"模式，这引发了学界对移民动因更为深刻和全面的探索。所谓"环流移民"是指在一定时间内多次往返祖籍国的人,强调在祖籍国与所在国之间的经常性流动。既有研究主要为"环流"模式提供了五种解释模型,其一是市场决定模式,认为"环流"移民是在经济理性指导下做出的"环流"式迁移行为(Herzog Jr & Schlottmann,1983)。其二是跨国主义视角下的认同导向模式,跨国主义视角下移民认同是动态的,该模式认为双重性或是多重性的移民认同成为移民"环流"的重要原因(Glick-Schiller et al.,1992)。其三是情感驱动模式,该模式认为移民回流主要是出于个人情感因素,而移民对祖籍国的情感依恋程度决定了他们对迁移模式的选择(何敏、于天祚,2018)。其四是政策激励模式,即认为移民"环流"的重要驱动力来自政府政策和制度环境(Zweig,2006)。最后是综合影响模式,即认为迁移动因包含了个人、制度和政策等多种因素,并非由单一因素决定(黄海刚,2017)。也有学者尝试在这五种模式基础上,整合跨学科知识,提出更为整合的移民动因理论,将移民动因总结归纳为内隐性、外显性和干预性三大动因,在此基础上构建了"IPIS 模型(Identity-Policy-International Situation)",即认同—政策—国际形势模型(章雅荻、余潇枫,2020)。国内学者认为循环流动理论不仅适用于解释欧盟、南美洲、非洲以及在文化和地理上比较相近的国家之间(如澳大利亚和新西兰、马来西亚和新加坡等国)的国际移民行为,也适用于解释中国侨乡的海外移民。所谓循环流动是指迁移者在输出国和输入国之间经常性、系统性流动。在此理论视域下,中国侨乡海外移民产生循环流动的动因被总结为五点:其一,循环流动是一种家庭策略,即为了达到家庭收益最大化;其二,通信新技术的发展和现代交通的便捷缩短了移民输入地与输出地的时空与情感距离;其三,拥有合法的身份且符合低技术移民的特征使移民在输入地融入度不高,倾向循环流动;其四,中国族群的特性,如"落叶归根""孝道""光宗耀祖"等使海外华人有更强的归乡情结;其五,中国政府对海外移民关系的重视,政府对海外华人移民的积极举措为中国海外移民循环流动创造了条件(林胜,2016)。气候和环境的变化也可能成为移民的驱动因素，一些定量研究发现，移民与迁出国的气温和降水的缓慢变化有关，这在来自农业国家和农村地区的移民群体身上较为明显（Berlemann & Steinhardt，2017；Neumann & Hermans，2017；Kubik & Maurel，2016）。但气候变化对移民迁移的影响是间接的，比如气候变化对收入、工作机会以及粮食安全等经济因素产生影响，进而催生移民的迁徙意图（Martin et al.，2014；Khavarian-Garmsir et al.，2019；Beine & Parsons，2015）。

跨境移民潮一旦出现后是如何持续的？关于移民过程的研究，主要有网络理论、组织理论、因果积累论等。网络理论认为网络联系成为一种社会资本，人们可以凭借这种资本取得在国外就业的机会，通过降低移民的成本和风险，提高迁移概率（Hugo，1981；Taylor，1986；Massey，1990a & 1990b）。如李明欢所言，"侨乡社会资本的主要内容是提高移民操作的成功率及获益率的能力，其基本载体是侨乡的跨国民间网络"（李明欢，2005a）。刘莹通过对青田侨乡的研究指出，侨乡居民对非功利性社会网络进行工具性使用，促成了移民链以及移出地和移入地的互动（刘莹，2009）。陈翊认为通过移民社会网络所动员和配置的资源，侨乡居民完成移民的过程，并在族裔聚集区站稳脚跟。移民行动者无论是在侨乡做出迁徙决策，还是在移入地就业或创业，都高度依赖移民社会网络所提供的路径和模式。但与此同时，移民行为也被限制在与网络资源水平匹配的有限选择中（陈翊，2015）。当然也有学者指出，此种"网络效应"也可能是双向的，即通过网络提供的信息并不必然是积极的。虽然特定地点所形成的移民网络会产生积极的社区和家庭效应，吸引更多移民来到该目的地。但与此同时，当地劳动力市场可能饱和，工资可能因此下降。这可能导致目的国的移民隐瞒信息甚至向国际移民输出地发送负面信息，进而阻碍移民的持续迁移（Heitmueller，2006）。与网络理论有所不同的是，另一些学者强调"移民文化"使迁徙行为得以持续，指出在特定的移民文化中，移民被视为提高生活水平的唯一途径，留下的人被视作失败者，移民者则被视为赢家，此种文化风尚使移民成为一种值得肯定和追求的行为（Heering et al., 2004）。这种移民文化也使基于成本效益的移民迁移分析模式失效（Pieke et al., 2004：194）。组织理论指出一旦国际移民开始，就会产生一些私人组织和民间机构，以便适应移民需要。随着时间推移，这些个人、公司和组织逐步为移民所熟识，并且变得相对稳定，这就构成另一种移民可以用来取得进入外国劳动力市场机会的社会组织。不少学者注意到由这些社会组织所构成的移民产业对于跨国迁移的影响（陈慧等，2021）。作为一个制度化的经济架构的概念，移民产业由营利性服务机构和组织组成，试图满足移民非法跨越边境、在移居地就业和定居以及其他社会和文化方面的需求。移民中介所提供的服务或监管直接或间接地影响了跨国移民在目的国的生活方式（Koh & Wissink, 2018）。因果积累论适用于解释移民自身持续不断发展的情况，并认为每一次移民行动都将改变后来移民决策的社会范围（Myrdal, 1957；Massey, 1990b）。他们认为移民行为有内在的自身延续性，当移民行为内化为超越意识控制的、具有衍生性"习惯"时，即使产生最初移民行为的客观环境发生变化，被局外人断定为非理性的移民行为在该群体内仍会获得认可并得以延续；每一次迁移均会影响迁出国和迁入国双方的社会经济结构，从而不断地增强后续迁移。但同样有部分学者对因果积累论提出了批评，他们认为此理论更适用于讨论国际移民输出地为农业社会的情形，也即缺乏城市经济特征的移民外流情况。因为农村更多的是同质性熟人社会，易于存续社会网络；而城市更多是异质性的陌生社会，不宜建立社会网络。此外，累积因果对数据的收集有较高要求，在研究实践中一般需要追踪数据，这也增加了研究的难度（Liang, 2008）。此外，对于那些不能存续迁入地—迁出地连接的迁移，如那些源于非经济原因，尤其是政治原因，如反政府等政治因素而进行的迁移中，因为迁入地—迁出地连接难于存续，该理论也未必适用（梁玉成，2013）。

　　跨境移民迁移至移居地后能否适应和融入移居地主流社会？有关移民的结果分析，也即移民的社会适应理论，包括了同化论、多元文化论、多向分层同化论等。同化论认为随着在流入地居住时间的延长、经济的整合、语言的适应以及文化的认同，移民最终将融入主流社会中（Park & Burgess，1921：735）。戈登曾提出了同化的"七阶段论"，指出非裔移民在北美城市的适应/同化过程需要经历文化适应（acculturation）、结构同化（structural assimilation）、婚姻同化（marital assimilation）、身份认同（identificational）、价值认同（attitude receptional）、行为认同（behavior receptional）与市民身份（civic）七个阶段。一旦某个移民群体进入"结构同化"阶段，将引发适应/同化的多米诺骨牌效应（domino effect），自然而然进入同化程度更高的其他阶段。同化论与当时的西方文化霸权主义有很大关系，认为少数族裔自然需要适应、同化于发达国家的主流文化（Gordon，1964）。多元文化论则指出，移民是难以完全被同化的，不同族裔的移民群体可以按照各自适应的不同方式同时生活在一个国家里（Glazer & Moyniha，1970；Zhou，1992；Zhou & Logan，1989 & 1991；周敏，2024）。但也有不少学者指出多元文化论存在缺陷，如李明欢认为，欧洲多元文化主义强调"存异"但忽视了"求同"，如果片面强调特殊性将加剧民族冲突甚至导致国家分裂（李明欢，2001）。冯永利和王进明持类似观点，认为西欧多元文化主义政策实际上造成文化区隔，刺激了极端排外势力增长，导致少数族裔不能融入主流社会（冯永利、王进明，2013）。因此进入21世纪以来，强调各族裔间相互交流、相互作用的社会融合论成为研究热点。有别于多元文化共存论，社会融合论更加强调国际移民与当地居民的相互作用，既关注文化因素对社会融合路径的影响，又关注制度、经济、心理等因素的作用，更加强调国际移民与本地社会的相互作用，而不仅仅是"被动地居住在一起"的共存关系（黄旭、刘怀宽等，2020）。多向分层同化论则考虑到不同少数族裔在流入地所呈现的社会经济背景的差异，当代移民群体中和群体间将会产生不同的融合结果，主要表现为融合于以非拉丁裔白人为主导的核心文化和以白人中产阶级为主导的主流社会、融合于本土边缘社会亚文化、通过族裔经济选择性融合三种不同的模式（Portes，1995；Portes & Zhou，1992，1993 & 2001；Zhou & Bankston，1994 & 1998）。此外，还有学者注意到难侨群体的多向分层融入情况。在多向分层同化论以及相关族群聚集研究对话的基础上，黎相宜以广州南涌华侨农场的两个归难侨群体作为比较个案，探讨了归难侨群体本身的聚集状况及亚群体网络内部所形成的资源和价值观念是如何与多层面因素互动影响归难侨群体的多向分层融入进程的。研究发现，难侨群体所形成的亚群体网络及聚集状况（强势聚集/弱势聚集）是影响其多向分层融入的关键性因素（黎相宜，2015；黎相宜等，2022）。上述国际移民理论主要从单向、线性角度探讨社会发展进程对于国际移民从祖籍地迁出到移居地融入的影响。另一些学者从其他角度审视传统融合理论，并指出一些不足。如有学者认为同化论忽略了祖籍国因素，先验地承认了移民时间越长，与祖籍国的联系将越少。跨国主义虽然注意到同化与跨国参与的同时性，但同样忽略了移民前的经历是如何影响移民适应与跨国融合的。例如，对政治融合的研究表明，移民的公民态度和参与受到祖籍国政治状况的影响（Bloemraad，2006；Bilodeau，2008）。在此基础上，有学者提出了"预迁移历史队列论"（Premigration Historical Cohort Thesis），以关注和探讨移民前的经历对移民适应的持久影响（Vang & Eckstein，2015）。还有学者认为伴随着"南—南"移民的快速增长，这些移民的适应模式不再完全遵循"迁移—融入"的传统路径，其适应模式呈现"浅层融入、深层区隔"的"强工具性"特征。学者通过对牙买加东莞移民的案例研究得出结论认为，这种适应模式引发了多层跨国实践，使东莞移民通常与两个乃至更多的物理空间发生不同层面和不同维度的联系，由此带来了更为流动与弹性的认同（黎相宜、陈送贤，

2019)。国际移民的代际融合是另一个被关注的问题。在移民及其子女身份上已经融入当地国家的情况下,随着时间和世代推移,基于种族起源差异是否有所减弱,从而导致区分移民和土著的社会边界受到侵蚀。卢卡斯·G.德鲁奥和维克多·尼通过回顾移民在大西洋两岸的融入研究得出结论,认为同化是一种随情境而变化的过程,它受到推动融合和区隔的社会力量之间博弈的影响。在美国,非法身份是移民融合面临的最大问题;而在西欧,宗教与文化差异是导致同化复杂化的最大挑战。基于此,他们提出了一个包括目的性行动、社会网络、制度与法律和文化差异在内的内嵌机制以说明移民及其子女融入社会过程中混合和隔离动态的相互作用(Drouhot & Nee,2019)。

国际移民不仅在全球化与发展浪潮下产生与发展,全球社会的发展还极大地促进了移民跨国网络的拓展以及跨国主义实践的普遍化。其实跨国主义并不是最近才出现的新现象,但是当代跨国主义在规模、范围、深度、频率以及所带来的多方面后果上都与以往有所区别理解(Glick-Schiller et al.,1992a & 1992b;Portes et al.,1999)。已有文献主要探讨了移民个体、祖籍国以及移民产业的发展程度对于跨国网络以及跨国主义发展的影响。一般说来,移民个人的人力资本(例如教育、双语能力、职业技能、公民身份等)以及主要人口特征(如年龄、性别、婚姻状况等)都很大程度上决定跨国实践的形式和规模。现有文献还强调移民群体的社会劣势地位(如在移居国社会遭受种族歧视和结构排斥)或者少数族裔的中间人地位(middleman minority)对移民跨国主义实践的不同影响(Basch et al.,1994;Gold,2001;Guarnizo et al.,1999;Zhou & Tseng,2001;Itzigsohn,1995;Goldring,1996;Popkin,1999;黎相宜,2019;黎相宜、周敏,2012;Zhou & Li,2018)。有研究发现受过高等教育和有较为稳定高薪工作的移民也会辞去他们的工作而参与到跨国的经济活动中来,因为他们可以更好地利用他们的技能、双语优势以及社会网络来获取更多的物质回报。因此跨国主义使他们人力资本回报最大化并增强了他们的中产阶级地位（Gold, 2001; Guarnizo et al., 1999; Light et al., 2002; Zhou & Tseng, 2001）。低教育程度与低技能的移民也会参与到跨国活动中来，他们的跨国实践往往指向祖籍国。他们一般会将汇款定期寄回家乡，用于支持家庭与亲属、购买土地或房子以供他们的跨国生活，或者在家乡开办一些小型的企业。这些方式可以弥补他们在移居国的低廉工资并获得祖籍国的社会地位认可，实现"社会地位补偿"（social status compensation）（Diaz-Briquets & Weintraub, 1991; Itzigsohn, 1995; Goldring, 1996; Popkin, 1999; 黎相宜, 2019; 黎相宜、周敏, 2012）。祖籍国和家乡的经济发展水平会导致移民群体跨国实践活动模式的不同。比如，当祖籍国还处于工业化与发展程度初期阶段时，移民的跨国活动主要是非正式的贸易。墨西哥、萨尔瓦多、多米尼加的移民经常往来于祖籍国与移居国，绕过两国的现行法律与国家规定，参与到非正式的经济活动中，从两国获得价格以及需求上的优势。相反，在一些比较发达的祖籍国，国际移民的跨国活动通常是正式和大型的，包括进出口贸易、跨国信贷以及知识与劳动力密集型产业等，如韩国移民（Zhou & Tseng, 2001）。移民产业是移民跨国主义的一部分，并且进一步推动了跨国互动的维系与发展。有研究表明，移民产业不仅帮助移民（尤其是无证移民）进行国际汇款并维持与家乡的联系等来获得经济利益，移民产业也迎合仍留在祖籍国的亲友的服务需求，因为他们的经济福利依赖于在国外的家人和朋友（Gammeltoft-Hansen & Sorensen, 2013）。还有研究把移民产业看作是一群行动者和支持、构建和创建不同类型的服务"移民"，这些移民产业组织和创造了精英的跨国生活方式，并使跨国移民得以继续维持这群精英的生活方式（Koh & Wissink, 2018）。

二 跨国主义视角下的国际移民与发展

下面我们将从跨国主义视角切入，关注国际移民跨国主义以及与祖籍国的跨国互动对于移民本身、移民输出地以及移民输入地的社会发展所产生的影响。

一些学者就跨国主义对移民的社会适应及其在移居国的族裔社区（ethnic community）究竟带来怎样的影响展开了广泛讨论（Zhou & Lee，2013）。在全球化背景下，越来越多的国际移民在移居地建立起新家庭、新社区的同时，与祖籍地保持着频繁而有序的金融、产业、贸易、文化、政治等活动。这种跨国主义生活模式不仅满足了移民家庭在两地的经济需求，给个体带来直接的经济或非经济上的收益，如为自身创造良好的就业和收入机会、得以经济独立，并在祖籍国获得社会地位认可，降低了移民个体无法完全融入移居地主流社会所产生的不适应感并积极应对所在国社会结构方面的歧视（参见 Basch et al.，1994；Portes，1994；Zhou & Lee，2013；Vertovec，2004；阿列汗德罗·波特斯，周敏，2011）。但个体获得的收益并不必然地对其在移居国的族裔社区产生相应收益，跨国活动对族裔社区的影响也不尽相同。以多米尼加、萨尔瓦多以及墨西哥移民为例，虽然他们有着非常强有力的跨国联系和频繁的跨国活动，但他们在美国还是面临着经济困境以及劣势的社会地位（Flores，2005；Guarnizo，1997）。当他们的跨国企业（transnational entrepreneurship）为个体成员创造更多机会以及对家乡的贡献更大的同时，对其族裔社区的影响却相对减弱。在纽约，多米尼加移民是最大的新移民群体之一，他们的族裔经济以及跨国主义表现出良好的发展态势，但他们的族裔社区却没有因此而得到改善，反而更趋弱化，继续存在着诸多社会弊病。相反，华人移民的跨国活动却给纽约老唐人街带来生机并推动了新唐人街不断发展，其中一个主要原因是由于有大量的国外资本注入以及高技术移民涌入，许多华人移民通过跨国主义参与而获得资本并把资本投入移居国社区发展上（Zhou，1992；Zhou & Kim，2006）。

此外，更多文献聚焦于移民跨国主义对移民输出地尤其是移民家庭与家乡社区发展所带来的影响上（Glick-Schiller & Fouron，

2001；Guarnizo et al.，2003；Jones‐Correa，2001；Østergaard‐Nielsen，2003）。国际移民汇款成为移民跨国主义对移民输出地影响最明显的表现形式。移民的国际汇款不仅包括用于支持侨眷生活的侨汇和物质，还包括宗教馈赠（religious remittances）、政治馈赠（political remittances，涉及对于祖籍国平等主义以及政治制度改革）以及社会馈赠（social remittances，流动于移居地与祖籍地的观念、行为、身份认同以及社会资本）等等（Grasmuck & Pessa，1991；Durand et al.，1996；Guarnizo，1997；Itzigsohn et al.，1999；Landolt，2001；Levitt，2001 & 2007）。除此之外，还有学者陆续提出了"文化馈赠"的概念（Flores，2005）。目前学者们则主要从宏观与微观两个角度来分析移民汇款对于祖籍国与地方社会的影响。

针对民族国家汇款的宏观研究一般把重点放在祖籍国的国家模式与效应，聚焦全球性资金流动（特别是国家之间的贸易平衡问题）和移民汇款对地方经济影响的问题（Adams Jr，2003；Massey et al.，1994；Durand et al.，1996；Jones，1998；Castles & Miller，2003；Stahl，2003）。不少学者肯定移民汇款及其所呈现的各种跨国经济形式对于祖籍国政策有着积极促进作用。奥罗斯科（Orozco，2005）描述了移民给交通、旅游、远程通信以及贸易所带来的影响。一些人认为移民从经济角度给这些领域带来积极影响。移民不仅通过经济汇款，而且还通过创造对于本地物品的需求与服务以及增强家乡的购买力，来支持母国经济发展（Guarnizo，2003）。不少学者指出，许多国家已经变得越来越依赖于移民汇款以及经济投资，并将其作为外汇储备、国际贷款以及资本流动的重要支撑（Portes，2003）。如印度作为全球第一大侨汇收入国，在2022年接收侨汇超过1000亿美元。大量侨汇流入极大缓解了印度政府的财政赤字，为其经济快速发展提供了最直接的资金来源。2022年菲律宾的侨汇收入为380亿美元，侨汇收入占菲律宾国内生产总值的比重长期在8%以上，是该国重要的财政收入（陈奕平、曹锦洲，2023）。改革开放以来，侨汇收入对中国社会发展同样具有长期稳定且显著促进作用，同时也能在短期内较小程度地即时影响经济增长。但有学者指出，国际移民汇款对收入不平等的积极影响可能会先升后降，呈倒"U"型关系，其对贫困的积极影响也可能由小变大再变小（Taylor，2006）。还有的研究发现，侨汇收入虽能显著推动经济增长，但经济发展对移民汇款变化没有明显影响；侨汇收入对经济发展的作用存在时间滞后效应（林昌华，2018）。另有一些研究者则忧虑祖籍国将会越来越依赖海外移民，根据移民未来对祖籍国的投入来制定发展策略，并寄希望于移民解决国家所不能解决的问题（Levitt & Nyberg-Sørensen，2004；Mahler，2000）。此外，一些学者注意到国际汇款对移民来源国经济增长的负面影响。有学者指出，国际移民汇款可能加剧移民输出国的收入不平等（Taylor，2006）。当母国经济水平较高时，移民的负面效应更为显著。国际移民会加剧高收入国家的收入不平等以及低收入国家的通货膨胀率（王颖、姚宝珍，2021）。此外，与侨汇相关的消费是否导致进口增长或通货膨胀，是否导致国内生产减少，也会影响侨汇对经济增长的作用（林勇，2011）。还有一些学者指出，虽然国际移民汇款通常对发展中国家的贫困和健康产生积极影响，但同时也可能对劳动力供应、教育和经济增长产生负面影响（Adams，2011）。国际移民汇款还可能带来道德风险与腐败。比如国际移民汇款流入减少了政府对税收的需求，导致公民监督和问责减少，进而降低了当权者的腐败成本。此外，这些汇款通常被用于居民的基本生活开支，替代了政府在食品、住房、医疗和教育方面的社会支出，这意味着原本用于社会保障的资金被当权者挪用，加剧了腐败现象（Abdih et al.，2012）。移民汇款填补了政府在社会保障方面的空缺，使政府逃避了承担再分配责任的风险。尽管移民汇款为居民提供了生活支持，但也使政府对社会保障的责任逐渐减弱，从而引发所谓的"道德风险"。有学者指出，移民汇款是否导致腐败滋生与政体类型有很大关联。在封闭型政治体制中（closed regimes），执政者依赖小范围精英的支持便可稳固政权，移民汇款将为政治分肥提供可能，加之在这类政体中民众政治参与的成本极高，因此移民汇款将加剧政治腐败；而在开放型政体类型中（open regimes），移民汇款则会缓解腐败（Tyburski，2014）。一些研究显示，国际移民输入国还可能通过控制国际移民汇款影响其母国的政治选举（Germano，2017）。

而微观层面的分析则更多考虑国际移民汇款给移民输出地社会结构、社区形态以及家庭关系所带来的广泛影响（De Jong et al.，2002；Durand et al.，1996；Castles & Miller，2003；Cohen，2004；Pessar & Mahler，2003）。很多学者发现国际移民汇款只用于旨在改善家庭生活、购买衣服的纯消费，但也有研究表明汇款也用于支持后代教育、农业生产、小企业投资等再生产领域，并且比例与前者差不多（Nyberg-Sørensen et al.，2002；Andrade-Ekhoff & Silva-Avalos，2003）。关于社区、移民家庭和汇款业务这个问题，学者们就汇款是导致依赖还是社会发展进行了广泛讨论。王颖等人的研究表明，移民通过个人汇款对母国经济发展产生显著的正向促进作用，但难以抵消移民外迁带来的负面影响（王颖、姚宝珍，2021）。有学者提出了新的"时空视角"来考察国际汇款对收入不平等的影响，认为某地所处的移民阶段与衡量收入不平等的地理尺度（地区间、城市间、农村到城市、家庭间）是决定国际汇款加剧或减轻收入不平等的关键因素。而且移民决策和汇款使用方式是家庭生存战略决策的组成部分，侨汇进入消费、储蓄还是投资领域，是侨汇与经济发展关系问题中的重要一环（Jones，1998）。如果侨汇主要流入贫困家庭，更多用于基本生活消费而非投资，对经济增长的影响就十分有限（林勇，2011）。国际汇款可能降低侨汇接受者的劳动积极性，对地方社会经济体系产生负面影响，进而对经济增长产生负面作用（Jones，1998；Cornelius & Bustamante，1989；Massey et al.，1998；Stark et al.，1986；Potts，2000；Alarcon，1992）。艾克斯坦与巴贝拉的研究就发现古巴移民的国际汇款加剧了古巴社会的不平等（Eckstein & Barberia，2002）。

当然，更多学者指出，国际移民及其跨国主义给祖籍国和家乡的地方社会发展带来的影响是多面向的。李其荣指出，国际移民对国家的经济发展和社会生活以及国际关系均产生重要影响。积极影响包括提高人口素质、促进接受国民经济发展、促进人口增长与就业、促进城市发展与民主政治发展、促进文化交流与传播、增强母国外汇与投资能力、辅助母国开展民间外交等；消极影响则主要表现在使祖籍国人力资源流失、引发跨国移民犯罪等社会问题（李其荣，2007）。而波特斯则认为影响效果取决于国际移民的流动类型，国际移民短期的循环流动给移出地社会带来的影响往往是积极的。这是因为回流的移民带回自己的积蓄、资源和专有技术投入家乡和祖国的建设。但永久性的国际移民对迁出地社会的影响往往是反发展的。永久性的国际移民导致城镇以及整个地区的人口萎缩，减少了新移民往家乡汇款的机会与投资的动机（Portes，1978）。随着网络技术与交通通信的发达，波特斯上述观点也受到一定挑战。尼科拉·坎托雷和马西米利亚诺·卡利在定量研究基础上，指出无论是永久性移民还是临时性移民都有利于增加母国收入并减少母国贫困，因为跨国移民提高了汇款、劳动生产率、贸易和外国直接投资，并为移民输出地的人力资本积累提供了激励。这些积极影响抵消了"人才流失"的负面影响。而且临时性移民反而比永久性移民更能产生积极结果，因为国际移民频繁往返于祖籍国与移居国会在客观上提高祖籍国的生产率（Cantore & Calì，2015）。一些学者指出，国际移民对祖籍国来说代表着工业发展的希望，一些移民回国后被新的技术短缺行业吸引，另一些人则利用他们的储蓄开始在农村工业中引进新的工业方式。从长时间来看，国际移民还可以为祖籍国带来知识、商业、资源、技术等直接或间接益处，返回的移民还能带来更多国际人力资本，为祖籍国建立起国际知识网络（Gibson & McKenzie，2014）。此外，国际移民事实上参与并且在一国国家形象建构过程中发挥重要作用。国际移民既是国家形象的载体，又是国家形象的传播途径和构建手段之一。与物质资源相比，作为人力资源的国际移民以"走出去"的方式建构和传播着国家形象，并且发挥着比"请进来"更为重要的作用（强晓云，2008）。

三 华侨华人的跨国主义与侨乡社会发展

华侨华人作为国际移民与世界海外离散群体的重要组成部分，其在跨国主义以及给祖籍国与家乡带来的影响方面，既具有与其他移民与离散群体的普遍性，也有着自身的特殊性。学界有关海外华侨华人的著述十分丰富，尤其是对于华侨华人的跨国主义与侨乡社会发展进行了深入讨论，主要围绕以下几个方面：

一是有关海外华侨华人各类跨国主义模式的研究。海外华侨华人捐赠作为回馈桑梓的集中体现得到了大量关注。以往学术界对于华人移民捐赠实践的研究，主要从国家政策、地方政府、社团网络等角度切入，主要强调认同、道义约束、炫耀性消费等社会（结构）与文化变量对于移民捐赠实践（行为）的影响。认同范式一方面强调从"华人性"的角度研究华人移民对于侨乡的认同（陈蕊，2005）。另一方面则考察华人移民的这种认同是如何被国家侨务政策、地方政府、跨国社团网络以及侨刊乡讯等各方力量构建起来的（柯群英，2003：52-55；柯群英，2005；郑一省，2004；刘朝晖，2005：237-238；刘朝晖，2006：223）。许多后续研究对"认同"的框架不甚满意，在"认同"的研究框架内做出了修正。宋平（1995 & 2005）指出，华人跨国行为的主要动力不是纯粹遵从认同原则，传统组织的唯一功能也不只是作为一种认同表达的渠道。与认同范式的主动性预设不同，道义约束范式主要考虑了侨乡本身在华人移民回乡捐赠上所扮演的动员角色，强调侨乡不仅仅是传统意义上的"受者"，而是通过"道义约束"机制动员华人移民进行捐赠的行动主体（参见陈杰、黎相宜，2014a）。柯群英借用斯科特的"道义经济"（moral economy）概念解释新加坡华人移民为什么感到有责任回馈家乡,并进一步解释这种道义经济的形成过程及因素,认为侨乡的精英和干部通过文化让步(culture concessions)和道德说服(moral persuasion)的方式逐步将移民纳入道义经济的体系中(柯群英,2003 & 2005;Kuah,2000:131-136)。李明欢在柯群英的基础上考虑了华人移民在"离乡"前的情况。她通过对福建跨境移民的侨乡社会资本的研究,发现侨乡人有不成文的"互惠"原则,在外发迹的华人移民因出国前所欠之"债务"要对侨乡进行"回报"(李明欢,2005a & 2005b)。道义约束范式主要是侧重从侨乡的宗族组织及地方精英对华人移民所构建起的道义约束视角来解释回乡捐赠(郑一省,2004)。"炫耀性消费"范式则强调华人移民追求社会声誉和社会地位的炫耀动机。国内外有关侨乡研究的文章几乎都提及移民在异国他乡立足甚至有所建树后,总会在返乡时以有意无意的炫耀性消费向家乡人展示其"成功",以提高自己在家乡的社会地位(李明欢,1999;王春光,2000 & 2002;卢帆,2008)。随着有关华侨华人跨国主义的讨论增多,学者更趋向于从系统的视角讨论海外华侨华人的慈善捐赠行为。有学者指出当代华人移民慈善并非只是依赖于捐赠者的情感和个人关系,而是一种长期的组织化和策略化的历史过程。其中,海外华人社团起着关键性的推动作用(景燕春,2018)。还有研究将海外移民慈善捐赠行为看作一个具有结构与功能的、由多要素结合而成的行为系统。主张形成政府支持、慈善组织发动和组织、海内外乡亲共同参与的捐赠系统(李云、陈世柏,2013)。还有的学者提出社会地位补偿机制来解释不同华人移民群体的差异化捐赠行为。该系列研究指出,由祖籍国和移居国所构筑的世界体系促成了华人移民社会地位落差与社会地位补偿需求的生成,加上侨乡地方政府、地方社会以及海外离散社会的社会地位补偿供给,共同促成了华人移民源源不断对侨乡的捐赠与馈赠。而当上述因素不足时则会引发华人移民家乡捐赠模式的衰落(Zhou & Li,2018;黎相宜,2019 & 2015b;黎相宜、周敏,2012;陈杰、黎相宜,2014b;黎相宜、陈杰，2011）。有的学者针对投资与捐赠两种汇款类型差异进行了讨论。有学者持投资与捐赠共生的观点，认为捐赠与投资是相互促进而产生的。一方面，华人移民捐赠带有改善其在华投资条件的功利目的，通过捐赠的汇款方式树立"爱国/爱家乡"的形象，从而为投资降低了风险，尤其在华人侨资企业集中的地区（如厦门、广州、深圳等）（Smart & Lin，2007）。但另一方面，这种利益因素也常以造福桑梓的名义进行，强化了华人移民的"家乡"和"宗亲"情结（黄昆章、张应龙主编，2003：228）。另一种观点则认为华人移民的捐赠与投资是此消彼长的关系。王赓武指出，按期捐献大笔款项，支助故乡家族的陈嘉庚模式在东南亚并未流传下来，华人本着爱国和慈善精神汇款回中国的时代，已经转变为在一个全球性资本主义环境中着重投资的时代（王赓武，1995：19，31-32）。有些学者进一步对不同类型的华人移民在捐赠与捐资上的差异进行了研究和讨论。有学者根据对珠江三角洲地区的观察，认为香港同胞比较倾向于投资生产，而华侨华人则比较集中于捐助公共福利（Johnson，1994 & 1998）。温远芳根据其对开平的研究，认为香港同胞与北美华人不存在差别。她发现在开平的公共福利方面，香港同胞比北美华人捐赠得更多；而开平籍香港企业家，实际上更愿意投资在内珠三角多于开平（Woon，1996）。游俊豪根据通过对番禺的调查，认为香港同胞在投资和捐赠两方面都超越了海外华人（2006：316）。

二是对于影响海外华侨华人跨国主义因素的探讨。一些学者关注到国家侨务政策、地方政府以及地方社会网络、侨刊乡讯等因素对海外华侨华人跨国活动的影响（陈蕊，2005；庄国土，1999 & 2001：426；刘宏，1998；Cheng & Ngok，1999；郑一省，2004；陈志明、吴翠蓉，2006：267；柯群英，2003：55；张慧梅、刘宏，2006）。研究证明，一国的移民和侨务政策对移民流动有显著影响，虽然这种影响的衡量需要考虑政策的短期或长期效果。有学者指出，国家是影响华侨华人跨国主义的最关键的因素。随着改革开放的深化，侨务政策和法规的不断完善，中国的侨务观念也发生根本转变，实现了为国服务和为侨服务的统一。华侨华人重新恢复了与中国的各方面联系，与中国的关系在各方面都取得了良性互动，海外华侨华人对华投资、捐赠、联谊活动增多，华侨、归侨、侨眷参政议政的权利得到尊重和保障，华侨华人与中国形成了良性互动、合作双赢的互动模式（张秀明，2008；李明欢，2018）。此外，还有学者发现地方政府因素也起着重要作用。改革开放后，地方政府与海外华侨华人的互动关系逐渐增多。地方政府为了招商引资与获得社会资本，以"乡情"为纽带，利用每年海外华侨华人回乡探亲谒祖、旅游考察、洽谈经贸、捐办公益、参加庆典等正式和非正式场合加深与他们的互动。或是通过一些中介群体或组织，如归侨侨眷、宗亲会、同乡会、校友会、校董会等，以间接方式广泛接触海外华侨华人（贺东航、黄美缘，2005）。地方政府还可能以一种"奖励"模式鼓励移民，地方政府向海外华人团体募捐，并给予这些人极大荣誉，从而营造出一种移民是通往真正的财富、权力和成功的最佳途径，甚至是唯一途径的氛围。此外，地方政府还通过提供信息、简化程序和其他手段来"推动"移民（Pieke et al.，2004：53-60）。除地方政府外，侨民社会网络与民间力量也在推动海外华侨华人的跨国活动中发挥了重要作用，与地方政府力量形成互动，成为政府力量的有效补充（陈衍德，2002：75；陈衍德，2000；周大鸣、柯群英主编，2003：153-154）。如归侨侨眷利用自己的亲缘、侨缘和业缘关系所形成的跨国关系网络，利用该网络中无形资源与有形资源参与跨境经济合作，有效推动跨国区域合作（普鹏飞，2021）。作为华侨华人在海外生存的重要载体，社会网络构成了一个客观存在的社会结构：包括家族、地区、行业、社团、兴趣爱好等为社会基础的网络；"五缘关系"（地缘、亲缘、神缘、业缘、物缘）网络；以华商之间的人际信用为基础所建立起来的经营关系网络等。多样化的社会网络推动信息互通、机会共享和彼此合作，降低交易成本，极大推动了华侨华人跨国活动的开展（邢菁华，2024）。海外枢纽型侨团组织是另一种特殊的民间力量，作为一种社会自发型枢纽组织的典型范例，枢纽型侨团组织可以跨越不同国家、不同民族之间在物理空间和社会空间的沟通阻隔，通过促推文化交流、专业对话、资源互助、信息共享和信任共建等方式，为族际互动仪式共同体、智慧共同体、生命共同体、发展共同体等多元新兴共同体的构建发挥至关重要的中枢作用。当前，枢纽型侨团组织已成为中国以"大侨务观"开创"十四五"时期侨务事业发展新局面不可或缺的独特力量（张慧婧、张蔚然，2022）。在众多侨乡社会组织中，媒体的作用值得注意。在近代以来，传统侨乡发展出侨刊乡讯等形式，成为侨乡社会与海外华侨华人沟通的重要媒介网络（梅伟强，2007；Huang & Godley，1999：317-319；Hsu，2000a：124-155，2000b）。有关近代侨乡社会治理的研究中，发现侨刊作为一种社会主体参与侨乡的社会治理，积极推动侨乡社会转型。华侨的变革意识与侨刊追求改良侨乡社会的宗旨不谋而合，华侨为侨刊提供资金和海外信息，侨刊则为华侨实现其参与侨乡社会治理的意愿提供思想、信息传播和讨论的平台及渠道（姚婷，2017）。改革开放以来，侨刊乡讯通过报道海外乡亲回乡投资办企业、兴办文化教育、公益事业，关心侨乡建设的事例，增强海外乡亲的自豪感与凝聚力，以达到激发华侨华人关心和支持家乡的建设，弘扬中华民族的传统文化的目的，并取得了维持与华侨华人关系及刺激投资捐赠的良好效果（郑一省，2004）。当然，随着数字时代来临，这种媒介已经从传统纸媒迈向了微信、微博、b 站、小红书等新兴媒体与社交平台，成为当代华侨华人与家乡进行跨国互动的重要形式之一（黎相宜、朱荟岚，2022）。

三是围绕华侨华人跨国主义对侨乡社会发展所产生效果的分析。已有研究主要探讨了华侨华人对侨乡的侨汇、投资和捐赠，对侨乡乡镇（民营）企业、文化教育、公用设施、医疗卫生、福利事业发展的促进作用。有学者指出，自中国实施对外开放政策以来，闽粤两省在国家优惠政策的支持下，从海外华侨华人中获取启动经济转型的资本，既排除了在意识形态上所谓"姓社、姓资之争"对改革开放形成的政治阻力，也为中国融入世界经济体系开辟了一条捷径（程希，2006）。在改革开放初期，动员华人移民的国家力量，至少是部分促使东南沿海地区经济转型的原因。被动员起来的华人移民力量构成中国社会转型宏大图景中不可或缺的重要组成部分，华人移民成为中国侨乡社会转型的主要动力之一（黎相宜，2011）。许多华侨引入异域文化构建出独特的侨乡景观，通过侨乡文化建设来推动经济发展（夏翠君，2016）。当然，在侨乡的确发生了巨大变化的情况下，也有学者谨慎地看待华侨华人给侨乡所带来的影响（程希，2006）。有的学者通过对闽东侨乡福村的研究，指出华侨华人的跨国主义一般先从向祖籍地寄侨汇开始，进而逐步涉及经济、政治、社会文化等领域，其中经济领域的跨国活动往往停留在"输血"层面，而未实现"造血"功能（曾少聪、李善龙，2016）。有更多的学者认为侨乡的发展模式是侨乡和华商利用相互联系的资源参与开放性国际合作的一种形式。虽然在这一合作中，双方都能相互促进并有所发展，但对于侨乡来说，若仅仅依托于一种"优势"而无法超越，则难以实现更高层次的发展（程希，2006；黄岑，1997）。侨乡发展模式是在一定历史条件下出现的并受民族国家限制的社会经济发展现象，其先导（示范）作用一般是具有局部性和时限性的。中国的侨乡模式是在中国与外部联系并不广泛、改革开放的广度和深度以及总体经济增长尚未达到一定水平时才得以凸显的。侨乡的社会、经济发展既不能无视华侨、华人曾经为中国近代化、现代化发展所做的"特殊"贡献和侨乡的"特殊"作用，也不能过分夸大华侨、华人和侨乡对于中国的"特殊"意义。

四 反思

在肯定已有研究的理论贡献的同时，需要指出一些悬而未决的问题。

首先，无论是发展视角下的国际移民与跨国主义研究，还是跨国主义视角下的国际移民与发展研究，主要从世界体系的中心—边缘的角度来理解国际移民的跨国主义，认为移民跨国参与从其本质上来说，是一个从世界体系的核心地带将各种资源传送到半边缘与边缘区域的过程。但事实上，随着发展中国家的日益发展，南—南移民呈现出井喷趋势，而原先的南—北移民也发生了极大变化。上述种种因素都促使国际移民与祖籍国互动呈现出新的模式与特征。我们不仅应该比较不同类型的移民在迁移形态、社会经济背景上所发生的多样性变化。而且也还要注意到祖籍地类型也是多样化的，甚至同一个祖籍地本身就充满异质性，这也导致了其与国际移民的跨国主义呈现出不确定性以及类型的多元化与多样化。

其次，国内华侨华人研究与海外国际移民研究这二者之间存在着一定断裂。海外华人移民是当代国际移民浪潮非常重要的组成部分，其既具有"华人"的特殊性，也具有国际移民的普遍性。但长期以来国内的华侨华人研究往往将其作为特殊群体，以此来理解他们与中国、家乡的跨国互动模式，而很少将其放置在国际移民的比较视野与分析框架下，与具有普遍性的国际移民与跨国主义理论进行对话。在中国还未和世界完全接轨的时期还是具有一定意义的。但是随着中国与世界的联系日益密切、开放程度逐步加深，中国新移民的社会经济背景以及迁移动机发生了较大变化，前往的目的地也愈加多元化，与祖国家乡的跨国互动也随之呈现出不同于以往的新特点。更为重要的是，由于中国是一个刚从乡土社会转型的国家。如费孝通所言："中国社会是乡土性的。"（费孝通，1998：6）很多中国新移民的输出地兼具了侨乡和侨都的双重特征。华人移民与输出地的跨国互动就不可避免地呈现出差异化的跨国主义模式：有部分移民群体依然延续了回报桑梓的乡土道义传统；另一些华人移民则更具开拓创新的都市精神，尝试谋求自身与祖国家乡的互利共赢与同步发展。上述现象不仅发生于中国不同的地方，还可能同时并存于同一个地方的不同移民群体,甚至来自同一祖籍地的移民群体身上。而目前我们对于上述华人移民跨国主义的新现象、新模式与新特征探讨得还较少。

第三节　框架:双层跨国主义

我们结合城市社会学、社会变迁理论与移民跨国主义理论,尝试建立双层跨国主义的理论框架,用以分析与理解当代广州移民与广州社会的跨国互动模式。

国际移民本身就是世界体系扩张以及全球社会发展不均衡的产物。发展中国家的国际移民在从祖籍国迁出并在移居国定居、融入并发展出跨国主义的过程中,其祖籍国本身也在经历着急剧的社会变迁与结构转型。比如中国、印度、墨西哥、菲律宾等主要国际移民输出大国逐渐崛起为新兴经济体与新兴市场国家。同时,这些发展中国家在城市化与现代化进程中,由于人口规模与素质、地区基础与条件,存在着城乡与地区发展的不充分与不均衡。

这折射在发展中国家的国际移民输出地上则具体表现为几个层面的变化:原本具有村落共同体形态的国际移民输出社区由于国际迁移与国内迁移的双重人口流动而出现村落空心化。这些村落刚开始还由于有移民源源不断回乡捐赠、投资而呈现出兴盛景象。比如20世纪80年代的梅州大埔侨乡、海南文昌侨乡等,20世纪80至90年代的台山、开平侨乡,21世纪前十年的连江侨乡、青田侨乡。但很快上述侨乡进入了快速的现代化与城市化进程,村落人口向省会城市及国内大城市流动,作为熟人共同体的侨乡社会形态在不同历史时期、出现不同程度的衰落。同时,一些邻近城市的国际移民输出地则在城市化进程中逐步变为郊区、城乡结合部甚至成为城区。比如广州的花都区、增城区、番禺区,厦门的集美、同安区,福州的长乐区等。这些国际移民输出地不同程度出现了就地城镇化趋势。这些"新晋"城区的国际移民输出地部分保留着村落与城镇形态，部分在城市化进程中朝向现代都市社会转型。此外，大城市本身也产生了大量留学移民、投资移民与技术移民，如北京、上海、广州。随着全球人口流动加速，一些大城市中心区也有不少国际移民迁移海外。城市化、工业化与现代化带来的国际移民输出地社会结构变迁及随之而来的社区内部异质分化，使很多发展中国家的国际移民输出地同时兼具了乡村与都市、有机团结与机械团结（Durkheim，2014）、社区与社会（Tonnies，2011）等双重特征。大量杂糅了侨乡与侨都特性的国际移民输出地区在发展中国家产生。

上述乡村与都市的二元杂糅形态深刻影响了国际移民输出地与海外移民的跨国互动频率、模式与类型。一方面，国际移民输出地社区内国际移民所能得到的社会支持网络，以及与海外移民保持联系的跨国社会网络，具有了同质性与异质性、强关系与弱关系的双重性（Granovetter，1974）。另一方面，这些国际移民输出地所体现出的"乡都二元性"也意味着其本身社会经济发展不均衡，其与国际移民的输入地在世界体系中的位差有所不同，国际移民在不同社会空间中所感知的"社会地位落差"（黎相宜，2019）有所差异，由此塑造了差异化的跨国主义路径与模式。

波特斯将跨国主义分为底层与上层两种跨国主义，同时强调以草根为主的底层跨国主义是最重要也最值得研究的部分（Portes，2003）。其中一个方法是区分跨国公司与国家的"上层跨国主义"（transnationalism from above）与国际移民的"下层跨国主义"（transnationalism from below）（Smith & Guarnizo，1998）。上述研究主要以施行跨国主义主体来区分不同层级的跨国主义。但这种区分没有考虑到跨国主义模式的性质差异。跨国主义不仅受到跨国移民自身社会经济背景、跨国迁移模式、在地社会适应的影响，还与移民输出地的特征有着密切关系。

上面提到的具有双重特征的国际移民输出地与海外移民的跨国互动就呈现出双层跨国主义特征：一是侨乡型跨国主义（*qiaoxiang* transnationalism)。呈现出侨乡型跨国主义的国际移民对以乡村为单位的熟人共同体具有一种浓厚的乡土情结,其跨国主义涵盖了寄给家庭与家族的侨汇、用于社区公共物品供给的慈善甚至小规模投资,当然也包括了对于母国的跨国政治支持。二是侨都型跨国主义（qiaodu transnationalism）。发展出侨都型跨国主义的国际移民在与祖国家乡的跨国互动中,多以信息、观念以及情感上的交流与支持为主,呈现出现代化、都市化、核心家庭化、非经济化以及原子化等特征。见图0-1:

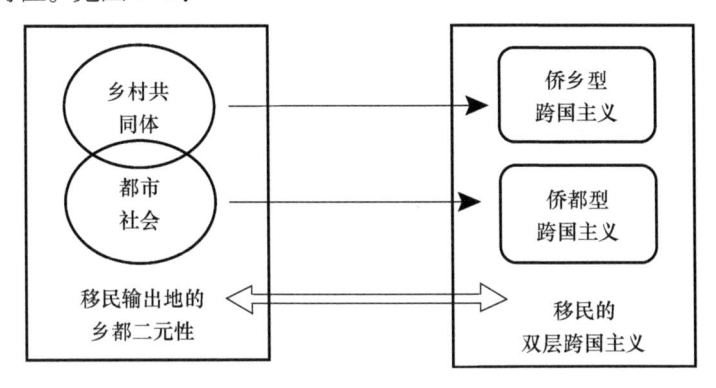

图 0-1 移民输出地的乡都二元性与移民双层跨国主义

第四节 方法：案例与资料

本书将围绕广州的侨都二元性与广州移民的双重跨国主义为主线进行阐述。广州移民与广州社会的跨国社会互动是讨论双层跨国主义的典型案例。作为拥有海外移民最多的大都市,广州既具有侨都特征,又兼具了侨乡特色。广州是城市化发展较早的城市之一,而且长期保持着与海外联系的传统。改革开放后,广州更是开风气之先,成为改革开放下先行先试的地区之一。这也导致了大批来自广州老城区的移民向海外迁移成为新移民。这些移民较为分散、社会经济背景多元,更为重要的是他们长期生活于大城市,其逻辑思维、行为模式、精神气质与来自乡村的移民具有很大差异性。他们与家乡的跨国互动模式也更多呈现出现代性与都市化特征。同时，随着广州急剧的城市化，许多近郊也被并入广州城区规划，比如天河区、白云区、番禺区、花都区、增城区、从化区。但这些近郊在相当长的一段历史时期是乡土社会，从广州近郊出去的移民在迁移模式上与传统侨乡很相似，都是以亲缘、地缘为基础的一种劳工迁移模式，其在移居国的社会地位相对比较边缘。而且他们对家乡具有一种浓厚的乡土情结以及强烈的道义责任，这进一步影响了其与家乡的跨国互动，使其互动更多具有了衣锦还乡、回馈桑梓等乡土特征。由此，我们可以看出当代广州移民与广州社会的互动实际上呈现出双层互动的特征，一层是都市模式的跨国主义，而另一层则呈现乡土特色的跨国主义。

本书的研究资料来源于田野调查、口述史、问卷调查与档案文献：

田野调查。2013—2015 年我们陆续在广州花都区（新华街道、狮岭镇、花山镇）、海珠区、白云区、番禺区、南沙区完成田野调查。田野调查对象包括广州籍移民，以及非广州籍但与广州有跨国互动的华人移民。田野调查内容包括访谈这些华人移民的家庭史、迁移史、在海外的社会适应情况以及与祖国家乡的互动情况，侨眷尤其是移民子女作为"洋留守儿童"在广州的生活与教育情况。2017 年 6—7 月，我们对广州市及各区的侨办、侨工委、侨联、政协等涉侨部门进行了侨情调研。我们通过与市侨办合作的方式，参与接待活动，通过对回来广州观光、投资的当代广州移民进行参与式观察，了解他们在海外的生活状况、与地方政府、家乡及家人的互动情况。2017 年 8 月，同时还前往新兴重点国际移民输出地福州、温州、青田、泉州等地进行调研，与相关侨务部门进行了座谈。

口述史。我们充分利用了"广东华侨史"在北美、拉美、大洋洲等地搜集的有关广州华侨华人的口述历史资料。"广东华侨史"是广东省"十二五"期间及之后一段时期侨务工作和文化强省建设的重点工程。我们从2013年开始作为成员参与编修"广东华侨史"工程项目。2013年11—12月,本书第一作者随"广东华侨史"团队前往菲律宾马尼拉和印尼雅加达、泗水、棉兰、巴厘岛等地搜集当地华侨华人的口述资料。2018年8月15—25日"广东华侨史"编写办派团队到巴拿马调研,搜集有关巴拿马华侨华人的口述历史资料。在巴拿马期间,"广东华侨史"访问团访问了巴拿马华商总会、人和会馆、古冈州会馆、巴拿马华人工商总会、巴拿马花都(花县)同乡会等社团和巴拿马中山学校、中国文化中心等华文文教机构,走访了巴拿马城和科隆唐人街,深入华人餐馆、企业、商铺和学校了解华侨华人经营发展和办学等情况,对部分粤侨代表进行了口述历史专访。① 上述口述史资料构成了我们重要的资料来源。

  问卷调查。我们作为课题组成员参与了2015年、2019年广州市社会科学院展开的"广州社会状况综合调查"(Guang Zhou Social Survey,简称GZSS)。这是广州市社会科学院于2015年发起的一项全市范围内的大型连续性长期纵贯抽样调查项目,调查采用概率比例规模抽样(Probability Proportionate to Size Sampling)和等间距相结合的抽样方法,随机入户、等概率抽样的方式,保证每个受访者被抽中的几率是均等的。问卷内容主要有:个人工作状况、家庭生产生活情况、生活质量、社会保障、社会团结/社会融合、社会凝聚/价值观/国家及社会评价、社会参与/政治参与等内容板块。我们在两次调查问卷中都设计了当代广州移民及其与家乡互动的问题。所涉及的问题包括:是否有境外亲属、境外亲属迁移时间、途径、生活状况以及与国内亲属的联系等方面。其中,2015年从荔湾区、越秀区、海珠区、天河区、番禺区、白云区、南沙区、黄浦区等8个区中抽取20个街道的50个社区,有效回收问卷为1001

---

① 参见广东省侨办《〈广东华侨史〉访问团赴巴拿马古巴收集粤侨史料》,http://zwgk.gd.gov.cn/006940212/201809/t20180906_780416.html,查阅时间:2019年7月7日。

份。2019年从广州11个区（越秀区、海珠区、荔湾区、天河区、白云区、黄埔区、花都区、番禺区、南沙区、从化区、增城区）抽取50个街道的100个社区，有效回收问卷3040份。我们利用STATA15.0分析软件，通过描述性统计（Descriptive Statistics）、相关性检验（Correlate Test）以及回归分析（Regression Analysis）等统计方法对拥有海外或境外亲属的广州居民家庭的基本情况与特征进行分析，并讨论当代广州移民与侨都的互动模式与特征，以及这种互动所产生的社会经济效应。

档案文献。有关国家的侨务政策、广州移民的迁移历史及其在海外的生活状况、跨国活动等文献是理解华人移民跨国主义的重要资料。我们利用了广州移民主要移居地的档案馆、图书馆以及海外社团会所等机构，收集地方史志、族谱、报纸、侨刊、相片、芳名碑刻、社团刊物以及网络资料等有关文献资料。

通过上述方式搜集相关资料累计59万字。其中，针对移民与侨眷的田野调查共计25万字，与本研究相关的口述史资料共计22万字。侨务部门的调研与座谈共计12万字。出于研究伦理，本书所涉及的研究对象均做了化名处理。广州行政区划历经变迁，下文所涉及的地名以目前行政区划为准。

下面我们将结合上述定性资料与定量数据，以双层互动模式为分析框架，探讨当代广州移民的迁移模式、社会适应与海外离散社会的状况，以及这些群体是如何通过各个层面的跨国实践（经济、政治、社会、文化）与广州进行互动的。

第一章 当代广州移民的双重跨国主义背景

当代广州移民潮是中国新移民潮的重要组成部分,其产生与发展既表现出与其他中国新移民的共性,同时也具有自身的特性。尤其当代广州移民在跨国主义上所呈现出的双重特征,与广州所具有的侨乡与侨都的双重性密不可分。下面我们先阐述当代广州移民产生的国际与国内背景,接着从整体上概括当代广州移民的社会经济背景、迁移模式、职业构成、分布国家地区与跨国主义情况,最后勾勒广州作为国际移民输出地的结构特征与发展情况。

第一节 缓和与重启:新移民的产生背景

1978年以后,广州移民大量走出国门。除了受到这一时期的国际、国内政治格局的影响,同时也与中央、省、市各级政府的一系列政策有着直接密切关系。

首先,中美建交,国际环境缓和。1979年,中美两国正式建交,中国所处的国际环境大为改善。大格局的变动引起小体系的连锁反应,中国与东南亚各国关系进入了新的历史时期。1990年,中国与印度尼西亚正式恢复外交关系。同年与新加坡建立外交关系。东南亚各国也逐渐放宽对华侨华人及其他公民到中国探亲、旅游和进行商业活动的限制。同时期,北美、欧洲等发达国家对中国新移民的入境、定居与管理政策陆续发生了松动,为当代广州移民拓展了新的生存与发展空间。

其次，改革开放放松了出入境管制。1978年，中国共产党十一届三中全会"拨乱反正"，中国社会从"阶级斗争"转到"社会主义现代化建设"的轨道上来。伴随着从"革命"话语到"改革"话语的转变，一方面，中国需要一个稳定的国际环境，以保障国内经济转型的顺利进行，而相对开放宽松的侨务政策有利于向外界展示中国融入世界的意愿。另一方面，国内的经济建设需要各行业人才与大量资金，而海外几千万的华侨华人和雄厚的资本与技术无疑是巨大的资源。① 1985年年底全国人大常委会颁布了《中华人民共和国出入境管理法》之后，进一步放宽因私出境的标准。因此，中国政府在对外开放、对内改革的大环境下出台了一系列更为宽松的出入境政策以及侨务政策②，全面放宽归侨、侨眷的出国限制，鼓励归侨、侨眷出国探亲、访友、继承财产等，为他们出国创造条件。

再次，重构话语，恢复跨国通道。在上述国内外因素影响下，广东省省内也随之发生了根本性变化。各级政府的首要任务是如何动员各种社会资源发展经济、启动社会转型。而广东作为拥有华侨华人最多的大省，自然而然成为省政府吸引外资的积极条件。在这样的背景下，广东省、各市级政府重新关注几乎被遮掩和淡化了近30年的海外华侨华人，注意到他们的变化和经济实力的增长，并意识到他们有可能成为中国社会转型与现代化建设的重要动员力量。1978年广东召开全省侨务工作会议，传达贯彻全国侨务会议

---

① 代帆：《华侨华人认同与中国——一种建构主义分析》，硕士学位论文，暨南大学，2003年。

② 如《关于归侨、侨眷职工出境探亲待遇问题的通知》（侨政会字〔1982〕11号）、《关于归侨、侨眷职工因私事出境的假期、工资等问题的规定》（侨政会字〔1983〕7号）、《关于归侨侨眷离休、退职人员因私事出境有关待遇的通知》（侨内会字〔1992〕20号）、《关于归侨侨眷职工因私出境租住公房和参加房改买房问题的规定》（侨内会字〔1992〕2号）、《中华人民共和国归侨侨眷权益保护法》（1990）、《中华人民共和国归侨侨眷权益保护法实施办法》（1993）、《中华人民共和国出入境管理办法实施细则》（1994）、《中华人民共和国外国人入境管理办法实施细则》（2010）等。

预备会议和中共中央 1978 年 3 号文件精神，重申"一视同仁，不得歧视，根据特点，适当照顾"的侨务基本方针。在"改革、开放"的大背景下，广东省各级政府积极拨乱反正，清理历史遗留问题，对侨眷、归侨中制造的冤、假、错案进行平反，落实侨房待遇。这些政策和举措很大程度上重新修复了广州与海外华侨华人的关系，畅通了跨国通道和强化了跨国网络。随着中国经济转型、宽松的侨务及出入境政策出台、海外族裔网络重新活跃以及移居国移民政策的松动，广州重新迎来了向海外迁移的新高潮。

第二节 多元与糅合：新移民的发展特征

改革开放以来，尤其是 21 世纪以来，广州侨情出现了很多新变化。截至 2016 年年末，广州市有海外华侨华人、港澳同胞和归侨、侨港澳眷属近 400 万人，其中市内归侨侨眷、侨港澳眷属近 160 万人，占广州户籍人口近 1/5，海外华侨华人、港澳同胞近 240 万人。① 下面将分别叙述当代广州移民的人口特征、来源地、分布地、迁移模式、职业构成、社会适应以及与祖（籍）国家乡的互动等。

一 社会经济背景与迁移模式

改革开放后迁移海外的广州移民呈现出多元化的社会经济背景，主要有以下四类：一是来自乡镇的农民和小手工业、商业者。这个群体教育程度大多不高，缺乏专业技能，多为劳工移民。二是具备一定文化程度者，比如学校老师、企事业单位的退休干部与职员等。他们中既来自越秀区、荔湾区和海珠区等老城区，也来自城市扩张后逐步成为广州城区的天河区、白云区、番禺区、花都区、增城区、从化区。他们虽然具备一定的文化素质，但是他们大多缺

---

① 上述数据由广州市人民政府侨务办公室提供。

乏移居国所需的语言（如英语）和可转化的文凭与专业技能，在所在国也多以从事非熟练技术工种为主。三是教育程度高、具备所在国所需语言及专业技能的留学生。他们大多在发达国家或地区获得学位，并进而定居留学所在国家或前往其他发达国家谋生定居，成为新移民中的重要增量。广州作为广东高校集中地，是这类移民的重要迁出地之一。根据广州市公安局统计，"出国自费留学人数，1986 年 950 人，1987 年 5291 人，1988 年 4651 人，1989 年 6386 人，1990 年 2277 人，1991 年 1621 人，1991 年 1440 人"。1987 年至 1990 年年底广州市侨办属下侨属赴国外留学咨询服务部和市侨联属下惠侨咨询服务公司"代办赴澳大利亚、英国、新西兰、加拿大、日本、匈牙利、安提瓜等自费留学 2121 人，后来不少获当地居留权而侨居国外"。（广州市地方志编纂委员会，1996：18）这类群体在所在国主要从事专业技术工作，比如会计、律师、医生以及科研人员等；也有一些自己创业，成为企业家与商人。四是投资移民。这类群体的社会经济背景较为复杂：一些是携带在中国赚取的原始资本，为了子女教育或获得更好环境等原因迁移定居发达国家的。一些则本来就从事跨国投资与跨国贸易，在中国和移居国均有产业。但总体来说，投资移民具备一定的教育程度、专业技能以及较为雄厚的经济资本。

新移民的迁移模式与其社会经济背景有着密切关系，主要有以下几种类型：一是依靠亲属链条迁移海外。这种迁移模式多发生在传统侨乡，以劳工移民群体为多，比如花都新移民主要是家庭团聚型移民。二是依靠专业技能或经济资本迁移海外，如留学生或投资移民、技术移民。前两种类型为正式合法移民。三是通过中介以及非正式渠道迁移海外的，非正规移民既来自传统侨乡，也来自新兴的移民输出地。但总体上来说，以从广州花都区、白云区前往拉美各国的移民为主。这些移民可能也有一些亲戚朋友在所在国，但受所在国移民政策以及出入境政策影响，有相当比例的新移民是通过各种非正式渠道（如以旅游、探亲等方式）出国的。

二 移民来源地与分布地

当代广州移民的来源地与分布地与整个海外华侨华人的历史分布与动态变化有着密切关系。二战前,全球华侨华人多聚集在东南亚与北美地区。改革开放后,从中国大陆移居海外的新华侨华人大量涌现。以北美新移民居多,东南亚以土生华人的自然增长人口为主,兼有少量新移民,从绝对数量而言仍然以东南亚为主。同时,新移民前往中南美洲及澳大利亚、新西兰、日本、韩国、南非等国家和地区的也日渐增多。受此影响,广州移民不仅来源地多元,其所分布的国家和地区也更加广泛。

在广东省新移民中,来自广州辖属区的新移民数量仅次于广东五邑地区。1996年出版的广州地方志显示,1980年到1990年年底,广州有6万新移民前往美国、加拿大、巴拿马、澳大利亚、新西兰与家人团聚或继承祖产,前往美国的有3.8万。1988年广州移居英国的华侨华人7104人,移居毛里求斯的有498人。至1990年,中国内地移居秘鲁的新移民有2000余人,其中50%来自广州市区尤其是白云区。广州籍秘鲁华侨华人经商的占到80%。利马当地新增的中餐馆多为广州籍华侨华人所开(广州市地方志编纂委员会,1996:17,48,58)。截至1996年,1978年后出国的广州新移民有11.3万人,占全省新移民总数的近1/3(广州市侨联,1999)。目前广州市华侨华人分布在全世界130多个国家和地区。已知人数较集中的国家依次是美国、加拿大、巴拿马、马来西亚、新加坡、印度尼西亚、新西兰、澳大利亚、秘鲁、越南、英国等。以国际移民输出地区来说,越秀区的新移民人数最多,其次是荔湾区、海珠区、白云区、天河区、花都区、增城区及番禺区。①

---

① 上述数据由广州市人民政府侨务办公室提供。但必须指出的,由于移民出国方式的多样性,特别是其中有为数不少的非正规移民,有关部门无法进行精准的统计。尤其是巴拿马的新移民不少从非正规渠道出境的,因此存在目前统计数字未有将这些人数计算在内的情况。

当代广州移民的分布国家兼具发达国家与发展中国家：一是以经济发达、教育水平高的美国、加拿大和澳大利亚等国家为主。这些国家经济发达、科技先进、教育程度高、环境优良，对广州移民形成了强大的"拉力"。美国是这些新移民的首要流向国，占21.7%；其次是流向加拿大，占12.34%；再次是流向澳大利亚，人数为1.06万人，占6.57%；流向新西兰有7660人，占4.75%。① 二是以体制不完善、蕴含巨大商机的拉美发展中国家（如巴拿马、秘鲁、厄瓜多尔、智利）为主。新移民构成拉美国家当地华人人口的重要组成部分，甚至有的占很大比例。比如巴拿马的华人人口中有三分之二来自广州花都区，多为改革开放后出去的新移民，以操客家方言为主。虽然这些国家无论在经济发展程度还是教育水平上均无法与发达国家媲美。但这些国家总体上国内政治经济体制不完善，商品经济与贸易有较大开拓前景，当地消费需求大，为新移民开展零售业与小商品经济提供了广阔空间。这些前往发展中国家的新移民与祖国家乡一直保持着密切联系，其跨国经济模式以及跨国家庭模式较为特殊，不少新移民将子女放在国内受教育，由此产生"洋留守儿童"现象。近年来，随着国内经济快速发展、国外局势变化以及移民年龄增长，不少新移民选择回国定居。

改革开放后，大量新移民从上述区域迁移海外，有的延续和加深了新中国成立前的传统流向，有的则进一步开拓了新的定居点。从向海外迁移的人口规模来看，新移民规模大大超出了新中国成立前的移民人数，因而将这些移民群体的输出地称之为新兴移民输出地。这些地区的新移民的迁移模式较为多元，既有依靠亲属链的正式移民，也有依靠中介以非正式渠道迁移海外的新移民。"侨"分布的广泛性扩展了海外华社的发展空间，借助海外侨胞及其社团沟通祖籍国与所在国的桥梁作用，推动广州对外开放水平的提升，为广州走向世界各地提供更多可能性，深化了枢纽型网络的构建。

---

① 上述数据由广州市人民政府侨务办公室提供。

三 职业构成与跨国互动

改革开放后出去的广州移民从事的行业和职业十分多元。这里难以一一罗列。从所需技能差异来看，可以简单分为非熟练劳动力与熟练劳动力（具备专业技术技能）。尽管留学生、专业技术移民、投资移民数量逐年增多，但非熟练劳动力移民即劳工移民仍然在新移民中占有很大比例。在这些劳工移民中，有些是来自传统侨乡的家庭连锁移民，以亲属团聚理由申请定居身份；也有的来自新兴输出地。这种类型的移民主要来自传统侨乡，还有些则来自新兴国际移民输出地，正式渠道和非正式渠道交杂。这些劳工移民具体所从事的职业与其来源地和分布国家有着密切关系。比如在北美的新移民主要从事餐饮业、制衣业、装修工程、家政服务等。在拉美的新移民主要从事零售业、小型超市以及大型连锁超市等，也有不少从事水泥厂、五金厂、房地产业。而且越来越多的新移民呈现出多种经营并行的模式，从小商贩和家庭作坊式转向规模经营、多产业并举的经济模式。同一个国家的广州移民所从事的行业也呈现出多元化差异。一些经济资本较为雄厚的投资移民主要涉足房地产业，而教育背景较高的专业技术移民则主要集中在金融业和信息业，有些还涉足华文传媒等领域。

由于当代广州移民的社会经济背景、分布国家与地区、迁移模式、职业构成日益多元化，使其与祖（籍）国家乡的互动呈现多元化新特征：既有传统的经济联系（侨汇、捐赠、投资），也有新兴的跨国贸易模式（如代购、海淘、跨境电商）。既有传统的跨国政治支持，也有新形式的跨国政治参与。既有传统道义型模式，也呈现出重视非经济原子化的新特征。当代广州移民的家乡与移入地的"小生境"（孔飞力：[2008] 2016：45-47）也随之发生变化：广州与北美的"通道"由于源源不断的新移民潮及其所带来的资金、技术、信息、观念而重新被打通并且不断扩大。广州与东南亚各国的"通道"则受到移入国长期实行同化政策及新移民减少等因素的影响而出现了不同程度的萎缩。但 2010 年以来随着中美战略竞争加剧与东南亚作为"一带一路"建设的示范地区，也出现了一些广州移民前往东南亚各国投资的现象。而与此同时，广州与拉美各国的跨国通道则由于新移民增多与跨国主义频繁而呈现繁荣状态，由此很大程度上改变了当代海外华侨华人的世界图景。

第三节　侨乡与侨都：广州作为移民输出地

广州作为拥有最多华侨华人的大都市，具有传统与现代的二重特性。这种兼具侨乡与侨都的双重特征深刻形塑了当代广州移民的跨国主义内容、模式以及特征。

一　乡土性与传统侨乡

广州的乡土性主要由于其历时性城市扩张导致一些乡村共同体被逐步并入城区范围。清末以来广州府所辖的番禺县、从化县、花县①（今番禺区全部、海珠区部分、从化区全部、花都区全部）均有不少人流向海外。尤其是太平天国失败后，清朝抓捕洪秀全族人导致花县人大量外逃（管彦忠，2002）。而在当代，上述侨乡地区随着城市化而被并入广州城区（如花都区、番禺区、增城区与从化区）。尽管已经城镇化，这些近郊农村、城郊接合部仍然呈现出强血缘、强地缘纽带的熟人社会形态。而这些地方的海外移民在迁移模式上与传统侨乡很相似。这些华人移民受到家族、宗族等社会网络支持，并以亲缘、地缘为基础进行跨国迁移。

上述这种劳工移民的迁移与适应模式使华人移民能够透过强关

---

① 花县于 1949 年 10 月 13 日解放，属北江专区。同年 12 月，隶属珠江专区。1952 年 7 月，改属粤北行政区。1956 年 3 月，改属佛山专区。1958 年 11 月，广州郊区部分公社划入花县，花县改名"广北县"，至 1959 年 3 月，复名花县。1960 年 4 月 20 日，花县划为广州市属县。1993 年 6 月 18 日，国务院民政部批复撤销花县，设立花都市。2000 年 5 月 21 日，国务院批准花都市撤市，设立广州市花都区。

系与侨乡保持同质性高的跨国社会网络，并使其很容易发展出基于传统道义责任并沿着差序格局形成的社会文化馈赠。这种社会文化馈赠首先可能集中于宗族内部，如修缮祠堂。1991年，花都区的赤坭镇横沙村祠堂是由64位周姓海外移民捐资11.9万元、横村周姓村民集资3.1万元修建而成。2000年花都区花山镇东华村祠堂是由东华村旅居美国的40位江姓海外移民捐赠19.8392万元修建而成。1994年白云区人和镇民强村刘氏大宗祠由216位本村刘氏海外移民捐赠37.7742万元、本村村民捐赠70万元修建而成（李云，2014）。

此外，教育、医疗也是另一个重要的社会文化馈赠领域。比如祖籍广州花县的赖炜裳，童年曾在家乡读小学，移居巴拿马经商后成为富商。近年来，他向他所在的村、镇、县捐资赠物共达130多万元人民币，并兴建一座医疗大楼，从国外购置了先进医疗设备和工具。又如祖籍广州人和镇的戴宗汉，年轻时前往秘鲁开垦农业，不仅积极向秘鲁民众传授农业生产技术，同时不忘"反哺"家乡。早年支持家乡兴办教育事业，捐款20万元帮助高增村兴建同文中学（今市七十三中学）。后又多次捐资修建道路、建卫生村及兴建人和华侨医院。基于他对侨乡所做的贡献，戴宗汉于1988年被授予第三届"广州市荣誉市民"的称号（广州市人民政府侨务办公室，2000年：293—294）。

当然，广州新城区、城乡结合部、近郊地区的海外移民与家乡的互动模式除了有传统互动模式的特征外（如侨汇、捐赠和投资），也发展出一些新的互动方式（如跨国政治支持），后面会有论述。

二 现代性与枢纽型侨都

广州的侨都社会形态起源于清末、民国时期。当其时，广州西关、东山等老城区（今荔湾区东北部、越秀区全部）的许多家族就已建立了庞大的跨国经商以及贸易网络，如同其印度、美国商人伙伴一样，成为具有跨国特征的国际性商人，而他们的子女开枝散叶，远至东南亚与北美，成为早期华商的典型代表。此外，近代广州一直是华南地区的经济文化中心，也是省内其他华侨华人捐资的重点地区。以广东华侨中学为例，该校为广东省国家级示范性普通高中、广州市教育局直属唯一"侨"字号完全中学，学校历史悠久，在海内外有较大影响。学校前身是广州市私立四邑华侨中学，1946年由台山、新会、开平、恩平等地爱国华侨集资创立，校址即当年的台山会馆，1950年政府接管后更名为"广东华侨中学"，由省教育厅直接管理，为省属重点学校，1959年由广州市教育局接管。广东华侨中学依托海外华人捐资办学的历史传统以及海外华人的关系网络，以国际化办学理念为先导，先后与美国、加拿大、英国、西班牙、印尼、巴西、韩国、澳大利亚以及中国香港、中国澳门、中国台湾等国家和地区开展合作交流，以求创建"中""侨""外"文化汇集的国际化教育基地①。

改革开放后，从广州中心城区以家庭团聚、留学等形式出国的移民数量急剧增长。这些都市移民在改革开放先行一步的优势下迁移海外，遍布全球。这些移民本身具有异质性，其社会支持网络主要基于核心家庭，与广州的联系没有强纽带作为依托而呈现出弱关系形态。这些移民由于迁移时间并不是很长，与仍然留在广州的直系亲属（如父母子女）、较为亲密的旁系亲属（兄弟姐妹）仍然保持着密切而稳定的联系。由于这些在广州中心城区的侨眷生活状况较好，所以与海外亲属的互动以情感维系为主，而经济支持较少。

广州作为现代性侨都还集中体现在其拥有大量的侨资企业上。2013年12月，广州市的侨资企业（含港澳企业）已有15000多家，占全市外资企业总数约70%②。广州侨资企业有效弥补了国

---

① 广东华侨中学，http://www.gdqz.com/Category_11/Index.aspx，2014-11-4。
② 翁淑贤：《广州外企七成是侨资》，《广州日报》2013年12月24日，http://gzdaily.dayoo.com/html/2013-12/24/content_2492188.htm。

内建设资金不足的问题，并且通过先导和示范作用带动了更多外商到广州投资，推动了广州经济与社会的发展。同时，侨资企业带来先进的管理经验和市场理念，引进先进的技术和设备，培养了一批国际化人才，促进广州的产业转型和升级，推动广州开放型经济格局的形成，并使中国产品进入国际市场化的进程中。此外，侨资企业还为广州地区提供了大量就业岗位，缓解了华南地区的就业压力，提高了人们的收入水平。

同时，广州还拥有全国最早的侨商会——广州市侨商会。该商会成立于1999年，是在广州兴办企业的侨商联合组织，其组成包括了广州市荣誉市民企业、华侨华人和港澳同胞投资企业、侨属企业以及留学回国人员企业，其中有不少跨国、跨行业以及高新科技企业[①]。广州市侨商会是侨界企业沟通和联系侨务部门以及政府其他部门的桥梁。一方面，侨商会广泛团结在穗投资设厂的侨商，积极推动侨企间的交流与合作，创新企业经营模式，带动企业转型升级。另一方面，侨商会作为侨企与政府之间的桥梁纽带，是侨商企业与政府沟通的重要通道，在侨企维权、为侨商解难等方面发挥着重要作用。像侨商会这样的专业性团体，是广州侨资企业应对全球化经济时局变化所做出的策略选择，一定程度上可提高侨资团体的稳定性、沟通性和抗风险能力。

更为重要的是，各级政府对于广州的定位也使其枢纽型侨都的地位日益凸显。在推动构建人类命运共同体与建设"一带一路"的新时代背景下，广州与其他传统侨乡相比，经济实力最强、辐射能力最广，与其他大城市相比又是拥有最多海外华侨华人的超大城市。广州作为侨都的战略地位很早就被国家所意识到。早在2016年，国务院在广州市城市总体规划批复中指出，广州是广东省省会、国家历史文化名城、国家重要中心城市、国际商贸中心和综合

---

① 广州市侨商会网，http://www.gzqw.gov.cn/site10/index.shtml，2014年11月1日。

交通枢纽。相较于国家中心城市，此次批复赋予了广州"国家重要中心城市"定位。"重要"二字，凸显了广州在国家发展大格局中的分量与地位，广州将在国家的发展和对外开放新格局中承担新职能。在此背景下，建设枢纽型网络城市的战略部署应运而生。2016年8月5日，中共广州市委十届九次全会闭幕并审议通过了《中共广州市委广州市人民政府关于进一步加强城市规划建设管理工作的实施意见》，为枢纽型网络城市建设提供了"路线图"和"施工图"。全会指出，随着全球化、信息化持续深入推进，城市交通网络、信息网络、产业网络、创新网络、人才网络、生态网络逐步完善，全球人流、物流、资金流、信息流加速集聚扩散，城市的枢纽带动力和网络连通性直接决定城市的国际影响力和国际竞争力。建设枢纽型网络城市，优化城市形态，凸显城市特征，强化城市功能，促进要素自由流动、资源优化配置，将为巩固和提升国家重要中心城市地位提供强大支撑。在此背景下，广州市将着力打造枢纽型侨都。2021年《广州市人民政府关于印发广州市国民经济和社会发展第十四个五年规划和2035年远景目标纲要的通知》（下文简称《"十四五"规划》）中确立了"打造枢纽型侨都"的目标，其中具体表述为"贯彻党的侨务政策，实施华侨华人人脉涵养计划，织密枢纽型侨务对外合作新网络，整合构筑海外社团联盟。对接海外重点华商，打造侨务招商引资招才引智活动品牌，将广州建成全球华商投资与往来的首选城市。加强'侨梦苑'126建设，打造国家级侨商产业和华侨华人创新创业聚集区，完善为侨公共服务体系。设立一批华文教育基地、中华文化传承基地，提升广州华侨博物馆作为华侨文化的宣传平台功能"①。

综上，广州在不断向周边进行城市扩张过程中，城乡结合部的村落被合并至城区，由此呈现出混合乡土性与现代性、杂糅侨乡与

---

① 《广州市人民政府关于印发广州市国民经济和社会发展第十四个五年规划和2035年远景目标纲要的通知》，广州市人民政府门户网站，https://www.gz.gov.cn/zt/jjsswgh/ghgy/content/post_7338078.html。

侨都特性的社会形态。这进一步导致了广州移民跨国主义呈现出传统与现代、经济与非经济因素夹杂、集体化与原子化、道义与盈利等多重性。下面我们将围绕广州移民与侨乡社会的互动以及广州海外移民与侨都的互动为主题在第二章和第三章分别阐述。

第二章 乡土情结与道义责任：广州移民的侨乡型跨国主义①

在斯科特的"道义经济"模型中，乡村社区是具有高度集体认同感的共同体，村庄可以通过再分配体制来达到群体生存的目的，而且可以在危机来临时通过互惠和庇护关系提供非正式的社会保障。在村庄内部，要求富人应以有利于共同体中的贫困者的方式支配个人资源。通过对待个人财富的慷慨态度，富人既可以博得好名声，又可以吸引一批听话的感恩戴德的追随者。扮演保护者的富人的道德地位取决于其行为同整个社区共同体的道德期待相符合的程度（詹姆斯·C.斯科特，2001：30，52，170）。不少学者将斯科特的"道义经济"框架用于解释国际移民的跨国实践及对于家乡的道义责任。与斯科特的"道义经济"模型不同的是，海外移民群体与侨乡所形成的道义传统受其大规模的迁移潮的影响。挪威国际移民研究专家卡陵（Carling，2005）在对佛得角移民的研究中指出，移民回报家乡是跨国主义道义框架的核心要素。当然，道义经济也会带来负面影响：家乡的亲属朋友会经常批评移民不提供汇款或没有提供便利条件帮助他们移民，并进而指责这些移民"忘

---

① 本章主要探讨广州花都籍巴拿马华人移民。本部分所涉及的研究对象大部分祖籍广州花都区。但也有少部分是广州其他区（如番禺区）迁移过去的，但由于花都客家人在巴拿马人数规模较大，这些其他区迁移过去的广州移民往往与花都新移民有非常密切的关系（比如通婚、共同做生意等），而且前者与后者在迁移方式、就业模式等方面并没有太大区别。因此，在这里我们也将其他区的移民放在这里讨论。

恩负义"。社会学教授柯群英则借用"道义经济"概念解释新加坡华人移民为什么感到有责任回馈家乡。她指出，华人移民作为道义经济的成员，从文化上有一种道义责任和义务去帮助直系亲属、宗族、祖村再扩展到外部发源地（柯群英，2005；Kuah，2000：134，136）。柯群英以福建安溪侨乡为例，指出侨乡的村民主要通过两种道义约束来鼓励海外亲属的捐赠：一是通过强调"血缘关系""落叶归根"的道德说服方式，暗示他们的亲属关系来恳求海外亲属帮助他们。另一方面村民也通过"贴标签"的羞辱方式来对待没有帮助他们的海外亲属，认为他们变"番"、不讲"亲情"，主要目的在于使那些没有贡献的亲戚在其他亲属和族人面前丢脸，促使他们以积极方式参与到祭祖的各个方面（柯群英，2003：55；Kuah，2000：134）。随后也有学者在其研究中指出，侨乡人通过与海外亲戚们叙旧以及强调后者所应负有的道义责任，想方设法唤起海外亲人已经"搁浅"或逐渐"淡忘"的乡情，从而对其形成道义约束（郑一省，2004）。可见，基于传统道义的跨国实践模式普遍存在于华人移民群体中，尤其对于那些从同一祖籍地移出的移民群体。这些移民大多来自"乡土社会"，在许多方面起着与传统时期士绅同样的作用。移民作为"新士绅"要承担起村庄内部的救济贫困、提供乡村公共福利等社会责任与义务，在侨乡的社会事务和公共管理中扮演着日益重要的角色（费孝通，2006；陈春声，2021：344-345）。

上述提到的移民道义也显著反映在广州近郊农村移民身上。其移民跨国主义也带着浓厚的乡土情结与道义责任。但由于广州具有侨乡与侨都的特征，这种道义表现在跨国实践中又与广东五邑、潮汕、客家侨乡的移民有所不同。本章将以花都籍巴拿马移民为例，考察他们的迁移与调适模式对于其侨乡型跨国主义（*qiaoxiang transnationalism*）的影响以及侨乡型跨国主义的表现。

第一节 亲缘型劳工移民：花都人在巴拿马

花都区位于广东省中南部，广州市区北部，是著名侨乡。花都区目前现有海外华侨华人及港澳同胞约401513人，分布在56个国家和地区，其中在巴拿马的花都籍华侨华人最多，总数约139848人，占34.83%。其次是美国（88604人）以及加拿大（17660人）。这些分布在美国和加拿大的花都籍华侨华人也有一些是从拉美迁移过去的。① 下面我们将分析花都籍巴拿马移民的迁移历史、适应模式以及在当地的社会境遇。

一 传统与现代："黄金梦"与新移民潮的开启

"跨境流动"是个体对新的生活机会进行主体性选择的契机。迁移群体试图绕开各种结构性条件，以期实现自我。他们这种积极的人生态度在整个流动过程中随处可见（广田康生，2005：133，140）。这种跨境流动的主体性选择用花都人通俗的话来说就是"黄金梦"。这种"黄金梦"历史悠久，牵引着一代代花都人前往巴拿马寻求更好的生活机遇。

（一）侨乡传统

巴拿马共和国简称为巴拿马，是中美洲最南部的国家。连接大西洋及太平洋的巴拿马运河位于国家的中央，划分了南北美洲，拥有重要的战略地位。全国共分为9个省和5个特区，省以下划为县，首都为巴拿马城。本国货币为巴波亚（BALBOA），与美元等值并同时在境内使用，是世界上第一个美国以外使用美元作为法定货币的国家。

广州花都籍巴拿马华侨华人前往巴拿马谋生至少已有150年的历史。我们访谈到的一些移民表示其祖辈就已经在晚清民国时期前

---

① 数据由广州市人民政府侨务办公室提供。

往巴拿马谋生。明清以来，珠江三角洲的商品经济发展较为迅速，使部分农民与其土地出现了某种分离（陈勇，2009）。而广州作为鸦片战争前清政府对外通商的唯一口岸，也使得珠江三角洲地区与美国以及其他西方国家的贸易及信息上联系较为频繁，更易于获知拉美对于劳工的需求。这些都形成了某种推力因素。1854 年，为完成巴拿马铁路修建苦苦找寻劳工的巴拿马铁路公司，搭乘契约华工大规模进入拉美的顺风车，从中国招募了第一批华人劳工，这些到巴拿马参与修建铁路的华工成为华人迁移巴拿马的先行者。但也有一种说法认为有些华人是从美国加州来的。2018 年，《广东华侨史》访问团到巴拿马华人社团采集口述史资料。第三代巴拿马华人黄先生就提到有不少巴拿马华人是从旧金山转道而来的：

> 他的第一个目的地在旧金山，去寻找淘金子的机会。但是他们被告知，他们是这样给我讲的，当他们到达那里的时候，他们说这里没有金子。但是你知道。他们也开始为中国人做很多禁令，他们称之为黄种人，黄皮肤。日本，韩国也一样。然后他们说，船上的人开始交谈，他说，哦，首领，你知道，在巴拿马他们在建造一个项目。为什么不去巴拿马？然后他们来到巴拿马当劳力（做苦力）。所以在 19 世纪这条铁路已经建成了。有很多人当你知道这条河的历史。有很多中国人，困难很多，有的人自杀了，不是所有的人。很多人建完河后，他们留在这里生活，他们通婚，开始组建家庭。这条河已经经历了 1850 和 1860 年代。所以我想第一批应该是 1870 年代来的，因为我知道我不太了解我的祖父母，但是我知道我的父亲，他 1915 年出生于科隆。①

黄先生的说法虽然无法得到确证。但是可以判断当时整个美洲

---

① 2018 年 8 月 6 日，《广东华侨史》访问团对巴拿马移民黄先生的访谈。

的人口流动较为频繁。很多华人移民经由拉美前往北美,也有的想要前往北美而因各种原因逗留在拉美。巴拿马华侨华人就是当时南北美洲人口流动的重要组成部分。19世纪80年代后①,这个阶段是早期华人迁移巴拿马的高峰期,前往巴拿马的移民以自由移民居多。华人移民不再是盲目地被动区域转移,而是比较务实、理性地以自由劳工身份前往巴拿马。

  第二批人来的时候,正在修建法国运河,但后来失败了。第二批人不是为了干苦力而来的,他们主要想来这里做生意。他们经营很多种类的商店,也经营农业,商业,也许还有更多关于商店的。他们很少干体力活。科隆比巴拿马(笔者注:受访者指的是巴拿马的首都——巴拿马城)更重要,这是一个政治问题,但是自从你建运河的时候,所有的东西都来自法国或者大西洋的其他地方。西班牙人、法国人、美国人,他们都想来巴拿马寻找财富。我也想找到钱和财富。那时大西洋是更重要的城市入口,也是最重要的入口。二战后,城市入口变成了巴拿马……我父亲这边,他有一个叔叔开了第一家店。在20世纪早期的巴拿马,通常你有一家百货商店,你在那里卖食物,卖商品。你卖很多建筑用的东西。最普遍的是他们卖食物和东西。据说中国人卖得更好,因为他们有工作的工人。巴拿马客人一次不能买很多食物,他们一点一点买。比如要买超过1.5磅和1磅的大米,他们去巴拿马人开的店就不得不等待,他们会等。但是中国人更聪明,他们把所有的东西都打包好了。客人可以说他需要一包一磅的大米,这更方便和快捷,因为他们必须回去工作,他们也在这么做,所以他很快就开始做小生意,他们接管了生意。正如我们所说的那样,他让小镇走上正轨,

---

① 有学者以契约华工制度废除的时间——1874年为界限,见李春辉、杨生茂《美洲华侨华人史》,第474页。

我们见证了这些。沿路都是商店、餐厅啊洗衣店之类……①

由黄先生的叙述中我们可以看到巴拿马华人的职业已经发生了变化。大部分华人从事的是零售业，被华侨称之为"伙食铺"：

其实就是卖的那些都是能吃的，都是叫伙食。都是平时那些群众需要的东西，很多东西的，其实伙食店是很杂的。就是米、油盐啊，还有鬼佬吃的那些罐头啊，又有纸巾啊，什么都有的，有牛肉、鸡肉，有菜台、牛肉台那些，还有蔬菜什么的都有的卖，很杂的。所以叫伙食因为是必需品的吃的。这里的老侨来到这就叫这个伙食铺，我们每个新侨来到都跟着叫伙食铺了。自由取货其实就是超市，超市就是自己去拿货然后再到收银台那里给钱的嘛。这边以前就叫做自由取货，就是自由地去取货的。现在新侨多了，就改叫超市了。其实以前老侨都是叫自由取货。是这样的。②

除了零售业外，也有一些华人从事餐馆业。从来源地来说，广州除了花都是最重要的输出地外，番禺也有华侨来到巴拿马。祖籍番禺的郭先生父亲就是在 20 世纪 30 年代来到巴拿马做厨师的：

后来大概是（20 世纪）20 或者 30 年代，我爸爸就和巴拿马这里的老华侨有联系，他让我爸爸过来做厨师了，就是老华侨请爸爸过来巴拿马做厨师，我爸爸会做菜，虽然没有在国内做过厨师，但是我们番禺人最厉害的就是煮食，现在番禺、顺德都是做这个的，做菜很好吃的。我爸爸过来的时候，大概 20 多岁左右。那时候去的是 Panama City（笔者注：指巴拿马

---

① 2018 年 8 月 6 日，《广东华侨史》访问团对巴拿马移民黄先生的访谈。
② 2018 年 8 月 16 日，《广东华侨史》访问团对巴拿马移民罗先生的访谈。

城)。他不是在中餐馆做,他是在一家人里面做私人的厨师,不是做餐馆,就是说不是出去打工的,就是华侨有钱,就请一位过来做厨师,这位华侨也是番禺人,20、30年代那个时候,番禺、顺德、南海这三个地方,华侨比较多,那个时候不是很多华侨的,几千个华侨,但是这几个乡的华侨都是做生意比较好的,我爸爸就是那些有钱的华侨请过去做家庭厨师。在那个年代,我爸爸在巴拿马每个月大概能够拿到30、40块美金,这个工资应该比普通的劳工好一点,你知道30年代中国也很穷,已经很好了,有30块美金一个月已经很好了。他打工不是很多年,应该是打了5年以内,也不清楚多久了。那之后,就跟朋友合伙做生意,就不再做厨师。那时候他和一个西人朋友一起合伙做生意,就是做一个小杂货店,什么都有的。那个小店在一个山区里面,比较远的地方,离这里有三个钟头,那时还没有汽车去的,都是骑马的,就是三个多小时,差不多四个小时的马车。后来汽车都要两个小时,路都是很烂的,很辛苦的。①

20世纪初期华人不断涌入巴拿马,主要从事零售业。1929年,国民经济严重依赖美国的巴拿马在全球经济大萧条中受到严重冲击,加之巴拿马政府对华人实施零售业禁制令。20世纪30、40年代巴拿马华人的数量大大减少。直到1944年政府放开对华人移民和华人零售的限制,华人数量才开始回升。此时华人在巴拿马的居住地不再局限于巴拿马城和科隆等大城市,开始在巴拿马全国铺开,在巴拿马西北部和哥斯达黎加接壤的边境地区已经出现华人的身影。此时大部分的花都移民多为男性,他们将家眷留在乡下,自己远赴重洋,将自己赚得的辛苦钱寄回家乡,供奉双亲,赡养妻儿。当时花都侨乡由于得到大批侨汇和侨资而生机盎然。

---

① 2018年8月8日,《广东华侨史》访问团对巴拿马移民郭先生的访谈。

第二章 乡土情结与道义责任：广州移民的侨乡型跨国主义

1949 年中华人民共和国建立到 1966 年"文化大革命"期间，有些侨眷以各种缘由先后移民巴拿马。卓先生的曾祖父于 20 世纪 20 年代迁移巴拿马，而后其父亲就是在这一时期以侨眷身份由曾祖父申请出去的：

> 当时是爸爸在巴拿马，爸爸是 1959 年来巴拿马，爷爷是 1926 年来，太爷爷去（的时间）不太清楚什么时候了。家里的大家族中，是太爷爷先到这边，当时太奶奶的家人是新加坡那边的华侨，那个时候听说巴拿马招工，然后就帮我太爷爷来到这里。太爷爷从巴拿马赚了钱回去盖了房子，买了一百多亩田。爷爷在中国出生后，到了 1926 年太爷爷说让爷爷去巴拿马，当时是爷爷有两个儿子，一个三岁，一个是刚刚一岁是我大伯，我爸爸还没有出生。后来 1928 年的时候，太爷爷第一个大的儿子死了也不能去，那就是剩下我的大伯一个。到 1931 年的时候，我爷爷自己就赚了钱回去，再生的我爸爸。我们以前的时候，听说是在我们现在做生意的另外一条唐人街做伙食批发，卖油盐糖米，以前都去做这个。1934 年初我爷爷在巴拿马，他跟我爸爸（在中国）说，准备 1937 年的时候回中国去，他说，钱已经赚了，够用就行了。但是到买船票的时候，正好是日本侵略中国，那个时候已经没有船票卖了，没法一起出去，所以在巴拿马没有走。后面在中国买了田盖了间房子。现在还保留完好。我爸爸 1959 年的时候批准出来的。①

也有一些出生在巴拿马的第二代华人则被家人带回侨乡居住甚至受教育后，再次返回巴拿马。罗先生的故事就是一个例子：

---

① 2018 年 8 月 6 日，《广东华侨史》访问团对巴拿马移民卓先生的访谈。

> 我很小的时候就来到了巴拿马，我在巴拿马出生，自小就回中国跟家里人住，然后我11、12岁的时候来到了巴拿马。我们家在巴拿马已经有五代人了。我是第四代，是我曾爷爷刚开始来到巴拿马。我曾爷爷来到后，我的阿公也来了，然后到我的爸爸，然后到我，然后我的儿女也在巴拿马出生，我有两个儿女，一个儿子一个女儿。①

吴先生的父亲出生在花都，早年到巴拿马谋生，娶了一位巴拿马人，即为吴的母亲。吴先生虽然是混血，但其华语说得非常好，这与其出生后没多久就由父亲送回花都家乡读书有着密切关系。这些曾回乡读书的第二代具有移民的特征，熟悉华语与华人文化，其与家乡联系密切，与在巴拿马土生土长的第二代有所不同：

> 我在这里出生的，我妈妈也是巴拿马人。用我们巴拿马这边的说法我是混血的。我在乡下读了四年书，四年之后，就是解放了的那时候，我爸爸就叫我回来这里。十四岁就回来了。我回来那时，因为在大陆读了四年书，学到了一些中文，能写能读，但是回来这边后没有用过。我去的时候不会唐话，学了四年回来巴拿马之后，又忘了所有的番话。再次学番话，就没用过唐书了，所以那些唐字都忘记了。但是我继续会时常跟巴拿马华侨一起交流，所以我就继续用唐文了。后来大概二十年前，我们中巴中心开始的时候，我去了加拿大读书。②

从罗先生和吴先生的叙述中，我们可以看到，在20世纪60年代以前，巴拿马与花都侨乡的跨国流动还是比较常见的，侨眷与家乡人可以依赖已经形成的跨国网络与空间较为自由地流动于中国与

---

① 2018年8月13日，《广东华侨史》访问团对巴拿马华人罗先生的访谈。
② 2018年8月6日，《广东华侨史》访问团对巴拿马华人吴先生的访谈。

巴拿马。这些来来往往也进一步拓展了业已存在的介于家乡与巴拿马的跨国网络及其网络内的族裔资源与社会资本。上述流动基本上在20世纪50年代末期才逐渐减少。1968年,"中华民国"驻巴拿马大使馆查报,"共有华侨3000人,另有土生华裔4000余人"(李春辉、杨生茂,1990:640)。

到了20世纪70年代初期,中国与海外的联系开始松动。侨乡人又开始重启了迁移海外的跨国网络。卓先生和他兄弟就是在出境政策松动后由在巴拿马的父亲申请,沿着已有的"侨乡链"到巴拿马的:

> 后来到1973到1974年的整个政策开放,华侨有亲属关系的可以申请出来,我和两个兄弟那个时候1975年4月15号离开祖国的,当时刚好20岁。当时的公安局局长跟我们说,现在开放了,批准你们去,要多报告祖国的好的消息给外面的华侨。①

由此我们可以看到,花都侨乡与巴拿马的关系并没有完全由于国内变化而出现断裂。侨乡仍通过各种方式维持着与海外的联系。正是这种联系的维持,海外生活很大程度上也成为花都侨乡乡村生活的一部分。村民来来往往于中国与巴拿马,一代代的发展传承,移民文化伴随村民的记忆和故事积淀下来,被侨乡的村民流传于口头,作饭后谈资,作街谈巷议,作倾吐于外地人的一段着色深深的侨乡史。出国可以赚更多钱的信念隐含着村民对国外"谋生颇易"的期待,是历代花都移民编织的"黄金梦"。

(二)新劳工移民潮开启

20世纪70年代开始,中国与海外的联系逐渐重新增强。当时有一些巴拿马的老华侨回乡探亲,也有零星的侨眷迁移海外,比如

---

① 2018年8月6日,《广东华侨史》访问团对巴拿马移民卓先生的访谈。

卓先生兄弟。海外迁移所带来的生活机遇以及迁移前后财富的巨大变化，给花都侨乡的人们带来了很大的心理冲击。从这个时候开始，不少花都乡村的人们意识到要靠自己达到在经济上"翻身"，过上小康水平的生活，其可用的社会资源是横亘于巴拿马与家乡的跨国网络。侨乡的人们开始频频议论关于"巴拿马好赚钱"的传闻，以及"某人出国没几年就发了大财、当上侨领"等"侨乡故事"，这进一步提高了人们对于富裕生活的期待：

> 在花县里面打了三年工，就是以前，说真的以前中国就比较穷，在中国打工就工资很少，就是20、30块钱，那时已经很多咯。然后听说这里的美金都有一百多啊，当时兑换美金，兑换好像8点几，那一百块钱就800多啦，差不多1000块，所以就想着过来巴拿马。①

这使得花都侨乡的农民形成了一种不轻易接受现状的心理，尤其是不轻易接受自我与他人社会差距的心理。甚至有些家境还过得去的移民为了心目中更好的生活而迁移。这些新移民依靠着历史已经铸造成的亲属移民链成批迁移巴拿马。

> 以前他是吃苦耐劳，什么都可以，他们就是要出来。后来爸爸妈妈就考虑之后就每一个亲戚家里就搞一个人过来了，搞每一个亲戚，每一个朋友都搞了一个人过来，经我爸爸妈妈的手，应该有50多人。你把你家的搞了他家的也要搞了，那家也搞了，就每个人（都出来了）。首先搞几个比较近的，跟着就疏一点的，后来就朋友的朋友。他们发展还都可以。很少回去的，可是他们来到的时候第一个概念就是我如果走路能够回去，我都要回去。后来待下来之后，就没有回去了，可以回

---

① 2015年3月26日，笔者在广州市花都区对巴拿马移民钟先生的访谈。

去，她是坐飞机也不回去了。他们也跟祖国的这个社会脱节了跟不上。①

莫先生当年出国，就是因为看到华侨回国无限风光，出于羡慕，毅然只身出国闯荡事业，虽然他当时已经33岁，在家乡有了家庭和事业。莫先生说，20世纪80年代村里如果有人出国，一定大摆酒席、放鞭炮，请父老乡亲喝酒，当地人称"起马酒"。如果能够风光返乡则会摆"回神酒"：

> 回神酒，就是回来以后告诉亲戚我在那边过得很好，请大家吃个饭。就第一次回来的时候会这样摆一桌。会给每个人红包。有些大手笔的每个红包里就会有五百到一千块钱；一般的话……就说最近这几年都没什么人摆回神酒，因为他们老早就过去了，没有新近的过去。②

莫先生当时已经是一家工厂的老板，属于"万元户"人家，可是觉得自己不如一个"华侨"那么吸引大家的注意力，因而萌生了出国的想法。遥远的巴拿马"黄金梦"彻底激发了侨乡村民的出国热情。

这种"黄金梦"当然是有其坚实的物质背景。在花都乡镇打工的工资每月2000—3000元，在巴拿马普通打工仔的工资是800—1000美元/月，即便在人民币兑换美元汇率上升的情况下，换算后在巴拿马的工资仍然是在国内的两三倍。而这种差距在20世纪90年代更为明显，当时花都的工资水平在两三百元人民币左右，而当时的巴拿马打工者已经可以拿到月薪300—500美金，以当时汇率折合成人民币约2400—4000元，是国内收入的十倍。当

---

① 2018年8月15日，《广东华侨史》访问团对巴拿马移民邱先生的访谈。
② 2015年6月4日，笔者在广州花都区曙光路粤食粤靓酒店对花都籍巴拿马移民莫先生的访谈。

时，两地收入的巨大差距，成为村民出国的最大经济因素。此外，当时国内经济机会的贫乏，也进一步刺激了花都人出外谋生的想法：

> 来外国，最主要要记住一样东西——勤节，勤是勤奋，节是节约，勤奋做事把钱省下来，这样不就很容易赚钱了。但是转过来，如果在乡下耕田，一辈子耕田是没有什么发展的，但是去到外国，只要勤奋工作，不是做 8 小时，做够 10 小时、12 小时甚至 16 个小时。做多点钱，省多一点，如果没有其他不良的嗜好，比如赌博、抽烟，如果没什么地方花钱的话积蓄就会多。没过几年就乡下可以买田买房，在巴拿马可以买车买房，扩大生意。①

其实村民并非不知道在巴拿马的生活饱含艰难和苦涩，荣归故里也不是预想的短期内能实现的目标。但这种"黄金梦"依然激励着一代代年轻人继续父辈祖辈的思想和行动——出国。在村民口中流转所听最多的是对"大华侨"的传诵，这种传诵恰恰是"黄金梦"的一部分。成为有名望的"大华侨"无形中成了村民出国的动力和目标（参见张彬，2013）。

由上所述，改革开放后，尽管在相当长一段时间里巴拿马与中国没有外交关系，但花都侨乡民众利用已有的海外移民基础以及不断拓展中的跨国族裔网络，从 20 世纪 80 年代起以不同方式迁移巴拿马，并在 20 世纪 90 年代达到高峰。这部分新移民构成了目前巴拿马华侨华人的重要组成部分。新移民邱先生是 20 世纪 70 年代中期由在巴拿马的父亲正式申请到巴拿马谋生的。他提到 70 年代新移民还不多，到了都会受到热情接待。而从 20 世纪 80 年代开始，

---

① 2015 年 6 月 4 日，笔者在广州花都区曙光路粤食靓酒店对花都籍巴拿马移民莫先生的访谈。

第二章　乡土情结与道义责任:广州移民的侨乡型跨国主义

从花都侨乡有源源不断的移民迁移到巴拿马,这种接待就日渐减少了:

> 当时那时候70年代巴拿马才1万多华人,现在有30万到40万人左右。改革开放之后才出来的,大部分地方都会去。那时候就每一位新人,就新客,你到巴拿马就很多,老客在这里的,前辈都会请我们吃饭,吃上几个月,是的。认识的,不认识的都去,那也就每一天就请吃饭,就乡情,每一位新客来到都请吃饭,吃几个月不停地请吃饭,就认识了差不多整个侨,侨界、侨社吧。后来80年代,82、83年人来多了就废掉了,没有了。来的华人主要是花都人。裙带关系,有亲戚朋友亲戚过来拉熟人,亲戚朋友。那时候因为还是怎么说还没有改革开放,还是封闭的,所以都有可能有机会的。都想把自己的家人亲戚朋友搞出来,也算接济一下。①

目前巴拿马华侨华人有40万,约20万来自广州花都区,其中有九成是花都客家人。② 有数据显示,巴拿马华侨华人社会以40—50岁青壮年为主体,第一代移民约占60%,20世纪80年代以后抵达巴拿马者占70%（朱慧玲,2005;管彦忠,2002）。

(三) 强纽带的连锁迁移模式

20世纪70年代中期至80年代中期左右出国的移民大部分是由在巴拿马的亲属申请过来的。当然,这其中也夹杂着一些非正式的迁移,比如探亲、旅行等。但此时的迁移模式还相对比较单一,主要由亲属申请为主。

而侯先生则是1986年由在巴拿马的表哥申请到巴拿马的。而后侯先生又继续申请家里的父母和兄弟姐妹到巴拿马:

---

① 2018年8月15日,《广东华侨史》访问团对巴拿马移民邱先生的访谈。
② 数据由花都籍巴拿马移民、巴拿马花县同乡会妇女主任张女士提供。

> 我是花都花东镇联安村人，我是1986年6月份来到巴拿马，我那时候才18岁，没结婚，高中没有毕业，只读到高二，我6月份还没有毕业，6月份刚好是第一个学期，还有第二个，刚读了一半。我有表哥在这里，他们有五代人在这里的了，我表哥他爷爷是在开运河的时候过来的，他爷爷姓张，都是我们花都花山镇，是来参加开运河，以前就是有那个，到金山去淘金，淘金梦那个时候，跑这里来，然后他们在这边也是很辛苦的，听他爸说，他爷爷他就没有看过，爸爸就看到，所以很辛苦的。当时来修运河的人也有，你说很多，肯定没有现在那么多。他们家在这边就是做新鸿升，就是做中国的那些，李锦记食品，是李锦记的总代理，就是在中国进口那些，那些我们叫作，在这边开中国超市……后来我把我妈申请过来了，还有，我们是六姐妹，每家都弄了一个过来，你自己发展，你有本事，你就把你全家弄过来，没本事，就到此为止，我就不管了。①

何女士就是一个例子。她出生在广州，其姐姐与姐夫已经在巴拿马生活了几年。1989年，她持旅游签证前往巴拿马科隆，当时的说法就是"出境旅游""探亲""看一看"：

> 我办的是旅游签证，那时候中国跟巴拿马没有建交。虽然没有建交，但是可以旅游。当时没有这么严格，我们在香港去加个认证就可以过来了，因为那边中国人少方便了很多。那段是移民最高潮的那段时间，当时来科隆的华人还挺多的，因为89年是最热的热潮，就是很多华人在89年来这里，然后把巴拿马作为跳板跑到欧洲或者美加那边去，所以那段时间是最多

---

① 2018年8月15日，《广东华侨史》访问团对巴拿马移民侯先生的访谈。

的，差不多那趟飞机我们来的都是有百分之二十三十的（是中国人），非常多。也有主要目的不是巴拿马，他们的目的都是美加欧洲之类的。这都是中转的，我们叫跳板。有些跳板就跳不成，就待在这里。①

总的来说，20世纪80年代的"旅行费"主要在3000美金左右："那时候过来，应该很少钱，因为我哥哥认识内政部的人，我听说搞那张纸花了200块，买机票花了2000块左右，我们来的时候花了3000块不到。"② 有不少是在巴拿马的亲戚出费用，但也有一些是分摊的："那时候我不用做三年工的，我姑姐就是出了一张签证的钱给我，机票是我叔叔在帮我买的。"③

到了20世纪80年代末、90年代初，非正式迁移逐渐增多，其形式也更为多种多样。旅途也越来越漫长。罗先生是20世纪80年代来的，他先到香港，而后辗转到日本、墨西哥，最后才到达巴拿马：

> 那时候是在香港坐飞机，香港经日本，墨西哥，来到巴拿马。那时候80年代，最多人来的，同一班机都有80人都是花都来巴拿马的。但是我那时候比较小，不太认识他们。现在我认识，还记得几个。那时候我没出过国，我香港的叔叔在深圳接我。在广州和我一起去罗湖，一起过境，带我回他家，我在香港住了两个星期才坐飞机过去。他送我上飞机，那时候挺害怕，还要转好几次机。那班机差不多都是花都过来巴拿马的。④

---

① 2018年8月15日，《广东华侨史》访问团对巴拿马移民何女士的访谈。
② 2018年8月17日，《广东华侨史》访问团对巴拿马移民刘先生的访谈。
③ 2018年8月18日，《广东华侨史》访问团对巴拿马移民罗先生的访谈。
④ 2018年8月18日，《广东华侨史》访问团对巴拿马移民罗先生的访谈。

尽管是合法出境，但为了躲避移居国移民局的检查，出境之后的旅程往往格外艰辛曲折。由于辗转多国，跋山涉水，很多人在路途中时刻面临着生命危险。1998年李女士先到香港，然后辗转哥斯达黎加、厄瓜多尔，再由这些国家或地区通过陆路、水路或空路的方式入境巴拿马。李女士当时她才20岁，回忆当时的情境仍然心有余悸：

> 在香港，先坐车到香港，再坐飞机到厄瓜多尔，再到哥伦比亚，再到巴拿马。反正都是先坐车再坐船，最后到达了目的地。厄瓜多尔到哥伦比亚也是。那些海水大雨啊什么的真的用命来搏的。有的船不够油作动力了就麻烦了。那就只能靠漂流，风吹到哪里就飘到哪里。①

新移民能够源源不断地来到巴拿马，除了依靠亲缘与地缘网络外，还与发达的中介行业有着密切关系。刘先生也是新移民，他到了没多久后就成为中介，代理新移民来巴拿马的事务：

> 后来我就是因为在侨社工作，所以我就开了一家律师楼，帮助华侨。我没有律师牌照，但是我请了当地的律师一起合伙做。他们有牌照，我有资源，大家都是中国人，大家都找我，所以做了二十多年了，一直做到现在。很少有华人开律师楼的，应该两三个人左右。最近又多了一个姓江的，都是像我这种模式，请律师，他投资，一起合伙做。移民的话，我做了那么久律师行，基本上巴拿马80%以上的新移民都是我做过来的，我们花县还有外县的都是，因为我开得早嘛，因为那些人语言不通，直接找那些律师沟通不了，所以多数都是找我。一

---

① 2015年5月16日，笔者在广州花都花山镇花城小学对花都籍巴拿马移民李女士的访谈。

> 开始的时候，89年的时候最厉害，那时候是军政府时期，那时候很快，晚上给名单，第二天早上香港就可以签证了，不需要护照的，那个将军签完，传回去，那边就按照名单发签证下来，最容易就是那个时候。而在那个将军在89年给美国抓了之后，就开始比较麻烦。那个将军，那时候还是军政府执政的，在他之后才说总统。因为那时候我堂哥的儿子和他上契，是他的干儿子，所以就很方便，你约他出来吃饭，然后把名单给他，然后明天早上就叫你的亲人去香港使馆那里签证就可以了，那时候很快的。然后直到上一任政府，应该五年前，那段时间也是很容易来的，也是很方便的，开放给我们中国人过来。就是这两个潮都来得很厉害。①

20世纪80年代后期正是巴拿马军政府统治时期，官员贪污腐败严重，无证移民产业中不乏巴拿马政府官员、移民律师、旅游机构以及巴拿马华人参与其中，客观上花都人迁移巴拿马提供了便利条件。不少花都人或凭借伪造证件，或持从巴拿马驻香港领事馆申请的合法证件，陆续入境（参见Ramon，1998：97；张彬，2013）。何女士的口述也印证了华人迁移巴拿马的历史变化：

> 这个高潮持续了大概到92年93年吧，92年93年之后就没有签证了。不给签证了，所以后来的人都是偷渡过来的，那段时间偷渡过来还可以拿身份，但是前十年前偷渡过来的时候，就拿不到身份，就是说96吧，我算它96到现在是有签证出的，就是在前两三年96到13年吧，我算他13年吧，那段时间所有的来的人都是偷渡过来的，都是从其他国家偷渡过来，不是政治签证，因为他人不批，当时是封锁了的。因为他们觉得中国的，因为他89年那段时间是跳板跳得厉害，所以

---

① 2018年8月17日，《广东华侨史》访问团对巴拿马移民刘先生的访谈。

美国就给巴拿马一个限制，就说你们太容易批人过来，都是来我们的美国的。美国人就是这样说，你们都是跳板，所以美国就给巴拿马一个限制，就不让他发签证，没有签证的话，就连身份也搞不到。然后他们从其他国家过来了，很多方法吧，我也不知道他们怎么过来，都是很多方法的过来。没有签证以后，来的人没有少，还是很多。没有签证都来了，有很多方法来的。他们是跑了好几个国家偷渡过来的，又船又车之类的，他们来得很辛苦很危险。①

新移民的迁移也受到巴拿马移民政策的影响。20世纪90年代后，巴拿马移民局逐渐收紧，前来巴拿马的人数虽有持续，但也有所回落。但在《广东华侨史》访问团到巴拿马调研期间（2018年）的上一任移民局局长上任后，对于移民的准入又放宽，此时又有一些新移民通过中介进入巴拿马：

> 五年前那时，我一个月最多做200人过来，那些移民他申请来的时候要有亲友关系公证书，超龄的要有良民证，未婚证，都是要在大陆提供给我，证件不齐我都做不了，这就要靠他们在乡下的亲人帮他搞好证件，这样才可以申请，这里申请就很快。但是现在这个政府少了，基本上没有了，这个移民局长是个军人，他上任后基本就停了。上一任那个（听不懂叫什么名字），就是现在给抓了那个，是个女的移民局长，她上台的时候，就是因为搞签证，和内政部吵得很厉害，就是因为她说移民局搞移民无需经过你们安全部，全世界都没有，就是巴拿马比较特殊，申请人一定要经过安全部。那个女的上台后就不经过安全部审核，说要么就不要让我做移民局长，只要我做了就是我负责，安全你来负责，没有理由移民要经过安全部

---

① 2018年8月15日，《广东华侨史》访问团对巴拿马移民何女士的访谈。

审批，就是这样吵了一轮，做了三年以后，总统就把她安排到另一个部门，安排了另一个军人做移民局长，之后就没有申请了。①

可见，在花都人实现黄金梦的过程中，其所付出的成本是极其高昂的，这其中既包括在旅途中需要承担的风险外还包括价格不菲的经济成本。除了正式的直系亲属（比如申请父母和子女）申请外，其他的亲属、朋友申请或者通过中介形式出去，这些种种方式都需要付一笔"旅行费"。

这笔"旅行费"到2012年为2.5万美金，2015年已经达到3万美金。尽管花都的经济水平已比20年前高出许多，但折算成20万元人民币的"旅行费"对于在乡下务农的村民来说仍然是一笔不菲的费用。对于大部分普通村民来说，他们通过向已经在巴拿马定居的华侨华人借贷，而顺利到巴拿马后成为其廉价劳动力，以偿还债务。这种模式的运用解决了新移民的迁移资金问题，使那些本来没有经济能力的农民获得了迁移资本。这种迁移与借债方式也进一步影响了巴拿马新移民在新移居地的职业与社会适应状况。

二 生产与消费：劳工移民的浅层融入

如上所述，花都新移民前往巴拿马的动机主要是经济目的。而且他们很大程度上并没有想入籍巴拿马，成为真正的巴拿马人（起码主观动机上），完全融入当地。正是这种工具型的盈利动机，极大地影响了新移民在当地的调适策略，也对侨乡型跨国主义模式造成深远影响。下面我们将从生产与消费两个角度分析新移民在巴拿马的适应状况。

（一）族裔经济就业模式

花都籍巴拿马华人移民的浅层融入首先表现在就业模式主要

---

① 2018年8月17日，《广东华侨史》访问团对巴拿马移民刘先生的访谈。

以从事自给自足的族裔经济为主。花都新移民是以劳动力输出性质为主的移民，他们的到来极大地影响了巴拿马华侨华人的居住分布、人数规模与职业构成。目前巴拿马的海外华侨华人主要集中在首都巴拿马城（Panamá），科隆（Colón）、圣地亚哥（Santiago de Veraguas）和奇里基（Chiriquí）等地区也有一些。华侨华人总数40多万①，约占巴拿马全国人口的9%，是中南美洲华侨华人最多的国家。这些华侨华人几乎遍布巴拿马的每一个地方和村庄，大多经营超市（30%）、杂货店（20%）、开餐馆（10%）以及洗衣业（10%）（朱慧玲，2005；管彦忠，2002）。目前华侨华人的零售业占巴拿马的30%，杂货铺占当地的99%，汽车配件占95%，手机99%，洗衣馆95%。②

花都新移民的就业模式与早期花都籍巴拿马华侨华人的职业分布有着密切关系。巴拿马运河修好后，前往巴拿马的自由移民大多从事零售业，比如开超市、五金店等。巴拿马华裔黄先生家族曾祖父辈就已经来巴拿马谋生，从事零售业（见前文论述）。③

正是基于巴拿马华侨华人在当地的历史传统，零售业也就成为新来者的容身之地。不仅如此，零售业还成为花都人源源不断来巴拿马的重要行业选择。花都人的零售业大都是家庭作坊式，需要一些帮工。而花都侨乡的村民和小工业者又有意愿迁移。这促使了"牛仔工"的机制链条的形成：海外零售店业主帮助国内亲友支付高额的出国费用，使其顺利迁移巴拿马。作为条件，新移民到达巴拿马后必须为其做工，具体年限由双方协商而定，一般是做三年。而作为有意愿到巴拿马谋生者来说，一来就能够马上工作赚钱，而且雇主一般能提供包吃包住的条件，使他们能迅速还清出国费用并有所积蓄。几乎所有的访谈对象都提及了打"牛仔工"的经历：

---

① 数据由花都籍巴拿马移民、巴拿马花县同乡会妇女主任张女士提供。
② 数据由巴拿马花县同乡会江会长提供。
③ 2018年8月6日，《广东华侨史》访问团对巴拿马移民黄先生的访谈。

第二章 乡土情结与道义责任：广州移民的侨乡型跨国主义

> 那个时候，我表哥申请我过来花的钱也就是 2000、3000 美元，后来我靠打工来还钱。我们有那个协议的，你在三年之中，你就能够学会当地的语言，还有就是当地的风俗，习惯，就是等于给你一个机会，那时候，又不懂当地的语言，做生意做不了的，你肯定要有一个过程的，这个也算是一个过程。①

1986 年，罗先生入境巴拿马，入境费用由姐姐出钱，罗先生通过给姐姐打工还钱：

> 那时我高中毕业了一两年在中国工作，我姐当时在巴拿马，她就叫我过来看看有没有发展的前途。我一开始想着，过来看看也好。抱着过来看看的心态，就过来了，过来这边就帮我姐姐做工……来的时候搞那个入境纸，在这边搞，我姐姐出钱。机票就是我舅舅在香港出钱。所以我欠她也不是很多。其实当时不是打工，是没有工钱的，因为我欠她（姐姐）钱的，她搞那张入境纸花了钱，所以她不会给钱我的，只是包了吃住。我们不出去的，天天都在店铺的。很无聊的。当时我第一次离开家里，那心情真是想起来都流眼泪的。当时她也不愿意让我出来做，但始终还是出来了。她不喜欢，我还是出来了……一开始来到这边的时候，因为我姐姐也是来了没多久，来了三四年左右，她就弄我过来，她开了一间伙食铺，就是很小型的，就是我们说的士多那样差不多。我就帮忙做了 11 个月，然后我自己就买了一家酒庄来做生意。当时他们都不同意，因为我是过来帮忙的，才 11 个月就自己出来做生意，所以他们也不是那么同意的。②

---

① 2018 年 8 月 15 日，《广东华侨史》访问团对巴拿马移民侯先生的访谈。
② 2018 年 8 月 16 日，《广东华侨史》访问团对巴拿马移民罗先生的访谈。

近年来随着移民成本的上升，新移民到巴拿马做牛仔工的时间也随之增长：从原来的三年延长到五年。

> 牛仔工就是这样的。以前是三年，最近这几年就是五年。他搞你来之前就两万块左右嘛。他算你一个月，一开始不懂，工资就低一点，以后懂了工资就高一点。到时就当你平时请人那样子，算三年，加上搞居留。就是两万搞一个人过来，搞居留要差不多5000块，那就两万五，算起来就要三年的工资。那就叫做三年牛仔工，没钱给的，不用给工资的。那三年就是用来打工，还那些钱。这几年来，就要五年。五年那些就很多都不是亲戚的了，都是朋友或朋友介绍的。说你要不要去巴拿马，搞你过去啊，但是要做五年的。也有人来，我都听说过有人来，做五年的。但很多来到都有意见啊什么的，又出来了。①

> 就是一般先打五年白工，把当初偷渡的钱先还清。这五年之内就不能去别的地方打工，他们那边管吃管住，但是就不会给你工资这样。有些人怕你拿到黄卡绿卡了就离开他们家自己去做工，所以一般也不会太热心帮你办身份那些的，就是互相利用的关系啦。②

源源而来的移民为花都籍族裔企业家提供了充足而廉价的劳动力。这些企业主也通过为家乡人作担保或提供旅行费让更多的无证移民来到巴拿马成为其廉价的劳动力，以偿还欠下的债务及人情。

正是因为如此，零售业位居花都巴拿马新移民职业的榜首："如果是做超市的，中国人应该能占到百分之九十五，甚至百分之

---

① 2018年8月16日，《广东华侨史》访问团对巴拿马移民罗先生的访谈。
② 2015年5月16日，笔者在广州花都花山镇花城小学对花都籍巴拿马移民李女士的访谈。

九十七八都有。那些市场都是我们中国人开的,都是我们控制的,比如那些烫衣洗衣馆啊,都是中国人多,百分之九十多的了。"① 20 世纪 80 年代前往巴拿马的花都人几乎全分布在巴拿马城及周边的超市工作,从事零售业。据不少巴拿马华侨华人反映,巴拿马 90% 的超市、杂货店由华侨华人所开(朱慧玲,2005;管彦忠,2002)。

他们没有竞争嘛,不比在中国嘛,中国竞争很大。他们,在外国好像,就是巴拿马而已,他比较在小地方,当地的人啊也比较懒,他们开那个超市,除非开大的啊,小的超市,等于每一个村落有一个必然,好像我们这里嘛,有一个小士多嘛他们每一个村落都有那个小超市的,他的超市又不比我们中国啊,他们的国家那些国民生活意识跟我们不同啊,他们餐餐都买啊,所以等于生意做起来感觉很多生意做一样。②

他们那边当地人(做超市)这方面没我们有经验,而且他们一到周六周日还去休假关店,所以我们华人在这种士多店或者超市很有竞争力和优势的,我们华人年初一都还上班开业,很辛苦的。年初一随便吃一碗面就过去了。③

华人移民在巴拿马当地更多扮演着 "中间人弱势族裔企业家"④ 的角色,利用族群优势和市场需求发展族裔经济。华人移民的零售店铺一般营运成本低、操作简单及周转快,其消费目标人群主要定位为被上流社会隔离的中下层普通大众。何女士表示自己都

---

① 2018 年 8 月 16 日,《广东华侨史》访问团对巴拿马移民罗先生的访谈。
② 2015 年 5 月 15 日,笔者在广州花都花山镇花城小学对侨眷黄先生的访谈。
③ 2015 年 5 月 16 日,笔者在广州花都花山镇花城小学对花都籍巴拿马移民李女士的访谈。
④ 周敏教授通过整理美国研究的文献后认为,少数族裔商家和企业家理论上主要划分为两大类:处于中间人地位的(简称中间人)弱势族裔企业家与聚居区族裔企业家。参见 [美] 周敏《少数族裔经济理论在美国的发展:共识与争议》,《思想战线》2004 年第 5 期。

很少光顾同乡开的零售店：

> 刚才坐车你们可以看到的一家一家的都是中国人，所有的都是烂的地方。有时候我们会说越破烂的地方越有生意。我住的那边没有生意的，因为我们都去大商场去买，一车一车买回来，我们不会去小店，因为首先小店贵，第二，小店的东西不新鲜，我们觉得大商场运作比较快，我们都习惯，每一次去都是大商场，一次买一个星期的食物。就是每一个比较高尚的地方（和破烂的地方相比），人家都是这样买的。所以那些比较穷的那些人没有钱去买第二天的食物，他们就每天买，所以这些小店在这里是生意比较好。这里的穷人没钱，而且有时候也是他们愿意没钱。他们很多都没有正式的工作，有的是做一天工收一天钱那种。不过那里也没有什么大的治安问题，偶尔会有一点吧，那里就是洋人，洋人应该都不怕。①

华人移民采取的是"薄利多销"模式：很多店铺没有公休假日，员工轮流值班。而在华人看来，当地中下层阶级大多"无储蓄观念、重消费，有多少钱花多少钱"。这种生活理念与华人的零售业恰好互补，塑造了华人移民在当地的就业与适应模式：

> 巴拿马人用我们中国有句话来说就是今天有酒今天醉，做了多少钱，我今天一定要花了它，我不知道我明天还会不会在这里。当然也不能说是百分之百，但是大多数他们是这样的思想。有一样呢就是先花未来钱，没钱了就跑到中国人的店铺里，说要赊账，说我买着先，明天再给钱，我们中国人也给他，所以说大家信得过，所以说我们做生意很容易做的，你信得过他们就还钱给你，然后他们又说要买后天的。所以说我们

---

① 2018年8月15日，《广东华侨史》访问团对巴拿马移民何女士的访谈。

第二章 乡土情结与道义责任:广州移民的侨乡型跨国主义

呢中国人很容易在这个地方生存,和赚钱,但是他们巴拿马人就做不到,因为他们总想着,做得这么辛苦干什么? 我还记得早几年有个国际世界组织评判,全世界的种族哪个国家是最快乐的人呢? 巴拿马好像排名第六,全世界排名第六就是说他们的人整天都非常快乐,没担忧。有钱就花了,娱乐是最主要的,不想着怎么为将来存钱,很少会这么想过。①

本地人呈现大多过往华侨华人研究中华人移居地较多共性的当地族群的特征,讲究及时行乐,与一般华人移民吃苦耐劳且持家储蓄进而发展事业的观念不同。两相对比之下,华人移民群体的勤奋努力的秉性便在适应当地的过程中发挥重要作用,并进而在巴拿马零售领域独占鳌头。

这边的鬼(笔者注:指当地巴拿马人)很有趣的,我做生意的时候,他们很多时候都不是给现金的,我有赊账给他们,他们买东西会赊账的,比如他们喜欢一件衣服,如果是20块的,先给5块,就像下订,然后限期一个月,如果一个月不来拿的话,就没有了,钱就不能退的,他们经常这样的,甚至买家私什么的都有的,一般都是这样的。我们的工人呢,有什么东西要买,就和你一起赊货,等出粮的时候扣回去,所以每次出粮,扣完后都没有多少钱,但是他们又很开心的。他们没有想过出粮的时候没有钱了,他们没钱就会问你借粮。②

早期新移民主要集中在首都巴拿马城以及科隆。但随着新移民的大量涌入,零售业所面临的竞争压力逐渐上升。在这种背景之下,有些新移民则将店铺开到了其他区域:罗先生16岁来巴拿马,

---

① 2018年8月13日,《广东华侨史》访问团对巴拿马华人罗先生的访谈。
② 2018年8月17日,《广东华侨史》访问团对巴拿马移民郑女士的访谈。

原本在巴拿马城开超市,而后为了避开竞争就到了牛口省(笔者注:博卡斯德尔托罗省,Bocas del Toro),先是从超市做起,然后发展起批发业:

> 那时候在巴拿马城做生意的人比较多,所以就想去一些没那么多人的地方,89年刚到牛口省的时候,就只有16户华人,整个省都只有16户华人,到现在已经有200多户了。我们刚去的时候公路还没能去的,以前都是坐渡轮过去的,因为那些地方没有什么人去,可以去发展一下,一去就20年了。那时候去牛口省都是做超市,以及做五金,现在就做批发,批发食品,就是整个省的超市都是跟我拿货的。我的食品大多数从本国拿货的,还有美国的,都是附近南美洲,中国的就很少……因为路途遥远,比较容易变质,我们承担不起责任。只要是吃的我们都不敢在中国进口。五金、百货那些都在中国进口,总之食品我们就是不敢。现在牛口省的花都人居多都在做生意,但是做批发的就只有我一家。①

近年来,除了零售、超市、杂货店外,花都籍巴拿马移民从事的行业也多元化。其中汽车配件是一个很主要的行业。1986年,罗先生由姐姐申请来到巴拿马。刚开始他在姐姐处打工,而后没多久就出来自己开零售店和水果店:"当时就做两间,又做超市又做水果店。"后来罗先生开拓了汽配行业后,觉得开零售店不安全:"这边抢劫都是拿着枪去抢的。我就很少在那边的,因为我开几间,我每天一大早就出去,夜晚再回来。抢了两次之后,我就怕治安不好,家里人人身安全受到威胁。我就干脆卖了那个超市。"②而水果店的运营人力成本也高:"我们做的那个水果店,因为要天

---

① 2018年8月18日,《广东华侨史》访问团对巴拿马移民罗先生的访谈。
② 2018年8月16日,《广东华侨史》访问团对巴拿马移民罗先生的访谈。

天都去市场买水果、蔬菜之类的，就辛苦了一点，结果也卖了，只做汽配。"① 罗先生表示现在巴拿马华人转向汽配行业的很多：

> 中国人做汽配很多的，以前就少一点，现在越来越多。哥伦比亚人做的有一两间，委内瑞拉人做的有三四间，巴拿马人做的也有几间。在整个巴拿马，做汽配零售的，中国人应该能占到百分之八十……（汽车配件）都是我们中国人控制了市场，大多数都是我们中国人做的，百分之八十五这样子。如果调查清楚，应该会超过百分之八十五这个数。汽车零件都差不多是我们中国在做的。那现在他们有点小转型，开汽配店，旁边加上修车的。就是帮人换刹车皮、火嘴那些，保养那些，就是加上这种店。我们就没有做，我觉得不是特别喜欢，就没有做了。现在很多新开的店都是会加上修车的，就算我卖汽车零件没什么生意也好，修下车也能挣一些回来。②

除了汽配行业外，巴拿马新移民从事建材行业的越来越多，而且很多发展成跨国模式（这部分主要见第二节）。20世纪80年代，麦先生变卖家乡的产业来到巴拿马。他刚开始也是从事零售业。90年代，麦先生申请父亲和妻子来巴，人手充足后开始做建材生意：

> 到了94年，我的太太和老爸都过来，就有人帮手，就有人力，做那个小店就不够了，所以就买了新的生意，就进了那个美洲桥开发区那里。做那个建材生意，那个小型的建材店，规模比较小的，租人家的地方，然后装修。那个建材店，全部都有，整栋房子全部东西都有，但是自己穷就想穷的办法，跟

---

① 2018年8月16日，《广东华侨史》访问团对巴拿马移民罗先生的访谈。
② 2018年8月16日，《广东华侨史》访问团对巴拿马移民罗先生的访谈。

> 人家拿一两件在那里做展览，他们有人来买，下了单，我再到大的建材店买回来，再送过去，赚的利润小一点，就这样。样品很少的，同时大部分的货我也是先拿来，我跟那个大公司说，你信我的，我帮你拿来卖，我保证那个，我就是分销，水泥啊，砖啊什么都有，整间房子都有，那个生铁啊，就是开了票我才去那个公司（拿货），就是先订货，再去大公司批发。就是那个利润低一点，你要一点去买一点，但是那个公司知道你也是可以那个。那个时候呢，我也跟客户赊账，不赊没人买的。那个时候刚开始做建材店的时候，生意不好做，因为我在那个区啊，那个地方大部分地还是美军空军的基地。好像这个山头，这里就是美军的空军基地，我就在山头的这边，这边有一条路，这边就全是禁区，因为他不准你去这个山头嘛，一去到这个山头就可以看到他们的机场，所以这里是禁区，我的店在这边。①

此外，巴拿马新移民还有从事餐馆业和烫衣业，其服务对象既包括本族裔，也包括服务当地人，以当地人为主。

> 我们都是做这些比较多，餐馆什么的。不过不是做唐餐，都是做鬼佬餐。就是那些炒饭、炒面啊什么的。（唐餐）比较辛苦，而且厨师也比较难请到。（鬼佬餐）就没这些这么难，要请好一点的厨师，味道不好，客人不会回头吃嘛。所以就是这样……第二应该就是烫衣馆、洗衣馆这些了。因为它数量多，虽然需要用到的人不多，就是哪里都可以开烫衣馆、洗衣馆，都可以做。还有面包店也是。历来都有的。（烫衣馆、洗衣馆）我来的时候就有了，虽然没那么多，现

---

① 2018 年 8 月 17 日，《广东华侨史》访问团对巴拿马移民麦先生的访谈。

在就开了很多。①

职业的分布与地域也有一定关系。何女士长期在科隆生活，她表示科隆这边的华人除了开超市，从事烫衣业和餐馆业的也比较多：

> 科隆这边的中国人基本是开超市、烫衣馆、餐馆。烫衣馆就是烫衣服很多，洗一洗烫一烫。现在都有很多的，生意还不错。巴拿马真的因为很多当地人穷啊，他们里面洗衣机都没有的，家里就是拿出去洗的。所以中国人就是开洗衣店，然后烫衣服也很多，因为这里的习惯是把衣服都烫好了才上班的，虽然是新人，他们很注意形象的，每一个上班的洋人，他们衣服都会看得很好的才上班。巴拿马人比较懒，懒得在家里烫，而且在烫衣馆烫的衣服比较漂亮。我们这里挺好生意的，因为这里的人又穷又爱面子。洗衣服不贵，它是有那个新的洗衣机的，是目前里边投钱进去大概是七毛半吧，不知道现在具体多少钱。洗衣店就是放了好多台的洗衣机，你自己去放，投币去洗衣服。烫的另外付钱，按件算。这边的人都贫困的还是付得起，因为这都是很低档的，很便宜的。很多华人就开这种烫衣店，科隆这种是特别多，数不胜数。工人的话都是请当地的工人。现在是各行各业都有了，现在是大公司小公司什么公司都有了，对，现在不同的，以前的因为比较低档，对，不是赚大钱，但是还是可以的，做生活是没有问题的。②

有不少投入农业的生产与销售的。比如有移民自己办养殖场：

---

① 2018年8月16日，《广东华侨史》访问团对巴拿马移民罗先生的访谈。
② 2018年8月15日，《广东华侨史》访问团对巴拿马移民何女士的访谈。

"这个华侨办了个自己养鸡的农场,养鸡到超市里面卖的,鸡肉都是他们一条线做的,比较大农业的,做农业的一条线服务。"① 也有移民在超市里面卖蔬菜:

> 这个蔬菜店我做了有两三年,然后我就把它整个店买下来了,连超市都买下来,因为那个巴拿马老板年纪大了,都不想做,干脆卖给我算了。那个时候生意就更好,超市什么都卖,基本上什么都有。五金啊,学生用品啊食品啊,都有。我们主要都是从当地进货,跟当地的批发商拿,等于是做零售。那个时候就要请人了,请的人本地人也有,中国人也有,不过中国人不是我亲朋好友,那时我还没有申请他们过来,是结婚后才申请他们过来。②

当然很多巴拿马新移民所从事的行业是多元化的,比如上面提到做建材业的麦先生还开有砖厂、超市:

> 后来99年的时候,那个美军撤走了。这些土地是国家的嘛,其他的地方人知道了,都跑来,不是买,谁占了归谁有。一开始政府就是安排一些那个,贫民以及那些在城市里房子烧了,没地方住的人,安排在这里。后来没安排来的,就自己建,几个好像一个家族一个家族串起来,就一个一个山头都占满了。他们先用几块铁皮搭一个小草房,就是在占地方,谁占到了就是谁的。我那时候不敢占,我又不是巴拿马人,怎么敢去占,但是这些巴拿马人敢占。一开始政府也驱赶的嘛,不过早上赶了,晚上又把它搭上去,又把那个铁皮盖上去嘛。碰巧这个机会,所以我的生意很好。所以,我赶紧又在那个旁边买

---

① 2018年8月6日,《广东华侨史》访问团对巴拿马移民卓先生的访谈。
② 2018年8月15日,《广东华侨史》访问团对巴拿马移民侯先生的访谈。

个地方自己办一个砖厂，我有这个经验，知道怎么弄。我那时候就是用水泥做砖，那时候还没那个大机器，是半自动的，造一个模，用一个，那个人，塞进那个模，用那个手臂，按上面那个上模到下模，去压实它。现在就是砖自己造了，那时候是人家送来，那个利润就低，干脆就自己搞，因为那个利润很高嘛，一包水泥可以做50、60个砖的。这也算是第一桶金了，我99年盖砖厂，2000年就可买一块大地盖那个超市了，那个时候土地也很便宜，十万块钱买了1200多平方，就盖了6个铺位，自己用三个，开超市嘛，另外三个出租，一个做面包炉，一个做那个餐馆，还有一个烫衣馆，就是有多余的铺位出租给人家，那时候是一个店面500块美金一个月，现在升到1500块。这几家店到现在都是我自己的。这个超市我做了几年，因为我那个建材店又扩大了，另外又造了一栋楼房，扩大那个建材店，那个时候应该是03年，以前的那个还在做，就是扩大了，扩大那个建材店，还在原来的地方。现在我整个地方都买了，这个超市以前也是买的嘛，我一家一家买，现在我买了差不多十家，我就是和当地人买了，他们每一家有1000平方的，有一些有1200多，有一些有1500多，我和十个人买了他们的房子，我现在差不多有上万多平米的土地。有了这么多土地你就开始建了很大型的建材店，所以我说我爷爷以前做地主，他都没有我自己那么多（土地）。有这么多土地，我的生意扩大了很多，主要做贸易。①

上文提到的罗先生也是从事过多种行业，现在正在进军房地产业：

做酒庄做了两年，我自己又开了一间面包店，就在隔壁，

---

① 2018年8月17日，《广东华侨史》访问团对巴拿马移民麦先生的访谈。

当时就做两间。1989年的时候打仗了，美国打巴拿马，捉那个将军总统，当时就很乱。经历过那一次之后，干脆就卖了那个生意了。卖了就打算再发展大一点的，停了几个月没有工作，结果还是做回超市。在机场附近买了一间超市来做，在那里一做就做了六年了。在那里做了三四年左右，就买了一间菜台，就是做那些水果的，我们叫水果店，又卖水果又有伙食的，什么都有的。当时就做两间，又做超市又做水果店。再过了两年，我就开始做现在的汽配行业。结果当时就做三间，一间超市，一间水果店，一间卖汽车零件。开了三四年左右，我就开始开汽配的分店，开第二间分店。开了之后，由于超市那里的治安差一点，被人抢劫过两次。这边抢劫都是拿着枪去抢的。我就很少在那边的，因为我开几间，我每天一大早就出去，夜晚再回来。抢了两次之后，我就怕治安不好，家里人人身安全受到威胁。我就干脆卖了那个超市，就只做水果店和两间汽配。再过两年之后，我又开多一间汽配分店。一直这样开，就开了三间。其中有些亲戚就借我们的名字来开，一共是有八间的。其中我自己有三间，但是我们公司名字的有八间分店，一直到现在。我们做的那个水果店，因为要天天都去市场买水果、蔬菜之类的，就辛苦了一点，结果也卖了，只做汽配。做着做着，自己也想着发展，就转向这个地产行业。听别人说买一些铺位收租好，我就开始买一些铺位供银行那样收租了。到现在也算做得挺好的。到最后我就投资开发地产，我投资了一个商业中心，自己开发了一个商业中心。不算大，有六七十个铺位，实用面积有两万多差不多三万平方。现在形势差了点，因为现在总统变了。暂时就没怎么投资了。一直到现在就做了这么多事，水果店我都已经卖了有十多年了。我现在主要是做汽配和地产收租，还有开发商铺，卖了差不多有百分之七十吧，还有百分之三十是自己留着的。自己是想卖了的，但是形势不好，卖剩百分之三十左右。现在又在想转其他行业，但是形势就一般般,都要好好想想出路。我现在是开发商铺。当时那一届政府的时候是很好的。但是我建好之后,因为要三年多才能建好嘛,这里的进度是很慢的。因为我建七层高,几万平方,建好地基什么的,用了三年多。换了政府。一换了政府,生意就搞不定了,那我就变得很麻烦了。所以始终都是卖剩了一点。我主要是开发商铺来卖的。(其他华人)都有的,但是开发来卖的就不多。好多都是开发来自己用的,或者收租的。我没有建住宅,我都是建商铺。因为建住宅的回报率就低一点。建住宅如果做得好一点的,回报率也只是十五到二十,回报率低一点。但我们建商铺的回报率就高一点,也快一点。住宅建一千栋房子,今年建一百栋,明年建一百栋,一直下去,就是回报率会慢一点。就是这样。①

可见,新移民在巴拿马的就业模式是弹性多变的。新移民们会随着自身生命历程的阶段不同、当地的商业需求变化以及当地社会与时局变化而做出弹性的调整。这也表现出新移民在当地的一种工具主义取向的浅层融入模式。

同时,巴拿马当地政策的变化深刻制约着新移民的就业选择以及调适模式。受访者普遍反映,上一届政府的政策较为宽松,极大地促进了华人经济的发展:

我来了巴拿马几十年了,对于我们商人来说,就是上一届政府的经济环境比较好一点,刚来的时候,一般做一家店铺都是赚两三千块一个月,但现在就不一样了,一般都有六七千左右,好一点的有八千块,经济的话就是上一届政府比较好,其他的都是差不多的。②

---

① 2018年8月16日,《广东华侨史》访问团对巴拿马移民罗先生的访谈。
② 2018年8月18日,《广东华侨史》访问团对巴拿马移民罗先生的访谈。

2009年，民主变革党候选人马丁内利与巴拿马主义党候选人联合参选，组成联合政府。该届政府放松了对商业价格的管制，很大程度上有利于主要从事零售业的华人：

> 历来都是要规价的，就是上一届政府，总统叫马蒂内利，他是做超市99的，巴拿马有很多间99的。是他做总统之后才取消了那些规价，大多数都取消了。那我们华人这几年就挣的钱多了，因为没规价了。以前有规价，规定你要卖多少（钱）。反正来到这里就规定你要卖出多少，就变成了人们挣钱的利润就没那么多。以前的人挣钱和现在的人挣钱是不一样的，以前有规价的时候，利润是比较低的。正常来讲，如果有酒庄的，利润也就百分之二十左右。如果没有酒庄，利润就是百分之十七、十八。现在来说，上届政府取消了规价之后，现在的利润，伙食铺有酒庄的，应该要百分之三十左右，百分之二十五至三十。没酒庄都有百分之二十五。那就挣多了好多。到现在规价都还有，但是很少，大部分都取消了。所以我们都获益于上一届政府了，虽然我不是做超市的，但是我知道华人都挣到钱就开心了。所以我都觉得幸亏上届政府取消了规价。我们做的那些就没有规价的，汽车零件没有规价的。因为我以前做的那间店铺，隔壁就有做汽车配件的。其中有一间汽车配件店是我们华人中开的最大的一间。还有隔壁店铺隔着一面墙的有一间鬼佬的汽车配件店。我见到他们做得很舒服的样子，做得很好又自由自在的，挣钱也多。我心里就想，就算以后有能力也要做这一行。我那时是什么都不懂的，连火嘴都不懂的。在这不懂的情况下我都做到了，因为我就请那些懂的专业人士来帮忙，一直做到现在。我们现在每一间都有西人的经理，每一间都有人看着。自己的人就有时会去看一下。①

---

① 2018年8月16日，《广东华侨史》访问团对巴拿马移民罗先生的访谈。

由上面可以看出，巴拿马新移民在当地的适应基本上表现为一种经济工具型的调适模式。为了更好地在当地生存下来，新移民也会采取一系列本地化策略，比如巴拿马新移民会聘请当地工人，熟悉当地文化，甚至会在当地做慈善。罗先生是生活在牛口省的新移民，他表示经常会通过社团名义参与慈善活动：

> 牛口省那边的社团主要就是华侨联谊会以及牛口省慈善基金会，都是我一手策划的，因为你在这里赚到钱，要捐一点出来帮助本地人，人家有需要的，就去帮助一下。我现在的话牛口省那边和其他的人的关系都比较好……联谊会都是牛口省的华侨，全部的华侨。这个就是联谊会主要的大型活动了。以前，牛口每年都有很多地方水浸，我们每年都会组织华侨捐点钱去赈灾，以及其他方面那些，这是每一年都要做的，都没有什么大型的活动。还有就是一年搞一次那个联欢晚会，平时就是大家聚聚，很少有什么大活动。有时也会与巴拿马城那边的社团合作，支持一下巴拿马侨团。①

但是上述种种看似与巴拿马当地融合的社会行为，并非基于社会心理需求，而是新移民为了寻求在当地更好的经济机遇的产物。庞女士跟随父母去美国后，因结识现在的先生，而嫁到巴拿马来。庞女士和丈夫加盟到丈夫、伯父的生意。在实际的管理过程中，庞女士也采取了一些本地化策略，比如培育企业文化，与当地工人一起举办活动，过年给红包，送他们去学习，培养他们对企业的认同感：

> 我们有企业文化，我们企业文化就是我们一定要去融入这个社会里面的主流。因为我们要做好自己的本分。因为如果你

---

① 2018年8月18日，《广东华侨史》访问团对巴拿马移民罗先生的访谈。

的质量不好，口碑就不好，我们首先要告诉工人你们浪费了一度电浪费了一颗原料，就等于你们自己对自己的公司不负责任。有一天如果我们真的要关门的时候，最亏的时候不是你，就是你们的，最后你们也是失败者。当然我们是失败者你也是失败者，所以我们告诉他们，你们爱厂要爱家，爱公司等于爱家，家就爱你们。我们每年都跟工人一起做圣诞节那个活动，送他们礼物，每年到圣诞节的时候，我们都是每年两大包的吃的，让他们在家里一摆，摆摆开就可以，全家吃饭都不用愁了那顿，这是我们国内说的年夜饭，他们年夜饭。每年三十，以前我儿子没接来的时候，就我跟我先生，每年是我最后走，目送他们上好公司的车，因为我们有厂车了，让他们平安回到家里面。我们中国年的时候我们给他们红包，让他们感受中国文化。不是因为现在建交了，因为现在我们国强了才这样的，一直我都在做。因为我觉得我们应该做首先也是感恩，一年到头把时间到我们公司，其实我们也不是白请他们，他们也有人工的，给不给是我们的良心，而我们都掏出良心，以厂为家。这个是以厂为家，这是我们的企业文化。然后我们就培养工人，每一个时段送他们去进修。每个部门，你运输的去运输的，秘书的是做管理的去听管理的课程，几千块美金的一堂课，我们都请他们。①

但即便与当地有接触也局限在很表层的经济层面："有些中国人可能他们是个体，他们与当地人没有密切联系。我知道有一些人留在这里当工程师，他们从不做管理的职位。"② 而花都移民的这种族裔经济模式也为这种浅层适应、深层区隔提供了条件。

（二）紧缩型消费策略

除了生产领域外，花都籍巴拿马华人移民的浅层融入还表现在

---

① 2018年8月18日，《广东华侨史》访问团对巴拿马移民庞女士的访谈。
② 2018年8月6日，《广东华侨史》访问团对巴拿马移民黄先生的访谈。

其紧缩的消费策略上。众所周知，国际移民（尤其是低技能劳工移民）在迁移后通常会遭遇严峻的经济困境。他们甚至为了度过最初的艰难时期而接受比移民前更低的工资收入，因而给移民及其家庭带来了沉重的经济压力，迫使移民重新评估生活方式并调整消费支出结构，也即消费上的向下调整（downward adjustment in consumption）过程（Lee，2000；Broadfoot，1986）。移民的社会经济背景与移居地的人口的平均社会经济地位的差异越大时，他们越可能采取紧缩的消费策略和积极的储蓄策略（Schaeffer，1995）。花都籍移民李女士这么说：

> 享受什么呀，我们在巴拿马忙着挣钱，以前根本不放假，春节都开店，现在周日就会关门半天，出去旅游什么的。我们买不起自己的房子，都是租的，商住两用。房子每天都有租金，我们不能经常休息，要不然租金不就亏了。出国才知道心酸的，所以就算他们在国外赚了很多钱他们还是会很节约的，分分钟钟赚的钱都是血汗钱。而且那边治安还不好，经常还会造成额外的财产损失。①

花都籍巴拿马华侨华人的工作地点部分分布在上述华人稀少的地区："很多人都是老死不相往来，他们开的士多店地点也不能太集中的嘛。一般来说他们开士多店的和附近的人来往都不会很多的。"② 这种工作与居住高度重合的时空格局，加之语言文化的隔阂，在很大程度上让他们的生活世界被系统世界所湮没（哈贝马斯，1994），也使他们的消费被严格控制在最低水平上。他们不仅

---

① 2015年5月16日，笔者在花都花山镇花城小学对花都籍巴拿马移民李女士的访谈。

② 2015年5月16日，笔者在花都花山镇花城小学对花城小学校长访谈者陈先生的访谈。

被迫接受资本对劳动力再生产成本压榨的低薪工作，还会尽量压低自己在移居地的消费成本，即低水平地维持其消费的基本劳动力再生产的价值：

> 没有啊，没有社交他们，他们人在异乡没办法，这个小超市他走开了感觉不放心，放心不下，夫妻档天天守在那里，从早到晚，住、吃、工作都在超市。五六点多，外国人就出门了，你不开门他踢你门啊。他早餐要吃东西啊，要买面包啊。在那边就是不休息不去乱花，就是挣钱的机器，是吧！①

而这种生活方式也出自移民的无奈的自我选择。不少移民表示，在外生活都是由"工作"所组成的，几乎没有额外的休闲时间，休息只是为了满足基本的劳动力再生产，为接下来的劳动储备能量。

> 因为我在你这个年纪过来的，都是靠辛辛苦苦积累的，因为这边就根本没时间（让）你去花钱，做生意的话根本就没有什么机会花钱，中国的话，钱没有赚到就想花掉了，泡个脚，按个摩，就不一样。②

许多移民都没有周六日的休假，他们一般每月才准假一天，根本没有多余的闲暇时间用于满足劳动力再生产之外的消费："在巴拿马没什么消费的，不像这边有卡拉ok啦，洗脚啦，按摩啦，有时间赚钱，没时间花钱，有钱都没地方花。"③ 因此，他们有关朋友聚会、购物等额外消费也大量缩减，因而能够存下不

---

① 2015年5月15日，笔者在广州花都花山镇花城小学对侨眷黄先生的访谈。
② 2018年8月15日，《广东华侨史》访问团对巴拿马移民侯先生的访谈。
③ 2015年3月26日，笔者在广州市花都区对巴拿马移民侯先生的访谈。

少钱:

> 巴拿马那边,有时间挣钱没时间花钱。没时间花钱,所以我的同学回到这里就是回到天堂,现在的生活就是天堂,大陆的生活。在那边就是地狱。我几个同学。应该有……回来一次一般长的时间一个月,他们回来四五次啊。不长的也有二十天,那五次就一百天嘛,如果二十天(一次)。如果一个月的话也有一百多天,四分之一到三分之一。回到这里就是天堂啊,娱乐多,他说什么泡脚、桑拿啊。①

花都新移民在移居地的消费基本延续了迁移前在国内的节俭惯习(habitus)②,更多遵循的是一种维持最基本的消费模式。他们消费维持体力和生存需要的生存资料,尽可能地压低在移居地的生活成本。这种紧缩型的消费策略一方面侧面体现了其浅层融入的社会境遇,另一方面这种极端低下的生活标准和勤俭使他们能储蓄存钱。移民储蓄的增加为新移民展开一系列与家乡的跨国互动奠定了基本的物质基础。

(三)生产与消费剩余的膨胀

巴拿马的货币结算是以美金进行的。1994年以前,尽管美元兑人民币汇率较低,但由于侨乡本地普遍生活水平不高,移民带回来的美金具有很高价值。1994年后中国实行以市场供求为基础的、单一的、有管理的浮动汇率制度,美元兑换人民币的汇率受到中美两国经济差距的影响,美元对人民币大幅度升值,美元兑换人民币

---

① 根据2015年5月15日,笔者在花都区花山镇花城小学对花城小学校长访谈者陈先生的访谈。

② 布迪厄指出,惯习并非先验的主观意识或其体现,而是由沉积于个人身体内的一系列历史关系所构成,是客观而共同的社会规则、团体价值的内化,它以下意识而持久的方式体现在个体行动者身上,体现为具有文化特色的思维、知觉和行动(参见刘欣,2003)。

比率很长时间处在 8 以上，直到 2006 年才跌破 8。① 这种汇率差额使得新移民由于浅层融入策略带来的生产与消费剩余进一步扩大，成为促进新移民进行侨乡型跨国主义的有利因素。

尽管与此同时，侨乡本地经济有了长足发展，但在这种悬殊的货币汇率下，移民将海外赚来的"辛苦钱"带回侨乡时出现了价值"膨胀"。这极大地降低了社会地位补偿成本以及提高了移民进行社会地位补偿的能力。侯先生于 20 世纪 80 年代移居巴拿马，目前，他从事建筑行业，太太开一家超市，儿子从事电器生意。经过多年的打拼，侯先生已经在巴拿马站稳脚跟，拥有多处房产，生活比较惬意。在问到来巴拿马是否辛苦以及值不值得，他是这么说的：

> 做超市每天要做 10 个小时，早上八点开门到晚上八点，中午两个小时休息，就十个小时。你开那么个超市有什么辛苦，那是服务员啊，走一走这边，帮一帮那边啊，没什么辛苦的。以前几十年前很多人都想去的，现在那个，可以说呢，中国的经济比较富裕，很多人呢，就不想去了，那种就叫作没脑，怎么说呢，我可以说现在哪一个打工啊，我们这些华人到那边打工，每一个月可以赚 1500 多块美金，那你对比这里，可以差不多 9000 多块，每一个月那你在这里做什么，可以赚这个九千多块。②

---

① 1994 年以前，中国为均衡国际收支，采用了以钉住出口换汇成本为主的从爬行钉住到管理浮动汇率制度。我国采取以官方汇率为主、和市场汇率并存的汇率形成机制。当时中国政府强烈干预，美元兑换人民币的汇率一直处在较低值状态。但随着中国对外开放不断深入，需要不断引进外资发展本国经济，开始不断对人民币进行贬值。与此同时，美国采取强势美元的货币政策，导致美元兑人民币大幅升值。1994 年至 2005 年 7 月 20 日，中国为维持汇率的稳定，再次采用了钉住美元的汇率制度；2005 年 7 月 20 日以后，中国汇率政策的目标变为保持人民币汇率在合理、均衡水平上的基本稳定，采用了以市场供求为基础、参考一篮子货币进行调节、有管理的浮动汇率制度，人民币汇率保持着稳中有升的状态。

② 2015 年 3 月 26 日，笔者在广州市花都区对巴拿马移民侯先生的访谈。

更为重要的是，一旦花都籍移民获得身份，在当地稳定下来，就可以季节性地回到祖籍地实现社会地位的跨国范围内的表达，从而显示出他们高额的"回归价值"。这也是他们"黄金梦"很重要的组成部分。花都籍移民侯先生这么说：

> 在巴拿马赚钱回来在中国很好用，在那边一万块，在这边就六万块，他们赚的是美金嘛，所以我们这边就乘六嘛。在那边赚钱回来中国这边花就很实在了。我有个朋友在这里搞装修啊，他也认识的，我有个朋友在这里，还在这搞建筑搞装修。每一年可以啊，十万块，这里人民币。十万对我来说呢就是一万六千块的嘛，两个月我就赚到了。①

尽管近年来，人民币升值使得从海外移民的"含金量"大大降低。但美金在侨乡的价值仍然是"膨胀"的，这也极大地降低了移民回乡的实际费用，使移民在移居地所赚到的钱用于跨国实践时具有较高的社会效用。

在迁移后，大部分的移民在移居国的相对收入原本就要高于祖籍地，加上受到祖籍国与移居国的货币汇率差额的影响，移民的收入要高于祖籍地的平均收入水平。尤其在改革开放至21世纪之前，这种差距尤为明显。

对于在巴拿马从事低薪工作的普通移民来说，将省吃俭用积攒起来的部分存款用于侨乡，就足以在侨乡地方社会获得一定声望与地位。这极大地促进了跨国实践在花都籍巴拿马华侨华人中的普遍出现。此外，新移民的侨乡型跨国主义除了受到浅层融入带来的生产与消费剩余的影响外，还与其在当地的境遇有着密切关系。

三 被迫与主动：与当地的深度区隔

如上所述，花都新移民在巴拿马发展出浅层融入的调适模式，

---

① 2015年3月26日，笔者在广州市花都区对巴拿马移民侯先生的访谈。

导致了生产与消费剩余的产生，为侨乡型跨国主义奠定了物质基础（参见黎相宜、周敏，2014）。但侨乡型跨国主义的产生除了与客观物质基础有着密切关系外，还与其深层次的社会心理需求有着密切关系。有研究显示，当移民在移居地无法获得除了盈利之外的社会地位需求（包括声誉、安全感、成就感等）时，其更容易发生与家乡的跨国互动，以满足其社会地位补偿的需求（参见黎相宜、周敏，2012；黎相宜，2019）。下面我们将分析新移民与当地产生深度区隔的原因以及类型呈现。

（一）被迫排斥：边缘化的社会境遇

新移民与巴拿马当地所形成的深层区隔从行为体的主观能动性角度，可以分为被迫隔离与主动隔离两种。

新移民在当地的社会境遇首先受到当地种族分层结构的影响。华裔在巴拿马属于少数族裔群体，无论是具备一定经济基础的老华侨还是新移民，除了面对经济上的困境外，都不得不面临移居国主流社会对于华裔的歧视。

> 因为毕竟我们是移民，这是别人的国家。当时的话，过来之后还是受到一些歧视，我们是二等公民。1940年巴拿马当时有排华的，我都是听说，那个时候我们不在店里。中国人的店子里面还要强迫，不给你们做，幸亏我爷爷到那个时候也是到美军的巴拿马建军基地做工，做木工，这边排华那边找工，幸亏那个时候还保留下来。[①]

此外，巴拿马每届政府的移民政策也会对新移民造成深远影响。而且巴拿马不同城市的地方政府政策也会有所区别：

> 巴拿马政府对华侨的政策是要看每一届政府的，刚出来做

[①] 2018年8月6日，《广东华侨史》访问团对巴拿马移民卓先生的访谈。

生意的时候，没有排华什么的，但是要看每一届政府的实际政策，那时候对中国人来说还是不太友善的，本身巴拿马人都会有一点不太尊重什么的……很多时候一些侨胞说去科隆，有些都会说不敢去，一提起科隆就不敢去了，哪里还会有人去科隆，除非真的没办法要到那里谋生，可以的话他们都不会过去。①

更为重要的是，由于台湾问题，中国与巴拿马长期没有建立外交关系。一直到2017年，中巴才正式建交。两国长期的非正式关系给新移民在当地的融入带了深远的影响。这也使得花都籍巴拿马华侨华人相比从台湾等地过去的华人移民要面临更深困境，其社会境遇也更加边缘化。

花都籍巴拿马华侨华人的边缘化社会境遇首先表现在人身财产安全无法得到保障上。花都籍巴拿马华侨华人为了降低营运成本，最大化收入，不惜冒着风险将超市和杂货店开在治安不太好的聚居区内：

> 当时治安又不好，夜晚都会有鬼佬来偷东西的。我要在仓库里，在那些货上面放些纸皮箱来睡。听到有鬼佬想进来，我就叫我姐夫，因为他当时有一支枪，一叫他他就拿着枪过来，恐吓他们。没有进来，但也是提心吊胆。(当时的店)是在巴拿马城的，但是那个地方不在唐人街。是在一个叫蒙迪歌路的地方，在16号街，当时那里有很多懒鬼的。那没办法，当时经济实力有限，只能够买那些治安差又便宜的那些店铺来做。治安稍微好一些，斯文一点的地方，又贵。所以才在那里买的。我就在那里做了11个月，然后就出来自己做了。②

---

① 2018年8月17日，《广东华侨史》访问团对巴拿马移民郑女士的访谈。
② 2018年8月16日，《广东华侨史》访问团对巴拿马移民罗先生的访谈。

为了防范被抢劫,许多花都籍巴拿马华侨华人在超市里都设置有防弹玻璃或防盗网:"我有个表亲……在那边开了个小商店,那边治安不好,他们安全感很弱,士多店周围都安装上防盗网,然后他们站在房顶上,拿着2米多长的竹竿,来和门外的消费者交流,用竹竿把要买的东西挑出来,再打单,怕他们当地人偷东西抢东西,所以都不敢让他们进门的。"① 或者自备枪支:"那边的人专抢我们华人,开超市。我当时也碰到抢劫的。所以,在巴拿马我到哪里都带着枪的,正当防卫嘛。"② 尽管如此,仍有不少移民遭受厄运。许多花都籍巴拿马华侨华人表示自己或身边朋友曾有被抢劫的经历:

> 而且因为黑人多,我们一边收钱一边要看着,因为偷东西很厉害的,那时比较大压力的,特别是多几个人的时候,就害怕他们抢东西,做生意不太容易。科隆那边,黑人比较多,我们也有给人抢过东西的。③
>
> 很多,很多人拿枪,就是那天在花县同乡会做,我同学的妹妹。她是给人拿支枪指着的,都有两次。打劫啊,在商店里。我的同学前两天我和她晚上聊微信,她也说给别人拿枪指着也有两次。她两姐妹都有两次,给别人拿枪指着头。所以她现在就搬到比较安全的地方。因为巴拿马他们去的也都比较偏僻。④

巴拿马没有严格的法律来限制获得枪支,有许多枪支商店,其中包括所有类型的枪支。目前该国已经出台了枪支管制法案,控制

---

① 2015年5月16日,笔者在花都区花山镇花城小学对花城小学校长访谈者陈先生的访谈。
② 2015年3月26日,笔者在广州市花都区对巴拿马移民侯先生的访谈。
③ 2018年8月17日,《广东华侨史》访问团对巴拿马移民郑女士的访谈。
④ 根据2015年5月15日,笔者在花都区花山镇花城小学对花城小学校长访谈者陈先生的访谈。

犯罪。① 但相较而言，其管治还比较宽松，在大量的新闻报道和访谈资料中都提及巴拿马枪支带来的社会治安问题。② 而华人在当地属于少数族群，其更是常常成为枪支泛滥的受害者。

> 在外国，就是治安不好嘛，又担心被人抢被人偷，被打劫，饭店打劫，那些拿枪指着你啊，你立刻一个抽屉拿出来全部给他，他们习惯了，那个面值大的就找个地方藏起来，或者那个收银台它两夹的嘛，放到里面是不是啊，他看没有啊就走了，他不要你命。③
>
> 我也有被打劫过，用枪打劫，反正他就要财嘛，他不要命嘛，你也不是做了什么亏心事，有时候就是到你，以前我们做小超市也有，他就到你店里面拿东西嘛，所以一般收银台几十块钱零钱有的，多了就你拿走，这个有的。④

这种人身财产安全得不到保障还与当地警力不够有着密切关系：

> 那时候也不想请那些警察（保安），你请警察（保安）有时候真的很多都请不起，小的生意，他多少钱，要2000、3000一个月啊，有很多请不起的，尤其是刚开始做的时候，一个月也就赚那么多，你请就那么多，现在请要请两个呢，那就要6000块钱了，你如果生意大就不一样，好像我们现在就有请那个保安，请保安，24小时都有的，保安有枪，可以跟警察直通的，有什么他一按，警察就过来了，他是联网的，包

---

① 《全球枪支法最宽松的国家：Top10》，一起盘点网，http://www.pd17.com/pd/1666.html。
② 《巴拿马取消禁枪令　可合法进口枪支》，巴拿马中讯网，http://china507.com/2020/01/23/noticia-3525/。
③ 2015年5月15日，笔者在花都区花山镇花城小学对侨眷黄先生的访谈。
④ 2018年8月18日，《广东华侨史》访问团对巴拿马移民庞女士的访谈。

括你公司也可以装那些安全措施，一按，五分钟三分钟警察马上到。①

碰到移居地政局动荡，华人的店铺首当其冲，其人身财产安全就更加得不到保障。20世纪80年代是新移民迁移巴拿马的高峰期之一。不少华人来了之后赶上1989年美国入侵巴拿马。由于华人普遍开零售商店，很容易成为抢劫目标。何女士来了巴拿马后，就遇到美国入侵巴拿马，当时很多华人商店被洗劫：

> 我一来大概是两个月就打仗，我10月份来12月份打仗，美国的军队过来抓巴拿马的总统。这段时间我是可以一个人看铺的，我的语言天分还可以，当时语言沟通不是很灵光那种，但是还可以对付应付一下，挺不容易的。美军还在攻击阶段没进来的时候，在科隆很多地方都是抢得很厉害，就每一个商店差不多全部华人的商店都给抢光了，那段时间真的都很害怕，然后他们为了防卫就把枪支都发给平民，所以就是人手一支枪。大的店被抢的很多。我们科隆有一个码头，码头有很多货，他们第一就是抢码头。我看城里都没有什么剩的了，科隆就是都抢光了。但因为他们一去就抢的是码头，所以码头这么多货就可以抢好几天，所以大的百货公司都被抢了，我们的那个店不大，而且我姐夫把那个店用铁很壮观地把门封死了，所以他们也进不来，但是也让他们知道里面没有什么东西，就是很小的引不起他们的注意。我姐夫留了一个小小的窗口，卖店里剩下的东西。就是两三天的时间，因为当时我也很笨的，因为刚卖我就说应付可以，但是当地人真的说什么听不太懂。之后美军过来了就开始平定了，平定之后就重新生活。很多华人都失去了东西，一无所有了，抢光了当时都关了，当时我坐

---

① 2018年8月18日，《广东华侨史》访问团对巴拿马移民庞女士的访谈。

的地方就是我姐姐的是一个很小的店铺，因为小所以就没有引起他们的注意，当时我是一个人看铺，因为我姐姐也是生孩子，我姐夫也在陪我姐姐，我真是那几天都真的不知道怎么去过。①

郑女士当时在科隆开店，描述了当时的情景：

我们经历了很多的，经历过89年美国入侵巴拿马，而科隆是一个港口，有好多货柜，有一个自由贸易区，里面的货很多，那时候整个科隆到处都在抢东西，我们做生意的那条街，就只剩我们三间铺没被抢，就是说我们那栋楼有三个铺位，我丈夫一间，隔壁的是他哥哥，再隔壁的是一个犹太人的，那个犹太人是在巴拿马住的。打仗那时候巴拿马和科隆的那条路给封了，不给进，那个犹太人进不来看店铺，那么我们为了捍卫我们的店铺，就要连犹太人的那间店铺都要去保护。那时候我们的店铺没有给抢东西，当时就是要和本地抢东西的人讨价还价，就是说每一天或者每个小时给多少钱他们，由他们来帮我们看店铺，和那些人打交道，不给其他人抢。有时候我们想有可能保不住，因为实在是抢得太厉害了，但恰恰是那些人抢了货柜码头，救了我们。那个货柜码头一开，所有人都去了那里。那个货柜码头很多货的，就是一个个货柜的，所以很多货要去抢，没有空管我们的店铺。②

邱先生也目睹了华人超市被抢的情景：

1989年巴拿马和美国打仗的时候比较乱，那时候，打仗

---

① 2018年8月15日，《广东华侨史》访问团对巴拿马移民何女士的访谈。
② 2018年8月17日，《广东华侨史》访问团对巴拿马移民郑女士的访谈。

的那年，这个鬼啊，全部抢完了那个大超市，我亲眼看到他们割掉这个门，就是巴拿马的西人去抢超市也抢华人的，其前总统的那个也有，那是不是那个总统做的，都是我们华人做的。加油站也抢，一拉起就加油，什么都抢，这个赌场，这个老虎机，也要用焊机烧掉，从里面拿钱，在大的市场，又是割了那个门，撬了那个锁，拉起来，什么衣服都有，很多人都在抢，很乱的。①

尽管巴拿马允许持枪，不少华人也准备枪支试图来保障自己的人身财产安全，但是由于在移居地社会结构所处的边缘位置，不少华人不到万不得已都不敢正当防卫："是允许持枪的，成年以后有持枪证就允许持枪，但华人一般都不敢开枪的，开了枪以后打伤了打死了怕别人寻仇，还得把整个店铺关了换个位子再开，更麻烦，所以一般就算有枪也不会用的。"②

花都籍巴拿马华侨华人的边缘化社会境遇还表现在由价值观差异导致的社会排斥。当地人奉行"今朝有酒今朝醉"的享乐主义，而华人作为外来族群则压缩所有的休息时间拼命赚钱，进一步导致当地族群对于华人的"仇视"心理："当地人的话就是一种享乐的一种，哈，他们反正就是不像华人一样就是赚钱没有休息。就是没有那种紧迫感咯，就是他们看中国人啊，看他，'赚钱的机器'，他是这样说。"③ 上面的表述不仅反映了华人对当地人价值观的一种排斥，实际上也是华人受到当地主流价值观隔离的结果。

由上可见，尽管相较北美来说，拉美属于"弱势客文化区域"，但并不意味着华人在当地属于强势族群，不会受到社会排

---

① 2018 年 8 月 16 日，《广东华侨史》访问团对巴拿马华源会会长、巴拿马移民邱先生的访谈。
② 2015 年 5 月 16 日，笔者在花都区花山镇花城小学对花都籍巴拿马移民李女士的访谈。
③ 2015 年 5 月 15 日，笔者在花都区花山镇花城小学对侨眷黄先生的访谈。

斥。事实上，新移民在巴拿马的社会境遇是比较边缘的。为了应对这种边缘化的社会境遇，新移民积极在当地建立自助自立、相对封闭的社会经济基础，以此实现从被动排斥到主动区隔的过程。

(二) 主动区隔：自给自足的社会经济基础

新移民应对社会排斥的一种策略就是依赖强纽带的血缘地缘关系建立族裔经济、社会支持网络以及强化自身族裔认同，为主动区隔奠定基础。

1. 家庭作坊的族裔经济

花都人在巴拿马所发展出来的经济模式是以自给自足为特征的族裔经济。首先，这种自给自足表现在融资模式上。大部分在巴拿马的花都移民以自己开办小生意为主，而其生意的资本投入主要依靠"做会"的悠久传统：

> 其实很简单的。比如一个人做会头，就组织开会，那可以是三十人，也可以是四十人，也可以是三十五，没有说多少的。比如说是做500块的，现在就不止了，一千、两千都有。第一个月是会头钱，是会头拿的，每个人都会给500块他。第二个月，比如三十五人，除了会头，就是三十四人，看谁急着用钱就过来开会，看谁运气好。以前规定是这样的，规定是写50—150。如果你急着用钱，你可以写。我们三十四个人都过来急着用钱。你写暗标，大家都看不到。我想着垫50，如果你写50，就每个人都供450给你。如果你写100，到时如果是你中的，就每个人都供400给你。就是这样，最高可以写到150。如果你写150的，每个人都供350给你。如果是40个人，每个人350，那就14000块了，一次会就14000了。如果你做五次会，就60000块了。就是这样，就买到生意了。那你做生意是能挣到钱的嘛，每个月就供会了。一次会，你用人的时候你写150，你供的时候下个月就第二个人垫嘛，比如第二个人也是写150，那每个人又要出350给他。你中了之后每个

月都要出 500 给别人。没中的人就挣那些 150 块的利息了。就是这样，反正你中了后每个月都要供整数的了。我们花都人就有供会。之所以花都人个个做生意都很快，比如我做十次会，就有十几二十万，那就可以做生意了。其他县就没这些会，要等你挣到钱，或者说亲戚借给你，难了。但我们这些就不用等，不用等亲戚帮还是什么，有信用的，就给你做的，就能拿到十几万出来做生意。现在还有，但是现在没人做 500 的。现在经济变了，那些人变有钱了，现在做一千、两千的会有。银行可以借给你，但是需要按揭，而且需要很多手续。那我们华人做的都是小生意，手续很多都不齐的，那银行是不会批给你的。之所以垫会不是大家都只认识那些亲戚，那大家就可以互相帮一下，中了就可以拿十几万做生意，几万都好啊，几万就买一个小点的生意。如果你有五万的，你就可以买到八万块的生意，因为可以供嘛，就是这样，这样就快点。①

罗先生上面讲到的"做会"仅仅限于熟人社会网络内的小笔融资。巴拿马华人移民群体流传的"做会"的民间融资方式，类似温州人的"标会"，依托熟人社会人格化信任所形成的多边信任（惩罚）机制建立的互助互利和一定的风险防范功能的"做会"组织，使得群体中有创业能力但缺乏创业资本、又无法从正规金融渠道获得资金支持的个体能够短时间内越过自主创业的必要资本量壁垒，从而实现从普通打工者到老板的晋升（朱康对，2013）。这种融资方式很大程度上解决了新移民初到巴拿马人生地不熟，难以向当地银行借贷的困境：

你一出来，你想做生意，银行肯定不会贷款给你，我们就有一个做会，这个就等于是一个帮助了，都是这样起家的，但

---

① 2018 年 8 月 16 日，《广东华侨史》访问团对巴拿马移民罗先生的访谈。

是这个是做小生意还可以,你做大就不行了,那个就不管用的,一定要用银行了,因为你做会才一万多美金。做会的话一般就是大家,三十到四十个人左右,一个圈子就一个会,你可以开十个也行,有的会是每个月500的,就每个人500,每个人,每个月,大家掏500出来,那你40个人等于两万了,那这40个人之中,看谁,投标投得比较高的,这个月的话我投高一点,我这个钱等着要用,假如你是投150的话,那150的话,你就等于每个人之中你要给他们150了,他给你500,你要给他150了,你只有350进账了。你进了账以后,你每个月你要供,供500出去的,后来那些你就不要看了,你就不参与了,你就必须供500,供40个月,如果我不等用啊,我就每个月,等于我供500,你要给我150,我就供350就ok了那我就赚150,每个月我就赚150。假如我做生意,我供几千都可以,那我就不是一个会了,我就做十个会,那你一个月就赚1500了。但这个要担保,担保的意思是你不能跑了,后面那几个月你必须按照500块钱去,如果你要断供的话,就找担保人。所以最起码你亲戚要做生意啊,在社会上要有点名气,有什么生意,房子担保的,否则的话就不让你参加这个会,大家都是认识的,不认识不给你做的。好像温州人一样,温州人不是这样吗,大家担保,在银行里面,一般来说他们几个人都是差不多的,就大家在银行里互相担保,就这样。因为这边的银行不给你相互担保,我们就做这个,差不多,反正你每个月供就不用担保,你不拿你就不用担保。一般来说,中标有最低和最多的,最多是150,最低是60,60肯定很便宜,一般很少标到,差不多最后的时候,没人了,之后几个人了那时候就是了。如果缺钱用就多点。我最开始开那个菜档的时候也有用过这个做会。我最多的时候做过十个会,十个也不多啊,这个月就供几千嘛,那不多啊。你全部拿下来一个月才5000啊。你做个超市如果生意好一点的话,如果你打工都可以供三个。你打工也有1500，可以供三个，现在打工都有一两千。①

当然这种做会也使新移民更加依赖内部的族裔网络。比如做会的担保人需要是在巴拿马华人社区当地有点名望的侨领等。

其次，族裔经济的自给自足还表现在其运营模式上。其运营模式是以地缘、亲缘为基础的。作为劳动力的购买方——巴拿马华人小店主，他们在劳资关系的基础上叠加了亲属网络，充当新移民的经手人、担保人和监护人。老板一方面是亲戚、乡亲，一方面是雇主，具有双重身份。首先，作为雇主，他们可以从家乡物色到廉价可信的劳动力，使他们能够稳定地在他们的店里干活，减少劳动力成本。我们调研的一个村的妇女主任的侄女在巴拿马经营超市，需要可信的人从事收银工作和账目管理，因此她将儿子"放心地送到巴拿马"。其次，由于这些劳工大多数与雇主是亲属或朋友关系，这使得雇主往往能够利用"亲情""恩情"变相地最大程度汲取劳工的剩余价值。张女士回忆说：

> 我当时就是帮我姐姐做，做了四年。基本没有休息。我就讲我吧，当时七点起床，要开门，我是打银柜收钱的。我姐姐她们十点起床，我们就去休息。吃了饭就一直坐到关门，十点关门，有时候十一点。刚去的时候可能一个月就出去一次，下午两点出去，就一下午。有时候就不想去了，又没什么朋友，出去干啥咧？现在女孩子男孩子不是那样，有微信的。当时打电话很贵的，哪有朋友。我就没抱怨。其他人就会有很多抱怨，有很多亲戚关系最后都会破裂。我们这代人很能吃苦的，当年去巴拿马都是受苦，这代人是享受着去，在国内的时候好像二世祖的，现在的人不跟你吃那套的。很多人就吵架，然后离家出走了。我刚回来之前，有两个女孩子就离家出走了。当时家里做她去巴拿马，去了以后嫌没电视没空调，两个人自己

---

① 2018年8月15日，《广东华侨史》访问团对巴拿马移民侯先生的访谈。

拿着护照就离家出走了，可能受别人骗不知道去哪里了，都登报纸找人了。①

由于移民时间短，新移民不仅受到移居地主流社会的排斥，甚至在华人社会内部也处于边缘地位。许多新移民面临族裔内部的竞争与工作压力却无力抗拒。20 世纪 80 年代末，何女士到巴拿马后就给姐姐打工：

> 在国外生活很不容易的，尤其是刚开始的几年，一个是生活习惯，环境全部都是陌生的语言。另一个是没钱。所以说我刚来时候给我姐姐打工也没钱给我，做到年尾的都没有。整天就在店里边，没任何活动很郁闷，这在广州不会有这种生活的。我也不知道我怎么过的，那几天是不可想象的。那段时间我非常胖，每天十多小时就是吃工作睡觉，吃工作睡觉。我们 8 点钟开门都是晚上 10 点钟关门，有时候没有什么生意中午就会休息一两个小时，但是生意好的话就一直做到晚上。我在里面是做收钱的工作。那段之后我就慢慢习惯了这边的生活，然后我在这边晚上读书读夜校，早上去我姐姐的超市做工。他们已经有一个小店了，又生小孩，所以我就待在这里帮他看店。在姐姐店里面待了一年半。我待的时候我姐姐是没有付钱的，一分钱也没付给我的，没有人工的没有的。我每天也走不出去，一个月也没有休息天，这几年来一年到晚都没有。所以一年半之后我把钱都付给她了，我就让她自己算……以前我来的时候她是答应送我去学校读书，然后她又不送了，她说学费太贵。然后我在工作了一年多的时间的时候，我就把钱还给她，我就不干了。②

---

① 2015 年 6 月 4 日，笔者在花都区曙光路粤食粤靓酒店对花都籍巴拿马移民、巴拿马花县同乡会妇女主任张女士的访谈。
② 2018 年 8 月 15 日，《广东华侨史》访问团对巴拿马移民何女士的访谈。

这种老板与工人的雇佣关系既夹杂着地缘亲缘关系，同时也是一种劳资关系（参见黎相宜，2017）。但对于花都籍移民尤其是那些无证移民来说，他们正是依赖雇主才能够偿还债务。尤其是20世纪90年代，大量的花都籍移民通过非正规渠道涌入巴拿马。随着花都籍巴拿马华侨华人规模的扩大，不同行业之间以及行业内部竞争愈加激烈，导致许多移民的生存空间急剧压缩，只能依靠不断地自我压榨与族裔内部竞争来实现资本与劳动力的再生产。大部分低技能的华人新移民都在很大程度上依赖着与自己同族裔的小企业主。

> 在巴拿马很辛苦的，熬日子。不像我们国内很多女孩子可以天天逛街，我们以前一个月才放一天假，在伙食铺里、超市里，坐一天，十五个小时，我们很多华人腰酸背痛，回国看病的。①

"牛仔工"的经历不仅为他们获取在移居地的生存空间提供了基本的物质条件，同时为新移民暂时藏匿行踪、取得合法身份提供了缓冲时间：新移民到巴拿马后必须持有"白卡"，即30天的旅游签证，可续期；满三个月且无犯罪记录者，可申请一年期的暂住证，即为"黄卡"；持黄卡者必须单独申请工作证，A证允许申请者从事批发生意，I证允许申请者从事工业相关的职业，允许从事零售店生意的B证则被严禁颁发给新移民。持黄卡在巴拿马居住满五年可申请巴拿马公民，成为合法公民满三年后可申请新的身份证，持此身份证才被允许申请B证、从事零售行业。如果嫁娶巴拿马公民，这个漫长的身份合法化之路可被缩短，持黄卡时间由五年变为三年（Siu，2000：131）。

---

① 2015年6月4日，笔者在花都区曙光路粤食粤靓酒店对花都籍巴拿马移民、巴拿马花县同乡会妇女主任张女士的访谈。

花都籍移民或被迫或主动地将这种痛苦经历作为必经过程,他们一般不会后悔来巴拿马或将自身处境归罪于老板的苛刻。因为他们的老板也曾经历他们所正在经历的,老板反而成为他们一种榜样和梦想。而且,如果他们能够"吃得苦中苦",经过几年奋斗他们也可以像自己的雇主那样去雇佣其他更新来的移民。有学者指出,华人劳工移民都有一个梦想,有朝一日能自己当老板,从事小生意是提供劳工往上层阶级移动的一个主要方式(陈祥水,1991;Kwong,1987)。不少花都籍移民在偿还完债务后,往往会向老板借一笔钱,自己开一家小百货店。

> 一般是夫妻档,他去那边都是搞小商店嘛,多数是那种,他去那边就是五点多起床开门,开了门就是卖东西,进货。晚上十一点钟关门,十二点前睡觉,每天都是睡六个钟头左右。一般如果做大了一点就会请人了,比如说在大陆同村的要搞个小孩过去,他们就申请过去然后帮做工。也有请本地的花都人。一般当地人在这里打工他附近的人也不去欺负他是不是啊。一般都是这样子。请一两个当地的人打工,没有星期天,没有礼拜天,有时甚至春节哪一天过去也不知道。①

这种店刚开始都是家庭作坊式的,然后做大了之后也会从花都或本地招工,重复自己前老板所经历的历程。罗先生从姐姐那出来自己做生意后,又从花都侨乡申请了不少亲戚过来"帮忙":

> 当时我还请了一个人,两个人做而已,很小间的……买了生意第二年我就结婚了。到买超市那时,不够人手做,我就搞了三个人过来。一个我侄子,一个我老表,一个我小姨子。到那时我又买了一间菜台,又不够人手做了,我又搞了几个人过

---

① 根据2015年5月15日,笔者在花都区花山镇花城小学对校长陈先生的访谈。

来，还有一个侄子嘛，还有一些外甥，还有我爸妈这些。他们每一个人过来之后，帮我做着做着，就出去自己做生意了。还有我舅子那些，就是我老婆的弟弟妹妹这些，都是我把他们搞过来的。①

1988年，麦先生经由中介介绍过来，出国前，他已经做了一些小生意。他将家产变卖付中介费到巴拿马。因此不需要到亲戚家"做牛仔工"偿还债务。但到巴拿马后，他也先为一个花都籍老板那里做面包，而后又在花都人开的超市打工：

> 我是88年7月份到巴拿马的，我来到这里刚好第二个月中秋节。来到巴拿马之后呢，因为我是自己出钱过来的，不用打奴隶工，后来我到我们那个花城村那里一个老板那里做工，一个老乡，也是花城的，不是我们村的。刚到的时候在面包炉做工，做那个面包，每天就6点起床，用手搓面粉。但那个时候也挺辛苦的，而且又没有人工给，没钱的，因为当时很多人来嘛，那个时候有人招呼你吃住，已经很好了，那时候那个工资是100块钱的，那个年代，但是我没有人工，做面包没有，就是只管吃住。我在那个面包点做了三个月。后来，一个超市的兼批发的要请人，就到他那里去做，给那个100块钱。第一个月100美金，从第二个月就开始加工资了，第二个月看我工作负责就加了20块，就120块，在那个时候已经算是很高工资了。在那个超市我也是做了三个月，然后就没做了，也算是比较频繁的换工了，主要就是不习惯打工，我自己做惯老板，当时的老侨是很简朴的，不舍得吃，每天我在那里吃饭啊，是我们几个工人分菜吃。早上是每人一个鸡蛋，饭是管饱，就由

---

① 2018年8月16日，《广东华侨史》访问团对巴拿马移民罗先生的访谈。

你吃多少就多少,那个午餐、晚餐就每个人一小点菜,分菜吃的,就几块肉,很简朴的,那个土鸡蛋他们也不舍得吃的,就吃那个。①

可见,依赖同乡地缘网络找工是花都人在巴拿马融入的重要策略,这也给族裔经济的发展与繁荣带来了前提。尽管族裔经济不可避免地会带来内卷化问题。但这种以自我压榨与雇佣家庭内部成员的廉价劳动力的方式,很大程度上降低了运营成本。花都人的超市、杂货店之所以迅速发展起来,在于它通过这种家庭式劳作,可以交换到家人、乡亲夜以继日的劳动及不计回报的付出。亲属与邻里的这种"跨国道义经济"促进了移民在主流社会的集体性流动及社会资本的积累(Gardner,2006)。

在巴拿马生活的新移民的生计模式基本依赖于本族裔网络:"现在在巴拿马的华人做生意的时候,跟当地人都相处比较好,特别是我们做70%都是中国人的生意。他们开店子到我们那边进货批发给他们。"② 这种族裔经济的相对封闭性以及可持续性发展不仅为花都新移民的主动区隔奠定了良好的物质基础,也进一步促使在巴拿马生活的新移民发展出互利自助的社会支持网络。

2. 自立互助的社会网络

新移民在巴拿马的社会网络基本上是相对封闭的,尤其是越密切的关系网络,越是局限于华人群体内部。如果将新移民的群体分为初级群体和次级群体来看的话,新移民在作为家庭成员的初级群体选择上就更倾向于选择华人,尤其是与自己有相同迁移经历的新移民。卓先生是花都较早前往巴拿马的侨眷之一。1978年他在巴拿马结婚,找了一个同样是新移民的妻子:

---

① 2018年8月17日,《广东华侨史》访问团对巴拿马移民麦先生的访谈。
② 2018年8月6日,《广东华侨史》访问团对巴拿马移民卓先生的访谈。

> 我 1978 年在巴拿马结婚，太太也是我们花县的，大概他爸爸也是在这里的，我在巴拿马认识了她。我们 1975 年的那一批，公社总共批了八个，她和她的三姊妹加上我的两个兄弟和我母亲刚好，这一批就出来了，不过她们比我们早出来一个多月，就是同一批，他们早一点就来。①

侯先生也是在巴拿马认识现在的太太。他妻子出生在中国，由父亲申请到巴拿马：

> 我太太是我们当地（笔者注：指家乡）的，从中国过来的，过来这边在这边认识的，在国内不认识，是有亲戚，大家介绍一下。那时候根本就跟现在不一样，都没有时间出去拍拖什么的。我太太是他爸爸申请过来的，我老婆的哥哥 80 年就过来了，他们以前在中国也是做生意的。他们有钱，全部都是自付过来的，不用跟人家还债啊那些，然后我老丈人比我早一年过来的，因为我老婆他哥过来有几年了，有基础，也会说什么的，所以我老丈人就过来，他做生意，所以就把我老婆全家都接过来。后来我们就在这边认识了。②

总的来说，新移民与当地巴拿马人的通婚率比较低。这很大程度上既出于新移民的自我选择，也与父母的期待与压力有关。多数华人父母也不愿意子女与巴拿马当地人通婚，认为当地人不可信：

> 嫁了一个，娶了一个。有孙女，有外孙。都是找的中国人，我们很反对（找巴拿马人）。因为我们小时候就教导了，那些外国人，西人性格太开放了，太开放的同时也对家人没什

---

① 2018 年 8 月 6 日，《广东华侨史》访问团对巴拿马移民卓先生的访谈。
② 2018 年 8 月 15 日，《广东华侨史》访问团对巴拿马移民侯先生的访谈。

第二章 乡土情结与道义责任:广州移民的侨乡型跨国主义

么责任感。而且他们西人嫁给我们中国人,或者娶我们中国人,他唯一为的就是经济,真爱的很少,不是很多的。都是口头上说真的,但内心不是真的,见很多了。就算是娶我们中国人的女孩,他也是想怎么去挣点钱,他在外面也是有别的女人的。大多数都是这样的。他就是当我们给钱他用的,挣钱的工具,然后再附带点作用。真爱不是说绝对没有,是有的,但是占很少比例。至少我们觉得西人很多都离婚的,嫁了又离婚,娶了又离婚。当然也有人没有离婚,但是都不会很幸福,看得出来。就算是笑也笑得很勉强,内心不是真的开心那种。不过就算是和中国人结婚,也未必一定就幸福,但成数高,百分之八十,同百分之二十就不同啊对吧。①

邱先生甚至警告自己的子女,如果他们找巴拿马当地人结婚,就不允许子女继承自己的家业,自己也不提供经济支持:

> 对于我四个孩子以后找对象,我现在已经有一个警钟给他,就是大儿子的,如果你是找西人的话,我就收回我的店铺来,你自己出去打工,你自己考虑自己,我也帮不了你,你不信爸爸,你跟西人结婚的,第一个,他们西人的风俗不好,他自己顾自己嘛,没有感情的,没有我们中国人这么好的感情,家庭观念,文化啊,什么都不一样的,对不对。这一次,我 7 月份去美国,主要的就是跟我女儿讲这个,就这一条,你不要跟鬼结婚,如果跟鬼结婚的话,你自己赚钱读书,我的第三个女跟我说,我的姐姐跟医生,我说是鬼的吗,她说不是啊,是台湾人,那可以嘛,也是中国人。我说你也是,你不要和西人结婚,如果你和西人结婚,爸爸第一个会生病,顾虑,你是我

---

① 2018 年 8 月 16 日,《广东华侨史》访问团对巴拿马移民罗先生的访谈。

生下来的，我要对你负责，你要听爸爸的话，话是这样说。①

在自我选择与父辈的压力之下，很多新移民基本上是以本族裔通婚为主。这种对于同族通婚的诉求一方面深受华人自身身份认同的影响，而另一方面也与华人的经济考量有着密切关系。很多华人的理由就是与当地人不能深交：

> （跟西人）平时做朋友还可以。其实也有一些西人挺好的，也有一些讲义气的，挺好的，但是不多。他们有很多都是没什么观念的，就是今天有酒今天醉。深交的不多。因为你深交过头了，中国人多少经济上都有点钱，深交之后，那些鬼佬管不住嘴巴到处讲。就危险一点。所以我们中国人始终都是保守一点，就不要那么深交了。因为很多出事都是因为这个。②

在华人看来，所谓不能"深交"的理由在于非同族通婚很可能对华人的族裔经济产生负面影响。尤其是在巴拿马的新移民主要是自己做生意为主，结婚对象是巩固与拓展生意的很重要的帮手：

> 我和我老婆是经过别人介绍认识的，她也是从大陆过来的，已经过来这边，也是花县人，她过来之后也是在她那个的店里打工，是她的哥哥把她申请过来的，那时候我一个人开牛肉档，后来我辛苦了，就叫人家找个对象，我们经介绍之后就在一起了，然后跟我结婚，结婚的时候，我和她说，我做牛肉台……结了婚以后，就有一个拍档嘛，就是有一个帮手，自己是开店。③

---

① 2018年8月16日，笔者在花都区对巴拿马移民邱先生的访谈。
② 2018年8月16日，《广东华侨史》访问团对巴拿马移民罗先生的访谈。
③ 2018年8月16日，《广东华侨史》访问团对巴拿马移民罗先生的访谈。

如果伴侣不可靠，不仅会导致移民的感情受到伤害，很可能还会影响其在当地的经济发展。

除了主观动机外，同族通婚能够在新移民中普遍实现，与花都人是依赖亲缘地缘的迁移模式有着密切关系。他们在巴拿马具有一个花都人内部的熟人网络，使得新移民更易于通过这种社会网络寻找到伴侣。内部通婚率的提高也进一步促进了这种熟人社会网络的发展与巩固，也使乡土社会形态被复制与延续至巴拿马华人社会：

> 中国人很少和当地人结婚。一来是因为以前比较老一辈的语言是一个很大的阻碍，只是其中之一，还有就是我们中国人来这里还是找我们中国人结婚比较好。风俗习惯，尤其是吃的方面，你喜不喜欢吃西餐呢？当然是不喜欢，我还是喜欢吃我们中餐，如果我娶的太太是中国人的话，我天天都可以吃中餐，我是因为我父母在这里所以我自小就在这里了，但是很多都是以前中年的时候才来这里的，当他们来这里的时候在中国很多都是有家庭的了，来这里没多久赚了一点钱就将他们的家人接来了，大家一起团聚，所以家庭越来越大，所以差别很小，大家都是自己人，都是亲戚。①

很多父母也从熟识的朋友那里为子女寻找结婚对象：

> 我儿子是土木工程，在巴拿马科技大学，但是没念完，因为土木工程要念6年的。我就是想把他培养，因为我那个经常盖房子嘛，盖房子需要出图，需要有牌照的人签名才可以申请的嘛，他结了婚，接着又有孩子了，同时照顾那个生意，因为他读的是在职的，早上去看生意，下午2点才去读，读到晚上

---

① 2018年8月13日，《广东华侨史》访问团对巴拿马华人罗先生的访谈。

10点多,他也是很勤奋的,因为我语言没有他好,所以做生意要靠他,所以他在学校也要帮忙的。我儿子的话,是和一个新移民结婚的,她也是花都区花东镇的,和我们不是同一个镇的。他和他太太是这里朋友介绍认识的,她是先过来,再介绍我儿子认识的。我和弄她过来的那个人是朋友,这个人是她妈妈的妹妹的丈夫,该叫姨丈。她姨丈申请她过来的,我跟她的姨丈关系很好,正好就介绍给我儿子。①

同族通婚为华人血统的人口生产提供了前提。在过去的四十年间,在巴拿马出生的华人人口与源源不断来到巴拿马的中国新移民共同构成规模较为显著的华人社群。在此基础上,巴拿马华人的社团也有了较大发展,不同类型的社团呈增长趋势。花都籍巴拿马新移民在当地参与成立了一系列社团,包括加入历史悠久的老侨团,花都同乡会、中华公所等等;也包括成立了一些新社团,比如巴拿马和平统一促进会、巴拿马华人工商总会、巴拿马华源会等。这些社团既有传统侨团,也有具有去地域性特征的新社团形式。后者的社团成员的来源较为多元,比如华源会:

我们华源会暂时还没有会址,才成立一年嘛,还要继续努力。我们经常在一起开会,就是在餐馆里面聊聊。我们华源会不仅有花县人,还有浙江的,有湖南的,还有这个花都的,清远的。花都多一点,全国都有一点人在里面,也有中国来的新移民,代表性也是很广泛了。②

这些社团作为巴拿马新移民适应当地的重要机制,在互利互助上起着重要的作用。

---

① 2018年8月17日,《广东华侨史》访问团对巴拿马移民麦先生的访谈。
② 2018年8月16日,《广东华侨史》访问团对巴拿马华源会会长、巴拿马移民邱先生的访谈。

（社团）为我们侨胞，有什么困难的，为他们服务，和融入巴拿马社会，就是巴拿马有的山区很不方便的，有病的，残疾的，我们都可以进去帮助他，支持他，走不动的我就在中国买一个轮椅给他，送给他们，就是我们的宗旨，就是这样。①

社团成员通过社团不仅能够解决实际的困难，也一定程度上能够满足其深层的社会需求（如地位需求、满足感、安全感）。

我很早就和侨社有联系，因为我刚来的时候语言不通，经常受到当地人的欺负，特别是那个政府，那些贪官啊，来了查这个，又查那个，说这里不行那里不行，很多时候我都要找人帮忙去解决，有时候也找侨社的人帮忙。这个时候就开始跟侨社的人有联系，那个时候，真正问题，也解决不了多少，反正就是有个人出出头，安慰一下你。那时候，我主要就是找中华总会帮忙的，当时那个中华总会还是能够发挥很大的作用。②

罗先生长期参与侨社活动，积极热心为前来巴拿马的新移民提供帮助。他为我们讲述了两个事例：

（做的工作）第一件，就是在我们成立的时候，2017年5月21日我们华助中心成立。在那一日我就收到一封求助信，那封求助信是罗贵云夫妇写的。贵贱的贵，云就是一朵云的云。富贵的贵，云彩的云。他们夫妇坐牢已经坐了三年半。坐牢的原因是三年半前，他们的小孩是八个月大，一不小心就摔

---

① 2018年8月16日，《广东华侨史》访问团对巴拿马华源会会长、巴拿马移民邱先生的访谈。

② 2018年8月17日，《广东华侨史》访问团对巴拿马移民麦先生的访谈。

到了，头部就有个伤口，后来在医院过世了。政府拿了一些法医报告，告他们两夫妇是蓄意谋杀。他们夫妇讲，警察向他们要钱，如果给他们钱，那个法医报告就可以改成是意外死亡。结果他们夫妇西班牙语又讲的不是很好，又想着自己不是谋杀的，就不用给了，所以他们就没给钱。结果一个月后，警察局就打电话给他们，让他们两夫妇过去警察局。过去之后就让他们签名，他们又不是很懂西班牙语，就签了名字。签了名字就代表他们承认了谋杀的罪名，结果他们就入狱了，坐牢了。女的做妈妈的被判了24年，男的当爸爸的被判了19年。当时巴拿马有一个叫做善心姊妹团，在跟进这件事，有去探望他们，也有找律师帮他们打官司。换了四个律师，都没有下文。钱也交了，但是就没有能他们搞出来。他们夫妇听说有个华助中心，他们就写了封求助信，托教会的人去探望他们，然后把信给到我们手里。刚刚好成立那日，21号那天就交给我。我就马上和理监事开会，我们就找有能力的律师咨询，然后叫他们帮忙打官司，提起上诉。经过六个月的上诉，最终上诉成功，两夫妇无罪释放。当时大使馆已经建交了，大使馆都派人和我们将他们两夫妇接出来。他们两夫妇一个有四个孩子，大的那个在大陆，他们带回去读书了的。小的三个在这里，八个月大的那个摔死了，还有两个。那他们夫妇坐牢之后，政府就把两个孩子安排到孤儿院了。他们俩在孤儿院那里度过了三年半。我们也去探望过他们夫妇，所以知道有两个小孩子在孤儿院，我们也去过探望他们两次。拍了些照片发给他们夫妇看，让他们知道没什么事。他们出来之后，我们又帮他们把孩子从孤儿院里赎出来。因为不是爸爸妈妈出狱了就能马上把孩子给他们的，政府还要派人跟踪，看看他们夫妇的精神状况、生活能力能不能照顾到孩子。还要问问孩子，他们爸妈以前有没有打过他们，有没有蓄意谋杀的倾向。最后经过政府调查发现没什么事了，我们就帮忙把孩子们赎出来。那他们现在全家就团聚

第二章 乡土情结与道义责任：广州移民的侨乡型跨国主义

了，这就是一件事。①

还有一个就是中山籍的侨胞，他来到这边有十五到二十年左右。他没亲没戚，就在朋友那里住。后来得了鼻咽癌。住在这里的朋友，也都住了很久了，有一年多，见他的情况也挺严重的，经常都流鼻血什么的，觉得他已经中晚期了。他们就来华助中心求助。我们这些理监事就和他去医院再一次的检查，我们华助中心出钱让他去有名气的肿瘤科医院检查，检查的结果很严重。我们理监事就凑钱，买机票，给一些水药给他们，就是那个中山籍的侨胞，让他回大陆看病。他的爸妈和大哥那些都在中国，他大哥也有 60 多岁了，回去就跟家里人团聚了。最后结果怎么样我们也没去跟，知道他回到家里了就没有继续跟了。②

社团的成立使新移民能够以一个较为正式的形式与当地政府和社会接触交流：

我 2000 年的时候开始做社团工作，那时候为什么要做社团工作呢，因为我到牛口那时，没有一个组织在那里，有时想和公司或者政府部分谈一下，那时就想组过有个社团什么，把大家联合在一起，那么做什么都会比较方便，因此就成立了一个联谊会。联谊会是 2000 年成立的，慈善会应该是 13 或者 14 年那个时候，几年而已。③

如上所述，新移民的同族婚策略以及各类社团组织形式，形成了相对封闭但又拥有足够资本的社会支持网络。这也使得移民更加依赖于华人社会的内部网络，并进一步导致了其与当地社会的相对

---

① 2018 年 8 月 16 日，《广东华侨史》访问团对巴拿马移民罗先生的访谈。
② 2018 年 8 月 16 日，《广东华侨史》访问团对巴拿马移民罗先生的访谈。
③ 2018 年 8 月 18 日，《广东华侨史》访问团对巴拿马移民罗先生的访谈。

区分。这种自立互助的社会网络不仅反过来促进了新移民族裔经济的发展,也对其身份认同产生了影响,并对其侨乡型跨国主义的形成夯实了基础。

3. 抵御性身份认同

尽管新移民来巴拿马多年甚至入了巴拿马籍,他们还是将自己当作在异乡的"客人",随时不安地看着"主人"的脸色,并抱着随时准备打包回家的心态。他们在这个国度里有着更多的不安全感。即使是他们定居在这里,把这里称作"家",他们还是抱着谨慎小心的态度来保护自己,由此发展出一种"抵御性的族裔身份认同"(黎相宜、周敏,2013)。由于遭受到来自移居国主流社会的歧视与排斥,大多数新移民积极地寻求自己的中国人认同。一位调查者的报道人如是说:

> 那时发觉一个人出国之后会比以前的自己更加爱国,很想自己祖国更加强大,这样自己在外国人眼中的地位也有所改变!每个星期一的早上要在学校唱国歌,自己身为中国人却唱着别人的国家国歌那种感觉很不好受。2008年刚好是北京奥运会,中国很给力嘛,金牌第一位,在他们面前特别觉得很牛气。巴拿马在今年拿到历史上第一块奥运会金牌,我笑而不语。全巴拿马庆祝多少天,我忘了(参见张彬,2013)。

这种侨居者(sojourner)[①] 的心态时常显见于新移民中。不仅老华侨与新移民如此,就连出生在巴拿马的土生华人也是如此。马梓亮和马梓航是两兄弟,哥哥今年15岁,弟弟14岁。两兄弟出生在巴拿马,最近随父母回到巴拿马读书。两兄弟父母在巴拿马开超市,生活过得不错。两兄弟表示在巴拿马的生活有时感觉没有安全

---

① 社会学学者萧成鹏在其对于芝加哥华人的研究中,运用Sojourner的概念形容那些维持自己的族裔特色和文化,并不愿意永久定居在移居地的移民。参见 Siu, Paul C. P. 1952, "The Sojourner", *American Journal of Sociology* 58 (1): 34-44。

第二章 乡土情结与道义责任：广州移民的侨乡型跨国主义

感："就是那边比较乱一点吧。很多抢劫。我小时遇过，抢商店啊。都是这些不知道怎么说，戴面具的啊，就是这样啊，我们在场啊。"① 在深入聊天后，我们发现弟弟在小的时候曾经被本地人绑架过，提起这事弟弟都不想再回忆。

> 区别就在那边就算你拿巴拿马身份证给他看他也认定你是个中国人，都会有一种很鄙视你的感觉。就会很排挤你们。我爸妈开店的，有些时候买东西的人就会很鄙视他们，有时候很无视他们，有时候用粗口骂他们。对啊，有时候还无视我们，直接拿走，不怕你，然后还骂你。都没怎么回击啊。就是沉默啊。也没有太多办法。爸妈和爸妈朋友聚在一起也都是说不要惹太多事情。我们就是去那边赚钱的，但是其实不是很享受在当地的生活。②

这种边缘化的社会境遇也促生了某种"远距离民族主义"（long-distance nationalism）。安德森用"远距离民族主义"的概念来描述全球化背景下的移民身份。他认为，移民的"故乡情结"的政治指向是一个"想象的祖籍国"（Anderson，1992）。阿杭说："发觉一个人出国之后会比以前的自己更加爱国，很想自己祖国更加强大，这样自己在外国人眼中的地位也有所改变。"像阿杭一样，很多移民口中的"爱国爱乡"既是真挚情感的呈现也是其边缘化社会境遇的映照。正如李明欢（1999）所指出的，华人移民生活在两个世界中，一个世界是虽遥远、但心理距离却十分接近的祖籍地，另一个世界则是他们日常生活所在的移居地，虽然近在咫尺却远在天边。很多移民哪怕是入了籍的公民依然自称是华侨而不是华人，这反映出移民在心理上从未远离祖国的某种情感上的联

---

① 2015年5月15日，笔者在花都区花山镇花城小学对马梓亮和马梓航的访谈。
② 2015年5月15日，笔者在花都区花山镇花城小学对马梓亮和马梓航的访谈。

系。这种抵御性身份认同是新移民应对巴拿马当地生活的一种社会文化产物，也加深了新移民与当地的区隔。这也进一步导致移居国的文化奖罚（culture sanction）制度对移民往往不起作用。移民的文化奖惩制度是脱节的，并没有因为移民的迁移而转移到移居地。移民依然是将家乡的奖惩制度作为评价标准，用家乡的奖惩制度来进行编码与解码，所以他们需要返乡以家乡的奖惩制度作为日常微观实践的标准，使得他们的侨乡型跨国主义成为可能。

在自给自足的族裔经济、自立互助的社会网络以及抵御性身份认同的共同影响下，新移民发展出一种深度区隔的应对模式。这种深度区隔一定程度上能够帮助移民适应当地并进行有限的心理调适，但无法完全满足深层次的社会心理需求。而他们因浅层融入又产生了一定的生产与消费剩余，并因货币汇率还出现了货币膨胀。上述因素构成了花都移民开展侨乡型跨国主义的心理需求与物质基础，使其源源不断地返乡，发展出一系列与广州社会的跨国社会互动。

第二节　乡土道义模式：侨乡型跨国主义

越来越多的国际移民在移居地建立起新家庭、新社区的同时，与祖籍地保持着频繁而有序的金融、产业、贸易、文化、政治等活动。这种在祖籍地与移居地之间往返的生活方式不仅满足了移民家庭在两地的经济需求，也降低了移民无法完全融入移居地主流社会所产生的不适应感和困扰。不同于前往北美的华人移民，在巴拿马的新移民发展出"浅层融入，深度区隔"的调适模式。这也深刻影响着其侨乡型跨国主义模式。他们为了满足由深层区隔带来的深层次社会心理需求的缺失，以及消耗掉在移居国的生产与消费剩余，被贴上"华侨"标签的他们回到家乡后延续传统乡村的"士绅传统"，承担起为家乡提供公共物品和福利的道义责任，成为家乡人可以倚赖的"新士绅"；同时提升在熟人社会中的社会地位，实现跨国空间下的"越级向上流动"以及社会地位补偿。下面，我们将详细分析巴拿马华侨华人的侨乡型跨国主义模式与类型。

一 跨国经济网络与侨乡发展

经济联系通常是国际移民与祖籍地最先发展出来的侨乡型跨国主义形式。就华人移民的情况而言，学界围绕华侨华人对于侨乡源源不断投入的侨汇、捐赠、投资已经产生了大量研究（林金枝，1981a & 1981b & 1992；孟晓晨等，2007；王付兵，2002；Tan & Yeung, 2000：240；Douw et al., 1999；黄昆章、张应龙主编，2003：219；陈志明、吴翠蓉，2006：267；庄国土，1999 & 2001）。花都籍巴拿马新移民与家乡的互动既与其他华人移民有着共性，也由于广州与巴拿马的社会形态展出不同于其他移民群体的跨国主义模式。

（一）回乡"叹世界"：跨境消费

来自花都侨乡的新移民为了更好的生活，从家乡走向巴拿马。但受到巴拿马的移民政策、当地种族分层结构以及自身迁移模式与动机等因素影响，发展出浅层融入与深层区隔的适应模式，积累了一定的生产与消费剩余以及寻求生活意义感的深层次需求。更为重要的是，他们发现当他们再次返乡时，曾经的边缘位置却由于资源分配差异、华侨光环等因素早已悄悄转换成了中心位置。巴拿马移民不断跨越边界，在这种不断跨越空间与时间的过程中，巴拿马移民获得了一种"叹世界"（黎相宜，2019：53）的优越地位。每年清明节及十月份前后是花都籍巴拿马移民返乡省亲的高峰期①。

> 我的孩子对家乡还是有感情的，他们去过，那两个孩子轮着回去，每一年清明节带一个回去，轮着回去，每年都要回去。就算我不回去，在上海读书那个要回去祭祖，我有意识让儿女清明节回去。大儿子就会自然而然地安排好时间，

---

① 据多位移民反映，这是由于这两个时期是属于旅游与留学淡季，机票较为便宜。

四月份安排好时间跟我回去中国。我每年清明节都回去祭祖，最少一次的。有点经济的能力的都会回去祭祖。过时过节都不一定有这么多人聚在一起的，反而清明节，你回去，想见谁都可以见到，自己家里的人，整条村的兄弟都能见到，反而过时过节，有的在城市住，你不一定能见到，清明节一定能看到。①

频繁的跨界活动在某种程度上会增加移民的经济负担。移民回乡的消费远远不止旅行费以及回乡的食宿费用，还包括赠予亲友的礼物、红包、请客吃饭等支出。这种跨界活动的成本对于一些才站稳脚跟的新移民来说，就更加昂贵。

其中，回乡办酒宴几乎是所有新移民的必备剧目之一。夸富宴（potlatch）作为普遍存在于原始社会和部落中的社会制度，被学者们认为具有夸耀、显示地位、互惠与再分配的社会功能（露丝·本尼迪克特，1987：146-148；马文·哈里斯，1988：104-105；马塞尔·莫斯，2002：69-70）。有些原始部落的夸富宴是竞争社会地位的方式。竞争的双方有一方社会地位较高，另一方则社会地位较低。社会地位较高的一方为了保护自己的地位，尽量把宴席摆得很大、送出许多礼品；而社会地位较低的一方，为了挑战前一方以获得较高的社会地位，也倾其所有、尽其所能地设宴送礼（王铭铭，1997：143）。促进这种社会竞争的因素不是保存财富，而是散发财富（杨丽云，2003）。移民回乡也会举行类似的"夸富宴"。移民独自消费积聚在手里的财富，是不能充分证明他富有的。于是他们定期地回到侨乡，大肆宴请家乡的亲朋好友就成为必备的表演剧目。比如罗先生第一次回乡就请了全村人吃饭：

我91年的时候第一次回去中国那里，回去花都，那时候

---

① 2018年8月18日，《广东华侨史》访问团对巴拿马移民罗先生的访谈。

差不多出来十年了。一回去就请亲戚朋友吃饭，摆了几十围，整条村都请了，就是在村口摆，请人来煮，自己乡下的妇女就出来帮忙，那时候是这样的，你第一次回去要请人吃饭的。我走的时候就没有摆这么多，就是自己的一些亲戚吃顿饭，就没有说摆酒那些，就只有第一次回去才有摆酒，摆了四十多围，摆酒这就是一个习惯吧，就是自己的亲戚就给一点红包那些，其他那些就不用的，就一次。那时候就是花了一万多人民币，好像一万块都不用，那时候钱还是比较好用的。现在都是不需要请几十围那样的呢，现在回去都是叫一些兄弟，叫几个菜那样子，就不会是摆酒那样的了。①

1981年，刘先生到巴拿马，时隔十年后，1992年回国。第一次回国，刘先生就请了全村人吃饭：

那时候我回去的时候，请了整条村。那个年代还是很高兴的，那些亲人来了，摆了六七十围，以及每一个家庭就是，那时候他们就是拿点礼物过去，我就回100块礼给他们那样子，村里的人村里的人挺羡慕的，很多人都要求跟我出来，说什么有没有能力做我儿子出去什么的，我说有机会的，慢慢等吧，一下子做那么多人，来到我们也很难安排的，几个几个就没有问题，因为巴拿马吃住都是和老板一起的，很少说是租地方给住，都是在一起的。②

盖房子则是新移民回乡要表演的另一重要剧目之一。住房作为长期性消费最能够显示移民生活品质的根本提高。如今在花都，有许多样式新颖、造价不菲的洋房，大多是海外移民出钱兴造的。

---

① 2018年8月18日，《广东华侨史》访问团对巴拿马移民罗先生的访谈。
② 2018年8月17日，《广东华侨史》访问团对巴拿马移民刘先生的访谈。

"家"的概念在传统意义上具有联系亲情的作用。而"祖屋"作为"家"的物质化空间往往具有特殊的象征意义（陈杰，2008 & 2023）。移民在家的物理空间里是"缺场"的，但他们会通过各种途径跨越民族国家边界去维系远在万里之外的家庭关系，如为家人建造房子——有形的"家"，以某种"在场"的方式来构建自己对家庭与家族的道义责任。因此，当新移民在海外赚得第一桶金后，为家人做的第一件事就是盖屋起楼：

> 我在96年的时候回去花都乡下建房子，房子是建在那里了，但是现在没人住，就是空置在那里。每个人都是这样的，移民出来的都会回去建房子，就算没人也要回去建房子。就算现在回去，包括我爸爸妈妈回去都不会在那里住，都是在新华（笔者注：花都区的街道）住的，都是回去吃一下饭，毕竟挺近的。开车都是十分钟左右，吃完饭就回去了。①

如上所述，很多房子除了在移民偶尔返乡时具有使用价值之外，其余时间多为空置。事实上，移民返乡也未必住这些祖屋，而选择在镇上或市区的酒店居住："我都盖了两栋楼在乡下，但是我一晚都没有住过，不过就是要盖起来给别人看，没有办法啦。"②其功能已经主要不是居住而是具有象征性的符号功能，是使自己的支付能力可视化（刘飞，2007）的重要方式。这些空置的"豪宅"以一种长期存在且实物的形式展示着主人无形的社会地位、特殊的华侨身份以及在海外的"成功"。

作为新移民，到巴拿马的主要任务是赚钱养家。出于被动排斥与主动区隔的原因，移民们的休闲娱乐无法完全在巴拿马实现。家乡就成为他享受生活和消费娱乐的地方。这种跨界活动同时促进了

---

① 2018年8月18日，《广东华侨史》访问团对巴拿马移民罗先生的访谈。
② 2018年8月17日，《广东华侨史》访问团对巴拿马移民刘先生的访谈。

移民们社会地位的向上流动。

> 我们现在两个办退休了,好像去年我刚从中国回来没多久,7月6号在中国待了差不多半年的时间。毕竟我们在那边有我们一帮同学,小的时候认识的一帮同学,现在大家都退休了。有时间走动了,现在经常回去,去年三次直接从巴拿马飞,时间还很长,坐飞机很辛苦,20多个小时,回来去过五个多月,这次回去1月12号到7月5号,差不多六个月的时间待在中国,回去在那边去跟朋友跟同学聚会,还在中国考了一个驾照。现在退休之后的生活的状态主要是有时候回中国去玩一下。①

大部分移民回乡的消费远远超过他们的日常消费水平,他们通过压缩"里子"消费而扩充"面子"消费的方式树立了"叹世界"的标准,这使得"叹世界"的门槛被无形中提高了。有些不想"破费"的移民也不得不遵从这种社会标准,除非他选择不回乡。而且回乡"威水"②虽然会让移民在经济上受损,但却能使移民在邻里的社会期待中出手阔绰,制造"富有"的假象,从而获得相对于家乡人的优越感。卡陵(Carling,2005)指出移民与非移民在三个方面存在差异:第一,移民与非移民在跨国道义体系(transnational moralities)中的地位不同;第二,移民与非移民在跨国社会场域的信息获得上不平等;第三,移民与非移民在不同资源上的分配不均等。由此可见,移民有一种相对于家乡人的"歧视性对比"(参见凡勃伦,[1899]1964:29)的优势,使得他们可以在侨乡地方政府以及社会凝视下弥补自身的社会阶级脱位,实现跨国阶级的向上流动(参见黎相宜,2019)。

---

① 2018年8月6日,《广东华侨史》访问团对巴拿马移民卓先生的访谈。
② "威水",在粤语中有"威风""有威望""有地位"的意思。

广州不仅是花都籍巴拿马华侨华人进行跨国实践的场所，也是其他籍贯的巴拿马华人移民所青睐之地。莫先生祖籍恩平，他不仅回乡办酒席，而且还在广州购置房产，不时回来广州居住：

> 老了我就自由一点咯，随便应付下人就好了。我年年都回大陆。始终都是回大陆，这种异乡的生活始终是不行的。我没有入籍。我在广州也有房子。西汇花园，在芳村车站。我没有读到大学，我是农民出身，当然是这里（笔者注：指巴拿马）比较好了，就是从内心讲，这里养家糊口都比在中国好。第一次回去的时候，请了全村吃饭。摆了一天酒，几十桌。请吃饭喝酒就行。那一次花了一万五人民币。自己请人去做的菜。以前的钱比较好花。①

由上我们既可以看出广州作为侨乡的一面，其与很多传统侨乡类似。但与此同时，我们也可以看到广州作为侨都的一面：广州作为华南的经济文化中心，汇聚了大量非本籍的华人移民的资金。广州与非本籍华人移民的大量跨国主义，与其和本籍华人移民的互动一道，构成了广州对外关系的很重要的组成部分。

（二）"寻租"家乡：跨国经济模式

在海外华人的跨国经济活动中，存在着不同社会阶层的跨国实践和经济表现形式。既有人们所熟知的企业家、技术人士，也有普通民众，甚至无证移民等。他们的跨国经济活动既有商业贸易、劳工贸易、高科技企业，也有日常性的经济活动，如寄发侨汇、消费祖籍国的经济和文化产品等（潮龙起，2009）。许多位于族裔聚居区的小型店面处于跨国社会场域中（Light & Isralowitz, 1997）。花都人开办的超市、杂货店正是其中的典型代表。

原先花都籍巴拿马移民的经济模式更多局限于巴拿马本地，其

---

① 2018年8月15日，《广东华侨史》访问团对巴拿马移民莫先生的访谈。

第二章 乡土情结与道义责任：广州移民的侨乡型跨国主义

批发零售的产品往往出自北美和欧洲等其他国家。但随着中国经济的发展以及中巴经济贸易往来的频繁，越来越多的花都人从家乡批发日用品到巴拿马，从而将家庭作坊模式拓展到具有跨国性质的经营模式。卓先生家族就是一个典型案例：

> 我三儿子卓建忠高中毕业之后，在巴拿马这里读了两年大学。后来就问我的那些顾客读到什么程度，他们说读到博士，读完博士毕业以后还是做回我们这一行，所以我儿子说爸爸我不在这里读了，我回去中国读中文了，就是这个决定，所以才在03或者04年带他回去。去华文学院后，另外请了一个华南农业大学的女生在课外时间辅导他讲中文，在去华文学院之前，他是完全不会说中文的，然后学了两年就现在非常自如地交流。（访谈者评价说发音都很准）他现在跟中国的公司有联系都是用中文。因为在巴拿马可能还是有很大的一个商机和发展空间的，我们做私人批发，很多货都是中国进口过来的，能够跟中国这边有很好的一些联系的话，对生意也是有很大的帮助。我这个生意今天基本上就是在中国进口其他的货物，我们公司和其他厂家联系，都是依靠他，如果他不是精通中文，我们这些年纪，都是依靠他们的了。把生意传给他们了，也为我提供了很多方便。现在这个店具体是三兄弟负责，他们各人有各人的责任。老大打理全部，还有负责美国进口货物，老二负责中南美进货，老三负责和中国贸易进货。主要是卖学生文具、日用品，手工材料（丝带啊，线啊之类的），做这些材料的批发，就批发给他们的零售。从中国进的话，都是在广交会的时候跟贸易公司买的，后来到义乌小市场进货，然后打集装箱再拉过来。我们店铺前面是卖货后面是货舱，一栋楼六层全部都是货舱，储货量很大，基本上中国人做这个算是我们家做的比较大的，不过不能算是垄断，巴拿马不允许垄断。运东西过来巴拿马，入关时需要缴关税，不过税率不高，最高都是

15%。不过也分货物的种类，有的比较高，有的比较低，有的一些免税。食品不是免税。我们这里就有卖装饰用的字带之类的，所以比如晚会啊国庆啊，那时候会有客户过来。我们还卖可以送客户的礼品什么的，巴拿马精品店很多，60%的都是我们的客户，就是他们从我这里进的货。①

由卓先生上面的口述，我们可以看到新移民的跨国模式既包括与祖籍地的互动（如参与广交会），也包括了与非祖籍地（如从义乌小商品市场那里进货）的互动。互动对象除了受到乡情的影响外，还取决于便利性与成本因素。

还有不少巴拿马移民从花都进口建筑材料、汽车零配件到巴拿马，从中赚取费用，发展出小型的跨国经济模式。

他们在那边除了做那超市，现在都涉及那个建筑材料了。现在那些贸易都是以建筑材料为主了。那个贸易那一块建筑材料也是从我们国内拿过去的。外面的什么规模的企业都有，大型的都有啊，我现在有个朋友就是做汽车贸易的，在中国买汽车过去卖。②

有些新移民除了从国内零售批发外，还与国内企业建立了更为稳定和正式的关系，比如成为国内企业在巴拿马的代理商等。侯先生就是如此，他不仅从国内批发商品在巴拿马当地零售，还成为中国某轮胎企业在巴拿马当地销售的总代理，一定程度上控制了轮胎在巴拿马当地的销售权：

现在我还做那个零售的品牌店的，我是中国山东玲珑轮胎

---

① 2018年8月6日，《广东华侨史》访问团对巴拿马移民卓先生的访谈。
② 2015年5月15日，笔者在花都区花山镇花城小学对侨眷黄先生的访谈。

的总代理，上市公司，现在他是在中国最赚钱的一家，还有万力轮胎，是我们广东的，还有三角、赛轮，我们都是他的代理。我就把国内的轮胎拿过来这里，你既做批发，也做零售，因为你一定要能够控制市场，你当批发的话，人家就可以不用你的，可以跟你买，也可以跟其他人买，你自己批发只做终端客的话，零售的话就有一个售后服务，好像卖车的有个4s店，我们有很多4s店，就是品牌店。如果我孩子回来的话我就多开一个品牌店给他负责，不回来的话，就找当地人负责嘛，都是一样的，因为是系统管理，你好像麦当劳那些都是加盟的，我们都是用加盟的。我们现在自己的有5、6家，加盟的有几十家店。①

巴拿马新移民的这种跨国经济模式实际上是中巴跨国经济的重要组成部分。他们很多利用与中国的密切关系，通过绕过正式的外贸渠道因而获得了相对价格优势，以此拓展自己在巴拿马当地的市场：

> 这个外贸的货物，一开始我们都是从浙江、山东进货，广东佛山也有。我们一开始是做那个编织袋，还有一些建筑材料，还有轮胎。那时候我们就等于是批发商，把中国的产品拿过来，批发给人家，在当地分销。那时候生意还不错，但是主要是中国的那些工厂，生产比较紧张，有时候拿不到货。还有就是刚开始资金也有问题，因为刚做生意，银行不愿意给你贷款，就是这样一步一步来的。肯定啊，不是人家那些有个平台，有人家后面做靠山，要多少给多少，都是慢慢一步一个脚印来的。那时候批发的有华人的商店，也有西人的商店。但是巴拿马是小市场，就几百万人口，所以生意的规模不会很大，

---

① 2018年8月15日，《广东华侨史》访问团对巴拿马移民侯先生的访谈。

在中国来说这个不算大，反正在我们的心目中就算丰衣足食，大家就是不会饿肚子。我们没有通过那个科隆的自贸区，我们是从国内直接到巴拿马码头清关，清关到巴拿马城，就批发出去，你通过自贸区的话，费用高，而且货柜一进自贸区，如果你是（直接）对巴拿马市场的话，根本就没有这个优势，你从自贸区出来还要清关，那你等于多了一重手续，赚不来钱。那时候进货的话，刚开始很少的，刚开始一个月一个柜，有时候两个月一个柜，都有，因为国内都生产不了。现在不一样，现在国内的工厂多了，很多就是基本上你需要什么就有什么的呢，现在走量还可以。但巴拿马最近这几年的经济也差了点，经济比较紧张，整个市场，因为就是政府现在投资没那么厉害，就对上一个来说就差很多，上一个投资大，这一个不敢投，所以生意就有一个波动。①

华人的这种跨国经济也对当地的自贸区造成了一定挑战：

现在这个自贸区设立以后，华侨是得益了，如果他懂得营商、懂得管理的，在自贸区里面是真的找到钱的。因为自贸区里面有些关税是不用给的，比我们在外面随时给政府查关税是自由得多。不过现在自由区不行了，可能和我们中国崛起有很大的关系，因为自贸区很多货源都是在中国大陆来的，自贸区里面很多客都是在中南美洲的，比如海地、委内瑞拉、哥伦比亚等，那边的客来的，但是现在很多人懂得回中国买，有些像我们这样做小的，会几个人合在一起买，就可以自己去办货了，这样相对来说成本会低很多，不用给人赚钱了。②

---

① 2018年8月15日，《广东华侨史》访问团对巴拿马移民侯先生的访谈。
② 2018年8月17日，《广东华侨史》访问团对巴拿马移民郑女士的访谈。

正是成百上千的新移民的跨国经济活动，不仅有力地促进了巴拿马当地华人族裔经济的发展，也很大程度上构成了中国和巴拿马的跨国经济网络的重要组成部分，在发展中国家的对外经济以及巴拿马当地的主流经济体系中发挥着重要角色。

新移民的另一些跨国经济模式则更具有祖籍地取向。比如有一些花都人回来投资工厂：

> 现在的话一年也会回中国两三次，因为我们在中国也有一点投资的，跟一些工厂合资啊，加点股什么的，两边都有点投资，要经常回去看一下市场，有时我们都是清明那时回去啊，广交会啊，就两个广交会，4月份一个，10月份一个。现在回去也方便，有直航。①

随着广州城市空间的扩张，花都的当地房产租赁行业也随之实现了快速发展。不少花都移民将赚到的钱大笔汇回中国，主要用于自建楼、购买商品房和铺面，以此巩固家庭财富与获取经济收入。卓先生将在巴拿马赚到的钱购买房产铺面，现在依旧靠不菲的铺面租金收入保持财产的稳定增长。

> 在1985年、1988年的时候，我们都回到中国，买了一些房子，店铺也买了一个，所以现在国内也会有一些房产收租。1985年号召我们华侨花钱回去投资，就花4万块美金买了可以住的公建楼，就是现在估计这块要几十万不止了。当时就是先集资，楼还没有盖好。88年盖好就开始出租了，那个时候是租金方面不是很贵，因为我们都是给我们老表的表弟做，他自己开。妈妈说其他弟弟的儿子相互帮助一下，资金方面都是需要很小的。也是很稳定的收入了，基本上一年可以有20万，

---

① 2018年8月15日，《广东华侨史》访问团对巴拿马移民侯先生的访谈。

一个铺位基本上够用了。反正他一直在那个地方。当时的投入是比较少的,而且现在租金可能也会逐年的递增,所以我们很满足(当时是4万美金,现在翻了很多番)①。

海外花都人的跨国经营模式也进一步使得在国内的花都人无需移民就已经卷入跨国主义的活动中来。花都人黄先生目前就从事"海购经理"一职,专门负责在家乡的批发采购,然后通过在海外的家人将家庭日用品批发到巴拿马的市场,从中赚取差价:

> 以前卖那些东西都是通过美国,它等于中间有笔钱去美国那些属于经销商什么之类的,那些贸易公司赚的钱啊。哦,就被他们中间赚了一成。嗯,现在基本上他们直接从中国引进了,不用经美国了。现在就我自己来跑货,做这个海购经理啊。我的任务就是了解各种批发市场啊什么这些行情啊,然后打货过去。基本上是通过我代理,我这里是巴拿马同乡会的联络点。②

广州作为中国华南地区的经济中心,是新移民的这些跨国经济活动的重要节点与枢纽。但如上所述,新移民的跨国经济活动不只局限于广州,而是遍布中国其他沿海城市乃至中国内地:

> 现在就是批发为主,那个材料,铝合金门,不锈钢门那些都是中国浙江运过来的,现在还卖水泥,水泥不用中国进口,巴拿马有水泥厂。瓷砖就是就用佛山的瓷砖,那个水龙头,那个洗手盆,那个小五金大部分是广东运过来的,现在也在准备开一家建材的分店,现在另一间正在装修,刚盖好。但是我没

---

① 2018年8月6日,《广东华侨史》访问团对巴拿马移民卓先生的访谈。
② 2015年5月15日,笔者在花都区花山镇花城小学对侨眷黄先生的访谈。

有开到南美洲其他的国家去。建材是最主要的生意，原来那个超市就已经卖给人家，收租了，每个月收4500，因为它用了三个铺位。①

周敏将族裔企业看作是跨国的。她认为跨国活动能够促进个体与社区的发展。通过使用跨越国家边界的社会网络以及运用双文化或双语言的优势也许会让移民克服在主流社会中所面临的结构上的劣势（Zhou，2004）。跨境联系让族裔社区充满了可资用于提升社会地位以及促进社会融入的宝贵的社会资本。这些社会资本能够帮助族裔社区超越阶级以及空间界限上的限制，并帮助移民第二代的向上流动。周敏的研究主要聚焦于北美的华人族裔经济。北美的经济体系较为完善与发达，华人的族裔经济更多是作为当地主流经济的补充。而华人的跨国经济部分具有很强的生产—消费区隔的特征，比如太空人家庭或者是小留学生家庭，以"赚钱在中国，消费在北美"为主要特征。如果对比花都籍巴拿马移民来看，他们所发展出来的族裔经济在巴拿马不成熟的经济体系中所扮演的角色更加举足轻重。而且他们的族裔经济以零售业为主，不仅很大程度上必然带有跨国性质，而且其所表现出来的多样性与多层次性，也与北美的华人族裔经济存在着一定差异。

（三）回馈桑梓：跨国慈善网络

虽然花都人大规模前往巴拿马是在20世纪70年代中期以后，但花都不能完全算作新侨乡。事实上，从19世纪中叶开始，花都人就一直不断地迁移海外（包括前往巴拿马）。因此，慈善捐赠作为传统侨乡的主要特征之一，在花都也表现得很突出。

一直以来，花都的海外华侨华人热心公益慈善活动，造福桑梓，为花都的经济和社会发展做出了巨大的贡献。花都华侨华人捐赠家乡的历史悠久。早在1980年华侨就捐办了"广惠善堂"，免

---

① 2018年8月17日，《广东华侨史》访问团对巴拿马移民麦先生的访谈。

费为群众诊病（张彬，2013）。改革开放后，海外乡亲陆续回乡探亲，同时带来了花都的第一批华侨捐赠。捐赠内容除了汽车、桌椅等实物，还有为修建村路和装修村委办公室捐赠的现金。此后，花都侨乡的捐赠活动多由来自巴拿马的华侨华人承担，以个人参与、集体为主的模式，即集资修路和建学校。尤其是近年来，越来越多的广州花都籍巴拿马华侨华人在移居地建立起新家庭、新社区的同时，仍然与广州保持着频繁而有序的金融、产业、贸易、文化、政治等跨国实践活动，其中在社会文化馈赠方面，据不完全统计，改革开放以来，花都华侨华人捐赠公益事业的金额超过5亿元人民币，其中有不少来自巴拿马华侨华人的捐赠。

其中，公共教育与乡村基础设施是华侨华人捐赠的重点领域。以花都重点侨乡——花山镇儒林村为例，2003年村十八队建设公路共筹到华侨捐款7718美元，2004年村十二队建路共筹得华侨捐款13200美元。而村小学也是由海外华侨华人捐资兴建的。新中国成立前，儒林村小学由巴拿马华侨朱耀廷牵头建校办学，华侨和村民成立董事会，以拍卖古庙、公田，华侨募捐等方式集资建校。改革开放后，村委联系海外华侨，华侨募捐金额加上村民每人出资50元共集资148000元，花都市教育局出资15万元，花山镇政府出资5万元，儒林村砖厂出资3960元，共筹集人民币270余万，重建儒林村小学（张彬，2013）。这种社会文化馈赠的流动也使得太平洋的东西两岸、花都与巴拿马的跨国社会经济网络被不断激活，侨乡与海外的跨国社会基础进一步加强。

社会学家贝克尔指出，慈善作为一种自我保险形式可以成为市场保险和政府的资源转移的替代（加里·S.贝克尔，1995[1976]：321-322）。在花都，来自海外华侨华人的公益慈善早在新中国成立前和20世纪80年代发挥着极大的作用。当时由于地方政府财政不足，海外华侨华人（其中有相当一部分来自巴拿马）对于家乡的捐赠或者说乡村社区福利实践一定程度上弥补了地方政府缺位所导致的村落公共物品与福利的缺失，客观上促进了老有所养、发展教育等集体性社会目标的实现。一直到今日,海外华侨华人的公益传统仍在一定程度上补充了政府以及民间的公共服务供给的不足,发展成为社会资源供给的一种特殊模式。由此形成的跨国慈善网络在促进海外华侨华人与家乡的进一步联系方面发挥着重要作用。

此外,侨乡民间社会在这种跨国慈善网络中也扮演着重要角色。华侨华人因为身在海外,真正具体操作联系各项事宜主要依赖村里的村民,在村中有声望有能力或是侨眷往往被推为联络人。这些地方精英在公共事务和社区生活中具有很大的影响力,为民间以及海外华侨华人所信任。有时为顺利发动村民集资,华侨华人的亲属一般会带头捐钱或捐出较其他村民更多的金额。

除了侨乡民间社会主动地与海外进行跨国联系外,地方政府在配合这种社会服务模式中起到了非常重要的作用。地方政府为了达到吸引外资、发展本地经济的目的,镇政府及相关的侨办、侨联乃至上一级的区、市政府频繁利用官方的话语与资源,为回乡进行跨国实践的海外乡亲提供了各种名誉资源与"政治待遇"。比如捐赠工程竣工会举行大型仪式,捐赠建筑经常以捐赠者名字来命名,各级政府为海外乡亲提供高规格的接待、授予荣誉称号、颁发奖牌奖状,以及推荐其担任各级政协委员等,以上种种都传达了对为家乡做出贡献的海外乡亲认可与回报,并进一步为侨乡与海外的跨国网络的建立和强化奠定基础。

花都区各级政府历来重视侨捐项目的监管工作,在对侨捐项目的使用、管理、维护等方面设立了比较严格的制度,对华侨港澳同胞的捐款,做到账户独立、专款专用。在具体的侨捐项目的管理中,花都区注意充分发挥受赠单位负责制和政府监管的职能,使侨捐项目得到比较好的维护,成为促进跨国慈善网络形成的积极因素。另外,花都区还努力做好建立侨捐项目监管制度的宣传发动工作,利用《花都新闻》滚动播出有关侨捐项目监管工作和侨胞捐赠事迹的新闻和报道,并利用《花都乡音》《今日花都》等报纸和期刊向海内外广泛介绍侨捐项目及其监管工作情况。花都区的花山镇还对华侨捐款实行财政专户管理，所有侨捐款项都由镇财政所统一收取，并开具专门收据，专款专用；项目开工之前，将项目规划、设计图纸等整个建设方案送捐赠人审阅，咨询听取捐赠人意见；捐赠项目的变更、报废严格要求报镇政府审批。花都区新华街道则建立起了侨捐项目监管机制，街道对所有捐赠人的捐赠，不论捐资多少，都有完整的档案。凡有华侨港澳同胞捐赠项目进来，街道、居委会、村即成立专门的侨捐项目监管领导小组，负责项目建设和账务监管，项目建成后，公开账目，并向捐赠人专门汇报。花都区狮岭镇还加强对侨捐项目的管理，要求受赠单位充分发挥项目社会效益，在本行业达标，目前有多所侨捐学校被评为省一级、市一级、区一级学校。总的来说，花都区政府建立严格的审批程序，规范侨捐项目的变更和报废，建立侨捐项目监管制度权威的过程，很大程度上体现政府行政效率，并切实维护了捐赠人的权益。

当然，必须承认，随着 2000 年花都成为广州城区后，其城市化进程大大加快。花都当地实现了快速的经济增长，侨乡人的经济机会增多，经济收入也有了较大地提升。与此同时，政府的财政逐渐充裕，已经能够一力承担花都的基础设施建设与公共物品供给。因此近年来，巴拿马华侨华人在花都的捐赠实际上呈现下降趋势。这种情况与很多传统侨乡的情形十分类似（黎相宜，2015b）。海外花都人与家乡的互动也越来越表现出非经济的成分，其"乡土情结"越来越转向跨国政治与民间文化交流领域。

二 跨国政治网络与爱国统一战线工作

花都新移民除了发展出跨境消费、跨国经济模式以及进行无偿性馈赠外，巴拿马籍新移民一个很突出的表现在于其跨国政治活动上。这在广东华侨华人中是较为特别的。事实上，广东华侨华人由于移民海外历史悠久，分为"老华侨"与"新移民"，其在政治立场上有所分野，一定程度上影响了广东华侨华人在跨国政治支持上的表现,其政治性一直相比其他华人移民群体(如福州移民)相形见绌(参见黎相宜,2014 & 2015c & 2018)。但与其他地区的华侨华人不同的是,巴拿马新移民在积极给予祖籍国以海外政治支持和参与上表现得尤为出色。这些新移民是中国政府建立与发展爱国统一战线的重要力量,在促进中国与所在国关系、协助开展国家公共外交、增强中国"软实力"上发挥着特殊作用。

(一)海外跨国政治支持

海外华侨华人在跨国场域中表达对中国的民族感情并不少见,这种现象被学者称之为"跨国民族主义"(连培德,2009)。与其他地区的华侨华人相比,花都籍巴拿马华侨华人参与跨国政治实践的热情更为浓厚,其部分原因在于中国与巴拿马长期不正式的外交关系导致从大陆去的新移民的边缘化社会境遇,这进一步使得花都籍巴拿马华侨华人更为渴望促进祖国的和平统一,从而积极地参与到母国的政治活动中来。

比如作为巴拿马八大华侨华人社团之一——有80年历史的花县同乡会不仅在团结旅巴侨胞,促进侨胞融入当地主流社会,解决华侨华人在巴国生存发展的实际问题等上表现积极,而且该社团一向坚持"爱国爱乡"立场,与中国驻巴拿马商业代表处关系良好,长期为中巴建交积极奔走呼吁:

> 原来的工作是负责花县同乡会侨社里的会晤,跟侨社打交道,他们政府部门交涉,为了我们华侨华人的权利,他们的其他方面的,还有搞一些慈善工作……那时候巴拿马……跟我们中国是没有建交的。后来96年的时候就成立了商业代办处商务处,本来说是两年内建交,后来就不了了之,20年之后才建交。我们每天在聊我们怎么……要求巴拿马政府承认我们中华人民共和国。①

---

① 2018年8月15日,《广东华侨史》访问团对巴拿马移民邱先生的访谈。

新社团相比老侨团的表现更为积极。2001 年成立的新侨团——巴拿马华侨华人中国和平统一促进会（简称"促统会"）自成立以来，在团结侨胞、促进祖国的和平与稳定、反对"台独"活动上尤为踊跃，并在加强中国与巴拿马之间的民间文化交流与合作方面发挥积极作用。其中，不少促统会的成员就是来自广州花都区的移民。张女士是巴拿马促统会的会员，说到促统会的日常工作事务，她是这么说的：

> 促统会一般就是促进和平统一咯，当日本人有什么举动时，我们就登报纸发文章谴责一下。我们有华文报纸，一共两家：《拉美快报》和《拉美侨村报》，就是为华侨服务的。中巴建交（笔者注：2017 年，中巴正式建立外交关系，此访谈时间是 2015 年），也是更好保护华侨啊。建交对很多华侨也是有好处，让他们更有尊严，很多华侨回来说希望建交。至少从家乡过去那边很方便。现在从中国飞去美国转机，美国洛杉矶。没建交也没法直飞。建交就搞个大飞机，没建交也没办法。我们花县同乡会始终是挂五星红旗的，跟着祖国大陆。①

正是基于巴拿马华人移民在促进中巴建交以及反独促统上的出色表现，2017 年中巴建交之际，巴拿马花都同乡会永久名誉会长邱先生曾随同巴拿马总统到北京访问：

> 巴拿马中国建交之后，我们巴拿马总统 11 月到北京国事访问。当时我很荣幸陪我们总统到北京见了习主席。还有一个可以跟习主席聊了聊天，我跟习主席聊天，我说太荣幸了。当时，我说我是跟太太一起去的，允许到北京去。现在怎么说，

---

① 2015 年 6 月 4 日，在花都区曙光路粤食粤靓酒店对花都籍巴拿马移民、巴拿马花县同乡会妇女主任张女士的访谈。

我年纪不老，但资格太老了。当时我们总统，就亲自介绍某某人，当时习主席他很亲切，跟我握手聊天，聊了30秒，这30秒不简单。去年10月份，当时怎么说他们总统，他们要挑选能够有一个有影响力的，还有代表性的华裔华侨华人都可以。担任内阁里一个位置，把我带到北京去了，我说好，可以。①

新移民的这种海外跨国政治支持实践很大程度上得到了中国各级侨务部门的积极配合，并被后者有意将其整合为亲华的海外力量之一。② 在祖籍国的配合与支持下，新移民进一步加强了与祖籍国以及祖籍地的跨国政治联系。

（二）保持跨国政治联系

如果说跨国政治支持行为是个别侨领在某个阶段的突出行为的话，那么巴拿马华人移民及其社团与祖籍国长期保持紧密的政治联系则更具有普遍性。这些政治联系往往包括各种迎来送往的接待、软性意见传达、集中培训学习以及跨文化交流等形式。比如在巴拿马当地积极举办大型庆祝中华人民共和国国庆的活动，负责接待来自祖籍国国家、省、市各级领导人。

> 花县同乡会，我记得是1995年参加工作，后来就因为中华总会本来是"中华民国大使馆"，是他们支持的，他每一次中华总会开会，他们都会派侨务委员到会的。后来就因为我们祖国有的时候派这个团到来巴拿马的时候，就没有一个组织接待，后来就花县同乡会，那时候同乡会比较进步的侨团，就接待，可是同乡会怎么说都是地方会馆的，也是花县的。他们觉得说如果全球的会馆可以出面那好一些，就组建了工商总会，

---

① 2018年8月15日，《广东华侨史》访问团对巴拿马移民邱先生的访谈。
② 很多华侨华人对于中国的政治支持是自发和主动的。在这个过程中，中国的涉外部门（包括领馆、外办和侨办）确实起到了配合、支持和整合的作用。

巴拿马华人工商总会。①

从邱先生的表述，我们也可以看出，巴拿马华人工商总会的建立实际上与祖籍国有着密切关系：

> 每个会馆分出来都有它的意义的，好像那个工商总会啊，当时是那个钟振邦，我们花都人，当时他做中华总会的会长。之后，在那个换届选举，他就落选了……他也有打算另外成立一个社团，后来就由那个中国驻巴拿马办事处支持，成立一个工商会嘛，当时办事处主要是，国内也有一些代表团来，但是（办事处）就不愿意接待那个，这个就是（交给）工商总会，这是一个比较重要的新的团体了。②

而且社团尤其是新社团领导人的换届实际上受到祖籍国的影响。新当选的社团领导人往往需要中国驻巴拿马领事馆（没建交前为办事处）的默许与首肯。祖籍国此时所发挥的是一种"软性意见传达"的作用：

> 另一个就是黄会长那个华商总会了，影响比较大的就两个会，一个就是工商总会，一个就是华商总会。华商总会的成立时间，是在2012年，那个时候也是刚好黄会长刚好做中华总会会长，他也是换届落选的，主要也是针对我们同乡会把他强拉下来。这里面主要是，我们花县同乡会觉得他们清远人这么少，我也不管了。因为以前，我主要是黄会长的助手，组织什么活动都是由我去做的嘛，所以当时我担任做中华总会的时候，我不答应的，选举了我也是跑回中国去的。我都没在这里

---

① 2018年8月15日，《广东华侨史》访问团对巴拿马移民邱先生的访谈。
② 2018年8月17日，《广东华侨史》访问团对巴拿马移民麦先生的访谈。

第二章 乡土情结与道义责任:广州移民的侨乡型跨国主义

> 选举,他们选举后通知我,我也不回来,是黄会长叫我回来交班的,我才回来的。因为当时那个中国驻巴拿马办事处也只认为只有黄会长可以做中华总会会长,他做得好,但是我那个就是,那时候黄会长,他问谁可以去接他,同乡会没有人,就叫我去了,但是我在办事处也是比较被认同嘛,因为当时我是他的助手,黄会长做会长的时候他叫我做主任,我是西部的中华公所的主席。这个公所就是西部地区的,过了美洲桥那边,是另一个地方,就是在西部,西部地区,中华公所,这个不是科隆那个,科隆那个是科隆中华公所。我当时就是这个西部中华公所的主席,那当时换届的情况,就是说我不在这里选,人家把我选上去了。①

同时,他们也积极参与到祖籍国为海外侨领举办的各种研修班中来,也积极应邀回祖国参加各种庆祝活动。祖籍国举办各种研修班以及邀请海外侨领回国参与庆祝活动,这既是国家对海外侨领贡献(主要是对祖籍国的恭喜)的政治肯定,也是一种积极保持与海外侨领联系的重要方式。而参与这些研修班的移民们一方面将能被邀请视为荣誉,另一方面他们也通过回国学习的机会,了解祖国家乡情况,为自己的跨国经济活动以及后续的跨国政治支持做奠定社会资本与社会网络的基础。

> 我回国经常参加活动,都是上北京多,我在2004年参加国务院侨办研习课,我受教育的,在北京受教育两个星期……我也参加了反法西斯胜利70周年阅兵,就是我也在天安门城里,现在我也参加两次阅兵,国庆60周年,也有阅兵。还有就是很荣幸,我也参加2008年北京奥运会,我很荣幸,我是

---

① 2018年8月17日,《广东华侨史》访问团对巴拿马移民麦先生的访谈。

北京邀请的巴拿马两位侨领之一。①

何女士也提到自己是在参加了省侨办的研习班后，才正式加入侨社的。可见，巴拿马的侨团尤其是新侨团与祖籍国有着紧密的联系。回国参加研修班实际上是祖籍国与巴拿马华人社会物色社团侨领的一个重要渠道：

> 2013年之后我参加了省侨办的研习班，然后我就正式地加入了侨社的工作，然后我曾经当过中华公所主席的助理，再后就当了江门青年联合总会的副会长，现任广东同乡联席联谊会的副会长，也是促统会的理事，也是华新艺术团团长的助理，所以一直都是在协助华商总会开展了很多的活动，就是他们每一年的活动，或者每一个团我们都会去协作他的工作，大概都差不多。②

祖籍国定期组织海外侨领回国研修还为全世界的海外华人提供了一个接触与交流的机会，为其形成作为海外华人的想象提供了实质平台，这实际上也促进了海外华人与祖籍国的跨国政治网络的丰富与发展。比如巴拿马华源会的成立就反映了这一点。巴拿马华源会会长邱先生提到华源会成立的起因是他回国参加研修班认识了新加坡华源会的侨领，因而回巴拿马建立华源会：

> 我们华源会的总会就是在新加坡。这个巴拿马华源会之所以会成立，初时这里就派侨领到北京学习，我们就是在北京行政学校培训了一个礼拜。我们现在还有一个群，就是在群里认识很多朋友，全世界的朋友，我有一个朋友就是经常来往的。

---

① 2018年8月15日，《广东华侨史》访问团对巴拿马移民邱先生的访谈。
② 2018年8月15日，《广东华侨史》访问团对巴拿马移民何女士的访谈。

他是在新加坡，这个华源会，全世界都有的华源会，那时候他说，你也要在巴拿马建一个华源会吗，他指定我，我跟他好朋友嘛，没法推，我就说好吧，慢慢来吧，我要调查一下，看看怎么成立，要什么文件，后来我就跟华源会联系，成立一个巴拿马的华源会，它有一个章程，我们就是按照这个章程，自己也有一个章程，按照这个章程做嘛。我们的章程就是，华源会就是以前，几十年前的华裔，就可以进来我们这个华源会嘛，就是有华人的根源，都可以属于华源会的一分子。就是可以进来一起，为侨胞，为社会服务嘛，后来，我就在去年（2017年）8月份，成立了一个华源会。那个时候还没有建交，就跟一个朋友和那个中国驻巴拿马办事处，跟他商量聊一下，他说你要搞好一点，我说我就按你的办，那时候我就成立一个华源会，当时中国驻巴拿马发展贸易办事处，我就请那个代表参加我们的宣誓。我们的成员，当时我们有59人，不是59应该是57个，有这个巴拿马华裔的，有会讲西文的，不会讲国语的，不会讲中国话的也有，什么都要。后来我就和那个贸易代表办事处建立联系。第一个会长就是我了。在这一年里，我们做的事情，就是我发给你这个，还有就是有时候开会，就是沟通一下，我们很多社团，我也参加，这个巴拿马建交一周年，我就是酬宾主任，这个中国和平统一促进会，我是副会长来的。初时，香港回归20周年，我也是酬宾主任。我们的宗旨也是，第一个宗旨，就是支持祖国统一，我们的这个宗旨，就是紧跟中国和平统一促进会，紧跟中国促统会，配合我们中国驻巴拿马大使的日常工作。①

巴拿马移民不仅与祖籍国保持着密切的、在高政治领域上的联

---

① 2018年8月16日，《广东华侨史》访问团对巴拿马华源会会长、巴拿马移民邱先生的访谈。

系，而且还与广东省、广州市保持着频繁的各类政治联系，比如以民间交流为形式的各种政治联系：

> 我参加社团的时间不是很长的，就是参与一下，我不是很多时间来搞这个。巴拿马的华人社团很多，几十个，我参加的主要就是两个，主要就是王会长那个华商总会，我是副会长。还有个和平统一促进会，理事，就两个。现在还有一个就是民乐团。巴拿马广东民乐团，这是更新的了，就是去年才成立的。这是王会长那个华商总会叫我们成立的，因为广东省侨办送了一批乐器给华商总会，那华商总会就成立了一个民乐团，他叫我当团长，其实也是王会长旗下的嘛。华商总会的话，现在还没有会址，没有一个固定的场所，它以前租过一个地方，后来没有。应该在王会长他的办公室，在樟树，可能搞好了，就在旁边造一个。他买了很大的地方，估计他在那里装修过，我们民乐团的乐器也搬到那里，他已经租过一个地方了。我们华商总会会员有几百个的，监事有几十个。现在有两个商会，一个是华商总会，另外是巴拿马华人工商总会，这两个的成员一般很少交叉的，只有极个别的人才会交叉。工商总会的话，那边的花县的人多，是以花县的人为主体，也有一点点外面的。我们这个华商总会，就是涵盖的范围就广一点，我们这个会也有花县人，就刚才那个会长也是花县人，有很多花县人的。前天早上喝茶不就是花县总会，工商总会请的嘛，那个罗老板，他是会长，在双喜楼啊，他是工商总会会长，那几个都是副会长啊。相对来说，我们这个更新一点，面更大一点，是不是分布的地域更多一点，每个省，就是我们巴拿马内地，洛美，每个市都会有一个副会长。我们华商总会相对而言就是比较全面，广东里面大部分市都有，有江门的，有中山的，也有新会的，肇庆那些地方都有。王会长搞这个会主要他是跟国内的商人和

文艺团体，商人就经常来找商机，接待他嘛，交流嘛。另外王会长他喜欢搞文艺，国内那些明星，那些大腕每年都来几批的，他接下来，他喜欢接待，然后搞表演。他搞这些表演都不是为了赚钱的，他自己出钱搞得，它本身都免费的，因为你搞钱人家不来的。巴拿马华侨就有这个现象，他很有钱，但是你叫他买票就很难，你不用钱他就去。你要搞人气啊，你卖票就基本上象征一下，那是王会长出钱搞的。①

花都籍巴拿马移民与祖籍地的民间交流不仅限于华人与花都区内部。有时，新移民也发挥桥梁作用，在促进广州和巴拿马之间的经济贸易、民间文化交流中扮演重要角色。2015年3月6日，经巴拿马侨胞邱志军先生引荐，巴拿马代表团一行15人拜访广州市侨办，就广州市经贸、垃圾回收处理、节能路灯等方面进行交流座谈。代表团一行以巴拿马中国贸易发展办事处常任代表林锦珍女士为团长，成员包括巴拿马市市长何塞·布兰顿先生（Jose Isabel Blandon Figueroa）、科隆市市长费德里哥·波利卡尼先生（Federico Policani）、安东市市长吉斯琳娜·维达理斯女士（Jisslena Vidales）、巴拿马国家旅游局局长助理玛格达·杜兰女士（Magda Duran）、巴拿马商务部投资和贸易推广署署长马莉赦拉·冈萨雷斯女士（Marisela González）、巴拿马国家旅游局国际展览和推广司奥克塔维奥·阿巴德先生（Octavio Abad）、安东市政府高级顾问温图拉·维加（Ventura Vega）、巴拿马—香港经济贸易发展处主任贺女士、巴拿马科隆自由贸易区华商总会会长冯先生、巴拿马中华总会理监事谭先生等15人。在"巴拿马代表团广州经贸座谈会"上，广州市侨办副主任对代表团一行表示了热烈欢迎，她说广州市有十几万旅巴侨胞，广州市经贸、文化、教育等与巴拿马国有着广泛联系，希望今后加强广州与巴拿马的往来，互通有无，相

---

① 2018年8月17日，《广东华侨史》访谈团对巴拿马移民卓先生的访谈。

互学习。随后，经济科技处处长梁小钢介绍了广州市中小企业创业情况和激励措施；市商务委对外交流处副处长刘青介绍了广州市与巴拿马国经贸概况和未来发展计划；市城管委唐建辉、梁恺同志介绍了广州市垃圾分类处理及回收利用情况；市供电局主管江迪、市路灯管理所黄志坚同志介绍了广州市节能路灯建设和使用情况。这次是巴拿马代表团一行第一次来访广州市，对广州市垃圾回收处理、节能路灯项目非常感兴趣，表示要进行深入交流和探讨；并计划再次回访广州，加强与广州市的沟通与交流。[①]

新移民与祖国家乡的政治联系是贯穿中央政府、省级、市级、区级各个层面的。这些政治联系既是其海外政治支持的产物，反过来也有力地促进了其海外的跨国政治活动，这些联系不仅促成了巴拿马和中国之间的跨国政治网络，还丰富了网络中的各类资本和资源。这种网络的建立甚至还受到其他跨国华人网络甚至是一个想象的"海外离散华人（Chinese Diaspora）网络"的影响，从而不断丰富移民与广州的跨国政治互动的内容与意涵。

（三）祖籍国与侨乡的统战工作

海外华人移民与祖国家乡的跨国政治网络的形成与发展，与祖籍国与侨乡政府的积极支持有着密切关系。中国各级侨办、侨联、统战部等涉侨部门非常注重与海外华侨华人保持日常的联系与多渠道沟通，开展形式多样、内容丰富、旨在加强交流与团结、促进统一的公共外交活动。这主要表现为积极接待回乡海外华侨华人与出国访问时给予嘉奖两种形式：

一方面，各级侨务部门将接待海外华侨华人以及海外侨团作为其日常工作的重要组成部分。2012 年 9 月，巴拿马华人工商总会一行 16 人在会长罗记添先生率领下来穗参观考察。时任市侨办吕志毅主任、冯广俊副主任设宴欢迎他们的到来。考察团游览了广州

[①] 参见《巴拿马华人工商总会来穗参观考察》，广州市人民政府侨务办公室网站，2012 年 10 月 23 日，http：//www.gzqw.gov.cn/site6/sqqw/10/57174.shtml。

第二章　乡土情结与道义责任:广州移民的侨乡型跨国主义　　139

的名胜古迹，参观了花都区狮岭皮具城，与当地制品企业进行了交流。吕志毅主任在欢迎宴会上，对巴拿马乡亲的到来表示热烈的欢迎。他高度赞扬巴拿马华人工商总会成立13年以来，坚持爱国爱乡、反独促统，在加强促进与祖籍国的工商贸易往来以及弘扬中华文化等方面做了大量的工作，在支持家乡的各项建设方面成效显著。吕志毅主任希望巴拿马华人工商总会继续发挥积极的作用，为促进中巴两国的经贸往来，增进两国人民之间的友谊做出贡献。①2013年5月，花都区侨务和外事办接待了巴拿马侨领访华团。访华团在团长中美洲暨巴拿马六国中华华侨总会联合总会名誉会长章辞修先生、副团长巴拿马花县同乡会主席萧桂光先生的带领下到花都区考察，进行友好交流。时任花都区政协副主席王伯荣、区政府办公室副主任张健、区侨务和外事办主任石泽琼等领导热情接待了访华团。5月19日上午在区侨务和外事办主任石泽琼、副主任王丽燕的陪同下，访华团参观了花都区珠宝城。中午，区政府在紫薇苑设宴欢迎访华团。在会上，区政协副主席王伯荣代表区委区政府对访华团的到来表示热烈欢迎，并通报了花都区社会经济发展情况。巴拿马访华团团长章辞修先生对花都区的盛情款待表示了谢意。会后双方赠送了礼品并合影留念。此次的访华团成员在巴拿马当地具有较高威望和影响力，团长章辞修先生，曾任总统顾问和巴拿马运河董事会董事。②2014年9月22日—25日，市侨办吕志毅主任、冯广俊副主任设宴欢迎巴拿马华人工商总会一行16人。考察团游览了广州的名胜古迹，参观了花都区狮岭皮具城，与当地制品企业进行了交流。吕志毅主任在欢迎宴会上，对巴拿马乡亲的到来表示热烈欢迎。他高度赞扬巴拿马华人工商总会成立13年以来，

---

① 参见《巴拿马华人工商总会来穗参观考察》，广州市人民政府侨务办公室网站，2012年10月23日，http：//www.gzqw.gov.cn/site6/zfxxgk/qwdt/xwzx/10/56726.shtml。
② 参见《区侨务和外事办接待巴拿马侨领访华团》，广州市人民政府侨务办公室网站，2013年5月22日，http：//www.gzqw.gov.cn/site6/zfxxgk/qwdt/qxdt/hdq/05/60646.shtml。

坚持爱国爱乡、反独促统，在加强促进与祖籍国的工商贸易往来以及弘扬中华文化等方面做了大量工作，在支持家乡的各项建设方面成效显著。吕志毅主任希望巴拿马华人工商总会继续发挥积极的作用，为促进中巴两国的经贸往来，增进两国人民之间的友谊做出贡献。① 在同年10月，第116届广交会开幕期间，广州市侨办主任吕志毅、副主任冯广俊、莫景洪等会见了来自美国、加拿大、巴拿马、巴西、智利、巴拉圭等多地的多个华侨华人社团及领袖，积极搭建跨国平台，开展友好合作交流，拓宽公共外交渠道。吕志毅代表市侨办、市海外交流协会向来宾表示欢迎，他高度赞扬海外侨团在促进华社和谐团结、推动友好交流等方面所做出的努力。冯广俊则向来宾介绍了市侨办、海交会主要工作情况及广州社会经济发展概况，并与多位市海交会海外理事就年底将召开的2014年年会交换了意见。莫景洪就海外华裔青少年"中国寻根之旅"冬夏令营工作、中华文化海外传承与交流等方面与来宾深入交流。而海外侨领对广州市侨办、市海外交流协会积极拓展并搭建海外多渠道交流平台表示赞赏。其中，旅巴拿马花县同乡会会长罗记添感谢广州市侨办、市海交会近年来对巴拿马乡亲回国投资定居等方面给予的关心、帮助和支持。此处，部分海外侨领、侨商还对"一带一路"建设表示浓厚的兴趣，希望该倡议能提供更多商机。② 而在同一个月，花都区海外联谊会在广州召开第五届会员大会侨团团长会议。区领导钟国雄、赵龙、王伯荣，以及巴拿马、美国、加拿大、秘鲁、澳大利亚、新西兰、新加坡、马来西亚、泰国等侨团负责人参加了座谈，共同磋商审议花都侨社团联谊会有关事宜。钟国雄在会上发言时指出，花都海外侨亲一直关心家乡的变化发展，在投资、

---

① 参见《巴拿马代表团访问广州市侨办》，广州市人民政府侨务办公室网站，2014年3月12日，http：//www.gzqw.gov.cn/site6/zfxxgk/qwdt/xwzx/03/69240.shtml。

② 《搭建友好合作平台拓宽公共外交渠道》，广州市人民政府侨务办公室网站，2014年10月22日，http：//www.gzqw.gov.cn/site6/zfxxgk/qwdt/xwzx/10/67300.shtml。

捐资家乡建设方面做出了很大贡献,希望借此活动的机会,大家共叙家乡情谊,继续支持家乡建设发展。随后与会人员就侨社团联谊会的运作及章程的完善等问题积极建言献策,座谈气氛热烈融洽。① 第二天,花都区海外联谊会第五届会员大会在区委区政府大礼堂盛大开幕。来自巴拿马、美国、澳大利亚、加拿大、马来西亚、新加坡、秘鲁等10多个国家的海外侨社团的乡亲共聚一堂。②

另一方面,广东省、广州市、花都区领导干部尤其是侨务部门在访问巴拿马时,均会与巴拿马的华侨华人以及留学生群体见面,旨在与海外华侨华人建立一种"拟亲熟人网络关系"。比如2014年8月11日至19日,由时任广州市侨办副主任冯广俊为团长、市科协党组书记冯元等5人组成的访问团对巴拿马、哥斯达黎加、美国进行侨务访问。访问期间在唐人街举办侨务政策咨询座谈会,当地100多名侨胞参加会议。市侨办文宣处刘平伟讲解了华侨回国定居的有关政策。当地华侨华人就华侨回国定居、子女回中国读书、身份认定、华侨在国内财产等相关权益问题与访问团成员进行咨询交流,侨务工作者现场解答侨胞提出的各种问题。侨务访问团先后走访了巴拿马华人工商总会、巴拿马花县同乡会、巴拿马中华总会、中国—巴拿马友谊协会,与他们进行互动交流,增进友谊,商谈合作。访问团还拜访了中国驻巴拿马贸易发展办事处,了解当地侨情,征求对国内侨务工作的意见和建议。访问团多次深入当地唐人街,走访华侨华人企业、华文学校、孔子学院,了解华侨华人的生产生活情况。③

---

① 参见《花都区"巴拿马首届华夏寻根之旅"夏令营开营》,广州市人民政府侨务办公室网站,2006年7月10日,http://www.gzqw.gov.cn/site6/zfxxgk/xxgkdh/xxgkml/gzdt/07/46602.shtml。

② 参见《花都区海外联谊会第五届会员大会隆重召开》,广州市人民政府侨务办公室网站,2014年10月22日,http://www.gzqw.gov.cn/site6/zfxxgk/qwdt/qxdt/hdq/10/67292.shtml。

③ 参见《广州市侨务访问团出访巴、哥、美三国收获颇丰》,广州市人民政府侨务办公室网站,2014年8月22日,http://www.gzqw.gov.cn/site6/zfxxgk/qwdt/xwzx/08/65270.shtml。

如上所述，在华人移民、祖籍国与侨乡多方积极互动因素的影响下，新移民与广州社会所发展出来的跨国政治网络已经不仅局限于广州与巴拿马，而是拓展到全中国乃至全世界的海外华人，成为海外华人与中国跨国互动中的重要组成部分。

三 跨国社会文化网络与民间交流

广州侨乡在与海外华侨华人互动过程中，除了形成跨国慈善网络、跨国政治网络，还与之建立了一种旨在促进民间双向人文交流的社会文化网络。下文主要从民间交流、家庭跨国、文化传承几个方面进行论述。

（一）源远流长：中巴民间交流

张女士17岁就被姐姐申请到巴拿马，在姐姐的超市工作了五年后，张女士找到了同样是花都人的丈夫，两人经营超市、出售数码产品并从事一些跨国贸易活动。2001年开始，张女士利用现有的资金开办了一家中国文化中心，中心主要出售一些中国汉语教材、中国茶叶以及其他中国特色产品：

> 2001年开始，当时我一边有超市的生意，一边做这个文化中心。因为当时学习西班牙语的教材很少，唯一获取通道是中国香港进口，但是那些教材发音不准，所以我就想到从中国大陆进口一些教材，也是服务侨胞。后来又做一些茶叶等别的生意。消费者主要也是中国大陆去巴拿马的，有时也有中国台胞，有时候还有韩国去的人，客户很广的，韩国、日本。有些旅客也到我们文化中心拍照留念，因为我们的文化中心很特别，我们是巴拿马唯一一家中国文化中心，东方色彩在巴拿马很少见。在中心，150平方，摆了很多柜子，书籍、音像。外国人也是对中国文化很感兴趣，买一些文房四宝什么的。中南美洲都会去我们那边买，哥伦比亚、哥斯达黎加、委内瑞拉，

都是常客,还有回头客,买些音像制品。有些老华侨,不方便回中国了,让他们儿女来巴拿马旅游的时候买点回去。①

近年来,国家开始逐步重视海外华侨华人在展开传播中华文化、开展民间外交、宣传中国国情和发展模式所扮演的特殊角色。张女士的个人行为与国家意图不谋而合,因而受到了国家各级侨务部门的重视。国家、省、市以及花都区的各级侨务部门知悉张女士开办的中国文化中心后,还寄送一些书籍以示支持:

> 现在侨社、花都区侨办、侨联、宣传部、统战部都送一些书籍给我。感谢政府支持。像花都区送我的那些书,我自己花了几百块钱装了一个专柜,专门放那些书,免费给侨胞看的。可能9月份花都区的赵常委要去,要开一个剪彩仪式。以前中国驻巴拿马办事处的人员经常问我们需不需要什么东西,不要乱进(货)。国侨办、宣传部也经常问我们有什么需要,也是书籍而已。上次跟国侨办的裘援平交流,就是鼓励我继续做文化交流,比如开华文学校,单纯靠卖商品这些没钱赚的。②

因为张女士在推广中华文化、促进中巴民间交流上所做出的贡献,在2015年还被评为世界华裔杰出青年。2015年5月张女士回国领奖,受到国侨办、花都区政府以及侨务部门的热情接待:

> 5月7号到暨南大学,21号回来花都,27号去云南考察,考察回来以后去北京开会。回来一个月就是参加各种活动,都

---

① 2015年6月4日,在花都区曙光路粤食粤靓酒店对花都籍巴拿马移民、巴拿马花县同乡会妇女主任张女士的访谈。
② 2015年6月4日,在花都区曙光路粤食粤靓酒店对花都籍巴拿马移民、巴拿马花县同乡会妇女主任张女士的访谈。

没有自己的私人空间。这次去北京领奖就跟俞正声和裘援平合了张照,就是关于我们这个华裔杰出青年华夏行,到云南文化考察,红色考察,当时那边不是有中国远征军嘛,其实就是教育课,爱国主义教育课。回来花都以后就是到处应酬,我们跟侨办书记,花都区委书记,统战部等干部吃饭。就侨办他们接待我们,问一些侨情,比如身份证啊,华文学校啊,然后带着我们吃顿饭,照一照相。①

张女士通过跨国活动,从一个不为人所知的海外族裔企业家成为侨乡人所尽知且国家不得不倚重的"著名侨领",这不能不说是一个跨国阶级向上流动的典型个案。尽管她经济实力在移民中堪称雄厚,但这种经济地位在移居地却难以得到完全表达。张女士凭借着自己的相对经济优势以及"侨领"的特殊身份,频频参与祖籍地的跨国活动。作为一个移民,她游刃于祖籍地与移居地之间,并很好地实现了"荣归故里""光宗耀祖"的心愿,成功地在侨乡地方社会以及海外族裔聚居区内提高了自己的社会声望,实现了季节性的社会地位表达。

(二)"一家两国":跨国家庭模式

布莱斯森等人将"跨国家庭"定义为家庭成员虽然在某段或者是大多数时间里互相分离,但却能跨越国家疆界维系在一起,并保持一种共同享有的福利和团结的家庭(Bryceson et al., 2007)。已有研究主要侧重父母辈对留守子女成长的影响,考察的是留守儿童成长过程中所出现的教育和心理问题,如留守家庭子女的偏差行为(人格发展障碍和认知偏差等)甚至是反社会行为(小孩无心上学、打架斗殴等)。有的研究则关注父亲和母亲对留守儿童的不

---

① 2015年6月4日,在花都区曙光路粤食粤靓酒店对花都籍巴拿马移民、巴拿马花县同乡会妇女主任张女士的访谈。

同影响，认为父亲会侧重于自己在经济上的成功并努力保持着对孩子的权威，母亲则侧重于提高与孩子的亲密（Parreñas，2001）。还有的研究强调移民对家庭子女的积极影响，认为移民汇款提高了孩子的受教育机会，锻炼了留守儿童的能动性和独立性（Asis，2006；Lam & Yeoh，2019）。除了关注侨乡留守子女外，还有一些研究聚焦在国际移民引发的"留守妇女"现象上，如沈惠芬运用档案、民国报刊、口述历史访谈、留守妻子传记及其他相关资料和研究成果，以20世纪30—50年代福建泉州华侨婚姻为例，分析了华侨家庭留守妇女婚姻的缔结、维持、离婚、重婚以及婚外情等婚姻状况，探讨了国际移民对留守妇女婚姻生活的影响和华侨婚姻中的两性关系（沈惠芬，2011）。

但在全球化与跨国主义的背景下，跨国家庭模式的形成与维持为解决上述问题提供了可能。在花都，有大量的巴拿马新移民源源不断地把子女送回家乡接受教育。这些回来接受教育的绝大多数儿童是在国外出生，然后由其父母送回来留学读书的，与我们国内农村的留守儿童是两个概念，因此将其称之为"洋留学儿童"。虽因出生地不同区分为"洋留守儿童"（王晓、童莹，2019）和"洋留学儿童"，但因其两类都是留在或返回侨乡所在地接受教育，所以他们及其父母的家庭策略和跨国主义模式有很大的相似之处。

受到其移民前往输出地特征的影响，花都区是广州市华侨华人子女回国读书及寄养最为集中的地区。据2014年10月统计，在花都区普通中小学就读的境外学生有852人，其中小学710人、初中107人、高中35人。巴拿马籍学生最多，达280人，来自中国香港地区337人、中国台湾地区73人、厄瓜多尔籍19人、美国籍15人。[①] 华侨子女中在国内读到小学六年级的有800多人，读到初高

---

① 根据2015年5月21日，《关于在花都居住的境外学生华文教育情况汇报》，花都区教育局提供，内部资料，笔者随省侨办到花都区调研获得。

中的有 139 人。① 其中，巴拿马籍学生最多，达 362 人，他们成年后将返回巴拿马工作和生活。② 这个数字仅指在境外出生的华侨华人子女，不包括父母为华侨但出生在国内的学生。其中，以来自巴拿马籍的留守儿童为多。这些巴拿马籍的学生在花都读书的时间短约 3 个月，长则 3—4 年甚至更长。据花都区教育部门的统计，2011 年在花都区各类学校读书的外籍华人以及港台同胞子女总数为 700 人，来自 32 个国家和地区，分布在 59 所中小学校中就读③。在花都读书的华人学生年龄参差不齐，有一两岁，有十几岁，有的一开始是进幼儿园，有的一开始是进小学，但大部分集中在小学阶段，初中高中阶段在读的学生非常少。巴拿马籍的学生 9 成以上小学未毕业就返回巴拿马，主要原因是他们同时必须学习西班牙语，为将来融入当地社会打基础（张彬，2013）。

我们的访谈对象有不少就提到送孩子回去读书：

> 后来 2009 年我把超市卖了，卖了之后就带儿子回广州读书，因为当儿子两岁的时候我就已经把他带回来广州给我哥哥嫂嫂照顾了，然后 7 岁带他回来读书，后来就一直比较麻烦。我的儿子回广州读书 5 年，学会了一口广州话。④

莫先生也是先后将一子一女送回家乡读书：

---

① 根据 2015 年 5 月 21 日，笔者随省侨办到花都区调研，花都区教育局提供的数据。
② 《广州市花都区巴拿马华人学生情况调研》，中国新闻网，2013 年 11 月 7 日，http://www.chinanews.com/zgqj/2013/11-07/5475416.shtml；《广州市华文教育工作获中央领导肯定》，广州市人民政府侨务办公室网站，2014 年 8 月 22 日，http://www.gzqw.gov.cn/site6/zfxxgk/qwdt/xwzx/08/65270.shtml；《花都区花山镇儒林小学荣获"广东省中华文化传承基地"的称号》，广州市人民政府侨务办公室网站，2014 年 10 月 22 日，http://www.gzqw.gov.cn/site6/zfxxgk/qwdt/xwzx/08/65270.shtm
③ 《国力为侨办华教　涵养资源促发展——广州市花都区巴拿马华人学生情况调研》，《侨务工作研究》2013 年第 1 期，http://qwgzyj.gqb.gov.cn/hwjy/170/2174.shtml。
④ 2018 年 8 月 13 日，《广东华侨史》访问团对巴拿马移民梁先生的访谈。

家里有两个小孩,一个男孩23岁,一个女孩25岁。还没结婚。现在都在加拿大。在这里读了半年书,不喜欢这里的生活,回去中国读了十年书。女儿现在在加拿大毕业了,做城市规划。儿子没毕业。因为这里的读书水平不行,自己也没时间去督促他学习,天天工作,儿子在巴拿马读书,自己没时间照料他,不如送他回去大陆读书,就送回大陆了。在广州读了四年,在江门读了六年。老婆的父亲看着他们。后来就跟他妈妈去加拿大了。他们在广州执信中学读的高中,不是厉害不厉害的问题,他们自己有的读书的机会,如果读书读不好,去到哪里都没有用。女儿已经工作了,在深圳做城市规划。随她自己喜欢嘛,她喜欢在加拿大工作就在加拿大,她喜欢回大陆工作就回大陆。她会说普通话,会写英文,样样都行。她在巴拿马出生,拿的巴拿马国籍,读书期间回过巴拿马两次。她说这里学校的老师水平不行,说要她写一到一百,写到一个本子那么多,说这里的老师都不懂得教学。其他唐人子女要不就在这里(笔者注:指巴拿马)读书,但是大多数人还是回去大陆读书。①

巴拿马新移民把小孩子送回家乡读书,原因是多方面的:一是巴拿马新移民与祖籍地加强文化与经济联系的迫切愿望。由于本区华裔子女大部分出生于巴拿马,从小在巴拿马生活,接触的人大多数都讲西班牙语。所谓入乡随俗,他们渐渐被当地人同化,能与当地人说流利的西班牙语,却不会说汉语,甚至无法用汉语与自己的父母沟通。巴拿马只有三家周末补习班性质的中文学校,华侨子女缺少接受正规华文教育的条件。华侨子女接触中国文化多来自家庭教育,但巴拿马新移民出国前所接受的教育多局限在初中阶段,本身有限的中文能力在家庭教育上显得捉襟见肘。因此,新移民对子

---

① 2018年8月15日,《广东华侨史》访问团对巴拿马移民莫先生的访谈。

女的教育普遍感到忧虑，对送小孩回国读书有强烈的愿望。新移民送子女回国读书，反映出他们对中国的政治认同和文化认同的坚持。在中国文化与西方教育两者的选择上，华侨华人更倾向于自己的子女向他们生于斯长于斯的传统文化靠拢。当然，新移民对于华人文化认同的坚持里也有经济考量："我一共有四个孩子，就是回国读书，那时候我都想到，中国明天会更好的，我是这样想的……我都全部送回去广州，在广州读。我说现在的中国不是以前的中国，现在中国每天就在发展，一日千里，爸爸十几年前都送你们回去读书……我是十几年前也看见今天的中国发展。"① 此外，这种经济考量也隐含了新移民希望子女借此获得跨文化的能力，以便在日后通过跨国主义获得更多经济机会。二是巴拿马新移民急需降低在巴拿马的生活成本。巴拿马新移民大多数是经营小店，夫妻两人整天忙碌，顾不上照管自己的小孩，而小孩在10岁之前最需要花费时间和精力照顾，为减轻负担，他们将小孩送回国给亲人代养一段时间："我们巴拿马华侨送孩子一般都是，有很多都是送暨南大学啊，什么他家乡读书都有。两种都有，一种是送给爷爷奶奶保管。"② 一来解决子女中文教育的困扰，二来减轻照顾子女负担集中精力做生意。三是巴拿马新移民本身就在广州工作，让子女随其在广州读书生活。有少部分华裔子女，由于父母在本区工作，随父母一起生活，因而在本区就读。或者有些是被父母或祖父母季节性送回乡熟悉家乡语言、人情世故："放假的时候就带他们回去中国，送到那个花都中心办的那个学校去。我经常带他们回去中国，所以他们的普通话都还好。"③ 除了第三种，前两种均算是"洋留守儿童"。

与福州的洋留守儿童不同的是，花都籍巴拿马移民的孩子从幼

---

① 2018年8月16日，《广东华侨史》访问团对巴拿马华源会会长、巴拿马移民邱先生的访谈。
② 2018年8月17日，《广东华侨史》访问团对巴拿马移民卓先生的访谈。
③ 2018年8月17日，《广东华侨史》访问团对巴拿马移民麦先生的访谈。

儿园一直到大学都有留在中国读书的。不少花都移民还阶段性地送孩子回中国读小学、中学和大学：

> 我一共有四个孩子，就是回国读书，那时候我都想到，中国明天会更好的，我是这样想的。有的读到小学毕业就回去，有大有小的嘛，有的读到四年级，有的读到三年级，我都全部送回去广州，在广州读，读了以后，大的在暨南大学。我也经常带他们回去中国，不知道什么时候回过去，他就在那里住了十年八年，他什么都知道，了解到。以前我赶回去他们不愿意的，在学校留宿的，走的时候，抱住他妈妈哭啊，不愿意我们走，他不喜欢在那里读书。后来我就和我的老婆说，你不要心疼啊，你要你的儿子以后有前途的话，就一定要放在这里。那时候是我爸爸妈妈帮我管儿子，一个礼拜去接他回来嘛。每个礼拜都要去广州接他回来，见见爷爷奶奶，每个礼拜都是这样。所以现在对他的爷爷奶奶很有感情的，有病啊，都打电话问候一下，两天就有电话回去的，就这样。①

但这些洋留守儿童由于国籍不同，其在当地读书以及居留仍然存在着一定的问题。这些洋留守儿童首先面临着出入境与居留资格的问题：

> 如果他想居留也不是不可以，虽然比较困难，需要申请，但还是有机会的。所以我们还是希望我们中国政府可以放松点我们华侨、在外国那些出生的华裔的政策，可以支持一下，使他们可以多点回中国见识一下，同时可以多点吸收我们中国的文化，真的需要多发扬一下这个。因为你也知道我们华侨很多都是移民出外国的，但是他们很少有机会回去居留的，而且读

---

① 2015年3月26日，笔者在花都区对巴拿马移民钟先生的访谈。

书也有很多问题。①

而且洋留守儿童还要面临重新适应中国教育环境的问题。据学校反映，这些学生如果能从一年级9月份开学，及时学好拼音，学习成绩基本上都能达到中上水平。但是有些学生由于回国较晚，没有中文基础，出现有些学生近十岁了还读一年级，或插入三四年级班级就读的情况。近十岁的孩子跟六岁的孩子一起读书，他们自己本人会因年龄相差较远而产生人际交往问题；而插入三四年级的学生，由于他们不认识汉字，甚至不能完全听懂汉语，学习会相当吃力，为此，师生双方付出的努力相对都要多一些。② 此外，远距离跨国养育也存在着父母教育缺位、祖孙隔代教育等问题。当然，随着微信、QQ等通信工具的日渐发达，父母在遥远国度也能积极参与到孩子的日常生活中，一定程度上弥补了亲子教育"不到位"的缺失。

这种跨国家庭模式无论是对于移民个体还是对祖籍地、移居地均产生了一定影响。新移民这种一家多国与家庭成员的空间分散是其重要的侨乡型跨国主义模式之一。新移民通过家庭跨国这种方式，可以实现风险分担以及整个家庭与家族的利益最大化。此外，这种"一家两国"模式也是促进新移民的侨乡型跨国主义的有利因素（卢帆，2008）。这些巴拿马籍的洋留守儿童由于其童年的大部分时间在花都度过，熟悉家乡语言，对于家乡有着很深厚的感情，他们在广州学习和生活的经历将增强他们对中华文化的认同感。他们年长一点回到父母身边后，很可能成为传播中华文化、展示中国形象、促进中国与巴拿马关系、巴拿马新华侨华人与花都侨乡关系的新生力量。

---

① 2018年8月13日，《广东华侨史》访问团对巴拿马华人罗先生的访谈。
② 根据2015年5月21日，《关于在花都居住的境外学生华文教育情况汇报》，花都区教育局提供，内部资料，笔者随省侨办到花都区调研获得。

（三）文化传承：开展华文教育

巴拿马华侨华人不少为了传承中华文化，培育华文教育，在巴拿马当地建立华文学校，希望培养第二代华裔的华文素养，进一步提高其华文水平。华文教育的开展主要依赖华人社团与组织。罗先生退休后长期在中国与巴拿马文化中心工作，其中一个重要工作是负责中巴中心下面的华文教育：

> 因为我现在退休了没事情做，有时间大多数是服务侨协的。我在中华会馆也做了很长时间，差不多有30多年了，我现在已经退休了。不过我觉得有这个需要可以继续为大家服务，所以我也在中巴文化中心那里帮忙做点事。中巴文化中心已经有很长的历史了，我还记得去年它庆祝了30周年纪念，可以说今年就是31周年了，我们这个学校办得非常成功。因为我们华侨子弟需要一所中文学校在这里学习中文，但是最主要的就是可以让他们在一个地方读书、生活，大家一起读书可以见面。①

除了中巴文化中心，华人工商总会也开设了华文教育班，鼓励并方便在巴拿马出生的华侨华人子女学习华文，传承与传播中华民族的优秀文化传统。工商总会的侨领邱先生讲到了华文教育班的开设来历：

> 我太惭愧了，我本身我是华人，黄面孔黄皮肤黑眼睛黑头发，我说我的自己的中文都讲不好，能怪谁，没怪谁，没有这个机会。可是我不想我的孩子还有其他我们的孩子中文都不会讲，不会念。外国人，他都在学中文。这些华人孩子干嘛不会中文，主要是这个地方没有这个机会，没有中文学校可以念。

---

① 2018年8月13日，《广东华侨史》访问团对巴拿马华人罗先生的访谈。

中华文化中心,有台湾开的学校,可是念不好。他们用的是台湾那一套没办法学。老师在本地。我在本地请,可是当时我在天津请了一位老师,王爱平老师,我还记得第一任老师。后来一个老师,工作量太大。后来在本地也物色了以前在祖国从事教育的老师,也把他请回来了,就请了好几位老师在那里跟孩子上课了。就那时候工商总会这样来,中文学校也是这样来的。①

这些华文学校的功能除了帮助华裔子弟能够习得中文,传承中华文化外,还发挥着很重要的社团联结以及社会资本再生产功能,甚至还对促进同族裔婚姻提供了便利条件:

多点认识,让他们长大后可以找到我们华人来结婚,这是最好的机会,我的儿媳妇也是中国人。儿媳妇是在这里认识的,这是很少的,但是可以说我们华人在巴拿马,那些华裔大多数都是找华裔结婚。因为我们巴拿马有很多社团都是华裔的社团,华裔社团把他们全部都集中在一起,华裔职业青年、华裔妇女会,在这些会里可以认识相处的都是自己人居多。②

根据罗先生的叙述,新移民一方面希望通过在海外开展华文教育,连带把华裔第二代也拉入跨国场域中来;另一方面,他们也想借华文教育这个平台进一步密切与祖国家乡的联系。

我们的中巴文化中心和那个孙中山学校也是一样的目的,希望可以多点接触我们自己人,当然我们学校不是说完全都是

---

① 2018年8月15日,《广东华侨史》访问团对巴拿马移民邱先生的访谈。
② 2018年8月13日,《广东华侨史》访问团对巴拿马华人罗先生的访谈。

我们中国人，中国人血统，但是我们的要求要最低有60%是中国人的血统，其他的40%可以是西方人，在这里，我们也不是因为歧视，这只是一个文化的交流的学校。我们的目的最主要的是这个，现在在这里已经几十年时间了，我们这些老华侨希望国家可以多来我们这里多认识一下我们这里，多支持一下我们，给我们回去多见识一下。①

这些海外华文教育的开展看起来与祖籍国关联不大，主要是新移民为了培养第二代所建立的教育机制。但事实上，这些海外华文教育基地比如中巴文化中心不仅是接待祖籍国政府官员的重要承接者，而且与祖籍国、祖籍地保持着密切的联系，在促进中巴民间文化交流中扮演着重要角色，是跨国社会文化资本生产与流动的重要空间与场域。

(四) 故乡守候：侨乡的积极配合

与新移民的跨国活动类似，其与家乡的民间交流活动离不开侨乡地方政府与地方社会的支持与配合。侨乡出台了一系列措施，包括合理安置洋留守儿童、建立培育华裔新生代的机制、建立跨国媒体平台等。这些侨乡地方政府与民间社会的一系列措施和行为，积极维系着与移民进行跨国互动的社会纽带。

1. 合理安置洋留守儿童

如上所述，花都有大量的洋留守儿童。为了使这些洋留守儿童能够适应中国生活，并成为促进中巴民间交流的有利因素，广东省、广州市以及花都侨务部门非常重视这些洋留守儿童在广州的日常生活、读书等一系列问题，曾先后到花都了解这些洋留守儿童的情况。2014年12月15日，时任广州市侨办副主任莫景洪、广州市公安局出入境副支队长吴志明到花都区花山镇儒林小学就巴拿马

---

① 2018年8月13日，《广东华侨史》访问团对巴拿马华人罗先生的访谈。

洋留守儿童签证问题进行调研。花都区侨务和外事办石泽琼主任、区公安人口管理大队、儒林小学、新庄小学、花城小学等相关领导同志以及儒林小学洋留守儿童的家长参与调研座谈会。儒林小学卢校长介绍了学校的基本情况，随后留守儿童的家长进行发言。这些家长一般都是洋留守儿童的爷爷奶奶或是外公外婆，年迈体弱，而每到孙儿签证到期时，必须亲自去广州跑几次才能把签证问题办妥，每次来回要用一天的时间，十分耗时和麻烦。他们希望广州市公安局能在花都设一个代办点，解决他们签证麻烦、路程远的问题。① 莫景洪主任则表示会根据此次调研所反映的问题，连同相关部门，出台一系列有针对性的措施。

此外，为了让他们享受在广州花都区接受义务教育的政策便利，广州市、区两级侨务、教育部门简化了在花都就读的巴拿马华侨子女入学手续。② 2015年5月21日，时任广东省侨办副主任林琳、调研宣传处处长朱江、侨政处调研员黄林炎等一行到花都区就归国华侨定居、洋留守儿童华文教育等情况展开调研。广州市侨办副主任唐忆春、花都区委常委李晓东、区侨办主任石泽琼等领导陪同调研。调研组一行人来到花都区华文教育示范基地之一的花城小学，与区教育局、花山镇、花城小学以及就读该校华侨学生的家长代表和部分村干部探讨华侨子女华文教育情况，听取了家长们反映最为强烈的签证问题。听取家长的意见后，林琳表示，寄养签证问题确实困扰家长，这个问题是由政策所导致的，主要还是看以后政策是否能够有所改变。同时，林琳也肯定了花都区在华文教育方面所做的工作，华侨子女就近入学享受国

---

① 参见《广州市侨办、市公安局到花山镇儒林小学进行调研》，广州市人民政府侨务办公室网站，2014年12月18日，http://www.gzqw.gov.cn/site6/zfxxgk/qwdt/qx-dt/hdq/12/67898.shtml。

② 参见《广州市华文教育工作获中央领导肯定》，广州市人民政府侨务办公室网站，2014年8月22日，http://www.gzqw.gov.cn/site6/zfxxgk/qwdt/xwzx/08/65270.shtml。

民待遇,而且做到随到随读。①

2. 建立培育华裔新生代的机制

随着家乡本地经济迅速发展,社会经济机会增多,巴拿马新移民更希望年轻的新生代回来寻根,一方面增进热爱祖国热爱家乡的情感,另一方面寻求跨国生活机遇。与此同时,花都侨乡地方政府也为华文教育的传承与华裔新生代的培育起到了非常关键的作用。花都的各级侨务部门通过动用行政力量,培养海外华侨华人新生代对于中华文化的认同与热爱。为培育侨力新资源,密切与海外华裔新生代的联系,花都区侨办每年7月份都会组织"海外华裔青少年寻根之旅"夏令营。2006年7月9日,花都区"巴拿马首届华夏寻根之旅"夏令营开营仪式在雅宝新城中山大学雅宝附属学校举行。"巴拿马首届华夏寻根之旅"夏令营的营员有20多名,最小的只有10岁,他们大多是首次回到祖国的华裔青少年。在为期10多天的活动期间,他们学习中华文化的有关课程,并到祖籍地花都区寻根问祖、参观游览名胜古迹,然后到北京参加"中国寻根之旅"夏令营活动。② 此次寻根活动中,三十名巴拿马华裔青年在花都区政协和花东镇有关部门领导的陪同下,先后到了联安村、山下村、七星村,详细地向村干部了解情况。其中,有六位花都区花东镇籍的华裔青年在村干部的帮助下找到自己的祖屋以及留在家乡的远亲。③ 自2006年开始,花都区侨办已经成功举办了多届夏令营活动,每届夏令营均有不同的主题。广大华裔青少年通过系列夏令营活动,进一步认识和了解家乡,也为其日后的跨国主义奠定

---

① 参见2015年6月1日,《林琳调研我区归国华侨定居和洋留守儿童教育情况》,广东侨网,http://www.qb.gd.gov.cn/dfqw2010/gz/201506/t20150601_654687.htm。

② 参见《2012年"中国寻根之旅"夏令营(广州花都营)开营》,广州市人民政府侨务办公室网站,2012年10月23日,http://www.gzqw.gov.cn/site6/sqqw/10/57354.shtml。

③ 参见《三十名巴拿马华裔青年到花东寻根》,广州市人民政府侨务办公室网站,http://www.gzqw.gov.cn/site6/zfxxgk/xxgkdh/xxgkml/gzdt/07/46631.shtml。

社会文化基础。①

此外，对于新生代的华文教育与文化传承也成为地方政府与社会试图维持与巴拿马华侨华人跨国联系的重点之一。为贯彻中央、省市有关加强华文教育工作的精神，花都区侨办、教育局等有关部门针对该区的实际情况，正积极构建区域性华文教育基地，选择若干所华侨子女读书人数相对集中的学校作为示范点。2013年12月，广州市侨办授予花都区巴拿马籍学生就读较多的儒林小学、新庄小学、花城小学"华文教育示范基地"的牌匾，希望这些学校能够更好地传播中国传统文化、弘扬中华精神文明，让在校的华侨子女能够更为深入地了解中国国情，培育其与祖国家乡的亲近感。其中，广州市有六家华文教育示范基地，花都就占了三家，儒林小学就是其中一家。儒林小学始建于1948年，具有悠久的办学历史和深厚的华文教育底蕴。1995年，海外侨胞集资捐款重建儒林小学，此后在区和镇政府的支持下，儒林小学逐步完善办学条件，提高办学质量。近年来，儒林小学接受了不少"洋留守儿童"就读。广州市侨办官网是这么说的：

> 儒林小学成为中华文化传承基地是一件非常有意义的事情，这不仅仅意味着儒林小学为花都籍的海外侨胞子女回国就读提供了便利，也意味着花都区在涵养侨务资源、推动侨务资源的可持续发展方面所做的努力。从更高的层面来说，学好中文对这些洋留守儿童保持中华民族的特性有着更为重大的意义。等他们长大成人后，对促进中华文化与各国优秀文化的交

---

① 参见《2012年"中国寻根之旅"夏令营（广州花都营）开营》，广州市人民政府侨务办公室网站，2012年10月23日，http：//www.gzqw.gov.cn/site6/sqqw/10/57354.shtml；《2016年中国寻根之旅夏令营（暨大营）圆满闭营》，2016年06月14日，http：//www.hwjyw.com/activity/content/2016/06/14/32845.shtml；《"中国寻根之旅·风韵南粤"夏令营广东营开营》，中国侨网，2019年7月18日，https：//baijiahao.baidu.com/s？id=1639398109170547427&wfr=spider&for=pc。

流、融合，增进中国与居住国的友谊大有裨益。①

广州市侨办还给这些华文学校提供一些资源配套。比如花城小学每年都接收到侨办捐赠的书籍以及乒乓球台。② 这些华文教育基地也会适时举办一些西班牙语的学习班，为侨胞子女到初级小学或中学毕业后将返回巴拿马更快地融入当地社会奠定语言文化基础，并增强了他们跨文化交往的能力。③

一般我们讨论跨国主义主要集中于第一代移民，一些有关移民第二代的文献显示，他们中的很多人已经无法流利地讲母语，并且没有意愿回到父辈的国家去（Portes，2001）。显然，跨国主义并不会成为第二代或第三代生活的中心，而他们的参与频度与深度不会与父辈相同。但第二代也可能因跨国参与可以帮助他们成功地实现社会适应而参与跨国活动。花都侨乡所建立的一系列培育华裔新生代的机制，既满足了第一代新移民文化身份认同与实用主义的诉求，也为第二代的侨乡型跨国主义乃至侨都型跨国主义提供了可能。

3. 建立跨国文化传播平台

侨刊是了解海外华人回乡进行捐赠的重要视角。作为中国人向海外迁徙的结果，海外华侨华人游离于聚合与分散这两种力量之间。侨刊乡讯作为在侨乡编辑出版并寄往海外侨胞的一种"集体家书"，其目的是在海外侨胞及其后代中营造一种家乡意识和责任，"从而把海外华人和家乡联结成一个虽分属不同空间却有相同

---

① 参见《花都区花山镇儒林小学荣获"广东省中华文化传承基地"的称号》，广州市人民政府侨务办公室网站，2014年10月22日，http://www.gzqw.gov.cn/site6/zfxxgk/qwdt/hdq/10/67294.shtml，阅读时间：2016年8月1日。

② 根据2015年5月15日，笔者在花都区花山镇花城小学对花城小学校长访谈者陈先生的访谈。

③ 参见《花都侨胞子女西班牙语学习班开班》，广州市人民政府侨务办公室网站，2008年1月28日，http://www.gzqw.gov.cn/site6/zfxxgk/xxgkdh/xxgkml/gzdt/01/47067.shtml，阅读时间：2016年8月1日。

生活体验的共同体"。尽管侨刊对于海外华人捐赠没有直接影响，但侨刊为海外华人提供了一个载体，让海外华人意识到自己对家乡的认同和道义责任。侨刊很多是报道侨乡是如何受益于捐赠的，对于海外华人的捐赠有着激励的作用。侨刊有时甚至充当着经纪人（brokers）的作用。

基于侨乡传统与路径依赖，广州侨办部门长期以来十分重视侨刊发挥的传递乡情，传播华文教育，促进文化交流的作用。现共有市属侨刊乡讯，2014年市侨办还专门召开市侨刊乡讯工作会议，加强对广州侨刊乡讯的指导，鼓励侨刊与海外华文媒体合作办报、办刊、办版，发送广州之窗专题报道，加强广州侨网和广州侨务微博的建设和管理，开展广州城市文化形象推广。① 其中，《花都乡音》就是花都地区的重要的侨刊之一。《花都乡音》今年（2015年）已创刊33周年。创刊以来，《花都乡音》一直坚持侨的特色，发挥侨刊乡讯的作为集体家书的传播作用。与此同时，《花都乡音》还结合国内外形势和海内外侨情变化，关注侨胞关心热点和民生需求，尤其是尽量满足海外新生代读者需求，在传播家乡信息、促进华侨华人与家乡的跨国联系上扮演着重要的角色。

除了传统的侨刊乡讯外，花都区政府还积极开拓新型的传媒平台，依托电视、网络等新闻媒体，加强侨务宣传工作，如花都区政府侨务和外事办公室根据花都区委区政府"打响文化侨乡"品牌的精神而策划拍摄《花都之子》，旨在反映该区海外华侨生存状态。2013年3月1日，《花都之子》摄制组前往巴拿马、美国和加拿大，总行程超过四万千米，经过30天的紧张工作，拍摄大量珍贵高清素材，于3月30日圆满按计划完成了第一阶段的拍摄任务。摄制组所到之处，受到了当地花都籍侨社、侨领和侨胞的热烈欢迎，他们纷纷感谢家乡政府派出摄制组前来拍摄采访当地的花都籍

---

① 《2014年广州市侨刊乡讯审读会议在花都举行》，广州侨网，2014年3月11日，http://www.gzqw.gov.cn/site6/zfxxgk/qwdt/xwzx/03/63361.shtml。

侨胞。《拉美快报》和《拉美侨声报》在头版头条位置对《花都之子》摄制组的到来进行了追踪报道,巴拿马第五电视台中文频道采访了《花都之子》摄制组。摄制组工作在海外乡亲的大力支持和配合下,先后采访了巴拿马花县同乡会、巴拿马华人工商总会、巴拿马中华总会等重点侨社团和超过五十位侨领和乡亲。①

随着QQ、微信、微博等虚拟社交网络以及抖音、快手、小红书等生活平台的流行与发展,巴拿马新移民的侨乡型跨国主义发生了剧烈变革。这些新媒体为新移民与侨乡人提供共时同享一个跨国空间,不仅大大增加了新移民与家乡联系的频度与深度,而且为新移民形塑其对祖国家乡的遥远想象提供了更为便利的条件。

第三节 小结

本章试图以花都籍巴拿马移民为例,探讨了广州城乡结合部、近郊地区的海外移民与侨乡社会的跨国互动。

广州近郊移民如花都新移民与广州社会的互动首先与其迁移及适应模式有着密切关系。花都新移民前往巴拿马主要出于工具型的盈利动机,这使其发展出浅层融入的调适模式。在生产方面,新移民从事零售业等自给自足的族裔经济。在消费领域,花都新移民在移居地采取紧缩的消费策略,尽可能地压低在移居地的生活成本,为新移民展开一系列侨乡型跨国主义奠定了基本的物质基础。这种物质基础因货币汇率还出现了货币膨胀。与浅层融入相应的是,新移民与当地呈现出深度区隔的状态。这种深度区隔一方面是受到当地移民政策、种族分层结构以及文化因素的影响而表现为被动隔离;另一方面则是移民基于自给自足的族裔经济,自立互助的社会网络以及抵御性身份认同,发展出主动区隔的模式。上述浅层融

---

① 参见《大型侨务宣传片〈花都之子〉摄制组圆满完成海外拍摄任务回国》,2013年4月8日,http://www.gzqw.gov.cn/site6/zfxxgk/qwdt/qxdt/hdq/04/60284.shtml。

入、深层区隔的调适模式使得新移民的自我实现与社会声誉满足等需求无法得到完全满足。上述因素构成了新移民进行跨国实践的心理需求与物质基础，使其源源不断地返乡，发展出一系列基于乡土情结与道义责任的侨乡型跨国主义。

花都籍巴拿马新移民与家乡的互动既与其他华人移民有着共性，也由于广州与巴拿马的特殊性发展出不同于其他移民群体的侨乡型跨国主义形式。跨国经济主义是新移民与广州的首要跨国互动形式之一，由此所形成的跨国经济网络构成中国与巴拿马的跨国经济贸易的重要节点。其主要形式包括跨境消费、回乡投资以及慈善捐赠等。随着花都的城市化进程加快与经济收入增加，有些跨国经济互动模式出现了下降趋势（如捐赠）。总的来说，海外花都人与家乡的跨国互动也越来越表现出非经济的成分，其"乡土情结"越来越转向到跨国政治与民间文化交流领域。巴拿马新移民在积极地给予祖籍国以海外政治支持和参与上表现得尤为出色。在华人移民、祖籍国与侨乡多方积极互动因素的影响下，新移民与广州社会所发展出来的跨国政治网络已经不仅局限于广州与巴拿马，而是拓展到全中国乃至全世界的海外华人，成为海外华人与中国的跨国互动中的重要组成部分。这些新移民是中国政府建立与发展爱国统一战线的重要力量，在促进中国与所在国关系、开展国家公共外交、增强中国"软实力"上发挥着特殊作用。此外，新移民透过侨乡型跨国主义，还与广州社会形成了一种旨在促进民间双向人文交流的社会文化网络，包括民间交流、家庭跨国、文化传承等。

总的来说，从广州近郊出去的移民在迁移模式上与传统侨乡移民很相似，都是以亲缘、地缘为基础的一种劳工移民迁移模式。他们对家乡的乡土情结与道义责任，使其跨国主义更多具有了衣锦还乡、回馈桑梓等乡土特征。当然由于广州兼具侨乡与侨都的特征，这种道义表现在移民跨国主义中又与广东五邑、潮汕、客家侨乡的移民有所区别。

第三章　都市精神与全球视野：广州移民的侨都型跨国主义①

上一章讨论了当代广州移民的侨乡型跨国主义，这一章将围绕广州移民的侨都型跨国主义（*qiaodu* transnationalism）这一主线来展开。随着广州城市进程加快，很多近郊农村都被逐渐合并至广州的辖区规划中。有些侨乡被划归到广州市的管辖范围，其移民与广州的跨国互动不可避免地带有回馈桑梓的乡土特征。但与此同时，我们不能忽视的是广州作为国际大都市，其很大程度还具有侨都的特征。广州是城市化发展较早的城市之一，而且长期保持着与海外联系的传统。改革开放后，广州更是开风气之先，成为改革开放下先行先试的地区之一。如果说与侨乡社会的互动主体主要来自原先广州近郊农村的新移民，那么与作为具有侨都特征的广州社会互动

---

① 特别感谢时任广州市社会科学院副院长蔡国萱、广州市社会科学院社会研究所所长黄玉筹划执行的 2015、2019 年"广州社会状况综合调查"项目。本部分内容曾以"广州市海外关系及其社会经济效应分析"为题发表于《八桂侨刊》2017 年第 2 期（陈杰、黎相宜，2017）。本调查数据涵盖了从广州前往港澳台地区的境外移民的情况。虽然港澳台同胞不属于华侨华人范畴，但广州移民多经香港、澳门等地迁移海外，与广州社会互动频繁的移民中，也有不少居住在香港、澳门等区域。为了严谨起见，在此章以"海（境）外"表述。此外，出于行文简便，仍沿用"跨国主义""跨国互动"一词。而第二章中讨论的移民多前往巴拿马等国家，因此在第一、二、四章使用"海外移民"。本调查问卷填答对象为拥有海/境外关系的侨户家庭，并就其联系最频繁的海/境外亲属的情况（迁移方式、分布国家、职业类型、跨国互动）进行回答，从中可以看到当代广州移民与广州亲属及广州社会的跨国互动情况、影响因素以及相关的社会经济效应。但其中所报告的有关移民分布国家、迁移方式与职业类型的内容由于并非由广州移民自己填答，因此相关比例仅供参考。

的主体则不仅包括来自广州中心城区的移民，也包括来自广州近郊农村的新移民。这二者与广州社会的互动模式均呈现出现代性与都市化特征。这实际上构成了双层跨国主义中的一层，即侨都型跨国主义。

下面我们将根据 2015 年、2019 年"广州社会状况综合调查"所搜集的统计数据，运用 STATA15.0 软件分析目前广州移民的基本情况与特征，并进一步讨论这些侨都型跨国实践的表现形式及所产生的社会经济效应。

第一节　都市移民的全球迁移

广东作为海外华侨华人人数最多、分布最广的国际移民输出。广东华侨华人与家乡的跨国互动及其产生的社会经济效应一直是学界关注的重点。一些学者指出，在不同的历史时期，粤籍华侨华人作为一种海外资本在促进侨乡与现代化转型中扮演重要角色，而且这种积极正面的影响主要通过跨国经济模式实现，比如侨汇、捐赠以及投资（孙嘉明、杨雄，2007；黄昆章、张应龙，2003）。另一些研究者则关注华侨华人与侨乡的社会文化互动对于家乡的传统习俗、文化观念的影响（郑一省，2004）。还有更多的学者则根据粤籍华侨华人的祖籍地进行划分，讨论广东三大传统侨乡（五邑侨乡、客家侨乡、潮汕侨乡）与其海外侨胞之间的互动，以及在这种互动过程中所产生的海外资本给侨乡社会所带来的经济、社会与文化方面的影响（黄静，2003；张国雄，1998 & 2003；石坚平，2011；谭雅伦，2010；肖文评，2008）。上述研究为我们理解华侨华人与广东的跨国互动及其影响奠定了十分雄厚的理论与实证基础。但这些研究主要集中于乡村侨区及其海外乡亲所带来的海外资本。但却忽视了对于城市类型侨区也即侨都的讨论。

广州不仅在整个近代以来的海外迁移活动中扮演着关键角色，而且作为华南区域的政治、经济、文化中心，是整个粤籍华侨华人乃至其他移民群体寻求跨国商机、实践跨国馈赠与跨地域政治的中心枢纽型城市，其所具有的海外资本及其所产生的辐射影响并不逊色于传统侨乡。广州与海外乡亲的互动模式以及特征既与五邑、潮汕、梅县等侨乡有相似之处（如第二章显示的），也存在着比较明显的差异。但广州作为侨都的特征以及意义并没有受到足够重视。其主要的原因在于，广州的华侨华人以及侨眷的比例不如传统的侨乡，而且其"海外移民"的色彩被在穗国际国内流动人口及重大的经济发展战略所冲淡。

但进入新世纪后，广州地方政府有意识地尝试利用广州的"侨都"性质。早在"十三五"规划时期，广州就着眼强化全球资源配置功能，推进更高水平对外开放，枢纽型网络城市的城市战略应运而生。至"十四五"规划时期，广州提出打造新时代枢纽型侨都战略定位。上述一系列政策的出台与落实从制度层面深刻塑造了当代广州移民的侨都型跨国主义模式。下面我们将分析当代广州移民的迁移、分布与其侨都型跨国主义的表现及其特征。

一 作为重点侨都的广州

广州的"侨"的特征相比传统侨乡要弱，但所拥有的海（境）外乡亲数量在大城市中是较为突出的。具体来说，在2015年被调查的广州居民家庭户中，拥有海（境）外亲属的家庭户占到13.21%。2019年在被调查的广州居民家庭户中，拥有的海（境）外亲属的家庭户占到13.98%。2015年广州平均每个侨户都拥有3.13位亲属，最多的侨户拥有多达20位海（境）外亲属，2019年的相关情况与2015年持平。可见在2015—2019年的五年间，广州的海（境）外关系并无太大变化，总的来说这五年内侨户平均占13.76%（见图3-1）。

以往的研究与经验均认为，由于广州是大城市，所以其海（境）外移民既有原发性移民，也有再移民（祖籍是其他地方，但从广州出去的移民），并且后者的增长会更为快速。但是从我们的

有海（境）外亲属
13.76%

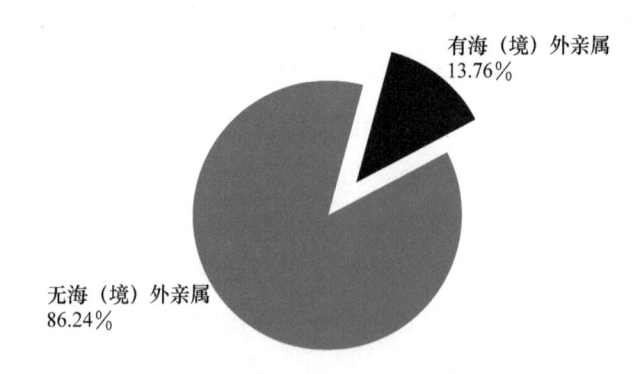

无海（境）外亲属
86.24%

图 3-1　广州家庭户拥有海（境）外亲属状况（2015—2019）

调查数据看，广州户籍家庭比非户籍家庭拥有更多的境外关系。2015 年广州市户籍家庭户中有 22.5% 拥有海（境）外移民，远高于广东省内非广州市户籍家庭拥有海（境）外移民的比例（10.08%）以及外省人拥有海（境）外移民的比例（6.62%）。在拥有海（境）外移民的家庭户中，有 83.33% 是来自广州市户籍户口。2019 年广州市户籍家庭户中有 17.36% 拥有海（境）外移民，也高于广东省内非广州市户籍家庭拥有海（境）外移民的比例（9.94%）以及外省人拥有海（境）外移民的比例（6.53%）。在拥有海（境）外移民的家庭户中，有 79.2% 拥有广州市户籍户口。以上数据说明，总体上广州的海（境）外移民依然是以原发性移民为主，通过广州迁移海外的非广州籍居民其所占比例相对要少。但具体来说，从 2015 年至 2019 年这五年期间原发性移民有所降低，在拥有海（境）外移民的家庭户中，广州市户籍家庭的比例下降了 4.13%。这一定程度上也凸显了广州作为枢纽型侨都其所发挥的辐射作用。

二　都市移民的基本特征

广州作为侨都，其既具有传统侨乡的特征，也有自身的独特性。很多广州移民具有全球视野与开拓精神，其主要前往发达国家

第三章　都市精神与全球视野:广州移民的侨都型跨国主义　165

为多。而其迁移模式以亲属、婚姻和投资技术移民为主。

首先，广州的海（境）外关系主要分布在北美、澳大利亚和香港地区。2015年的数据显示，调查到的侨户其海（境）外亲属主要居住在港澳（34.9%）、美国（19.9%）、加拿大和澳大利亚。2019年，相应侨户表示其海（境）外亲属主要居住在香港和澳门（62%）、北美（19%）、大洋洲（6%）以及欧洲（4%）。① 其中，也有不少海（境）外亲属的主要居住地并不局限于一地，而是多处。

其次，从迁移途径来说，这些海（境）外亲属出去的途径比较多样化。2015年的数据显示，在各种迁移途径中，亲属移民的方式所占比例最高，占到25.2%。其次是工作和技术移民，分别占到20.6%和15.3%。除了亲属、技术、留学以及工作移民外，也有一些亲属是通过婚姻、偷渡等其他方式迁移到海（境）外。见图3-2：

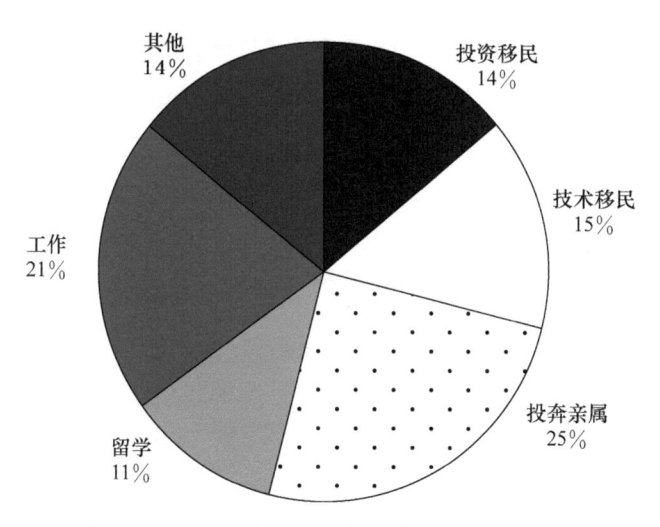

图3-2　2015年广州海（境）外移民的迁移途径

---

① 2015年和2019年问卷问题的选项有所调整，因此无法直接做横向比较。但总的来说，相比填答港澳台亲属选项来说，填答海外亲属的比例要有所下降。

2019 年的数据显示，在各种迁移途径中，婚姻移民和亲属移民的方式所占比例最高，婚姻移民占到 22%，投奔亲属占到 16%。其次是劳工移民（21%）。投资移民和技术移民这两类新型移民方式占比相比 2015 年要有所下降。见图 3-3：

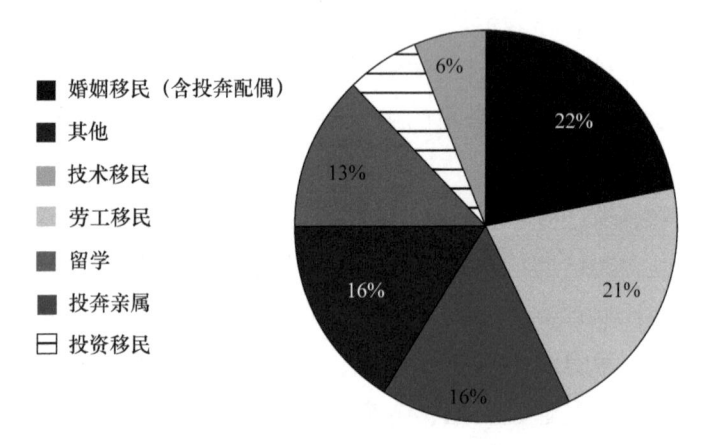

图 3-3 2019 年广州海（境）外移民的迁移途径

不同类别的迁移模式与移民的迁移年代有着密切关系。总体而言，通过留学和技术进行移民的数量随着时间推移而不断增加。而相较之下，劳工移民的数量则有随着时间推移不断减少的倾向。婚姻移民方式在 20 世纪 80—90 年代达到了高峰。图 3-4 展示了境外（含港澳台）亲属移民方式以及基于移民年代的境外（含港澳台）亲属移民方式。

再次，广州海（境）外移民以适龄劳动人口为主。2015 年的数据显示，与侨户关系最亲密的海（境）外亲属在外面工作的占到了大多数（78.6%），有 3.8% 的亲属仍在读书。有相当一部分的侨户（17.6%）选择了其他选项。这其中，退休的最多，占到了 9.9%。①

都市移民与乡村移民的特征不仅在迁移目的地以及迁移模式上存在差异，而且二者所发展出来的跨国主义模式也有所不同。相比

---

① 2019 年此问题被删减，因此无相关数据。

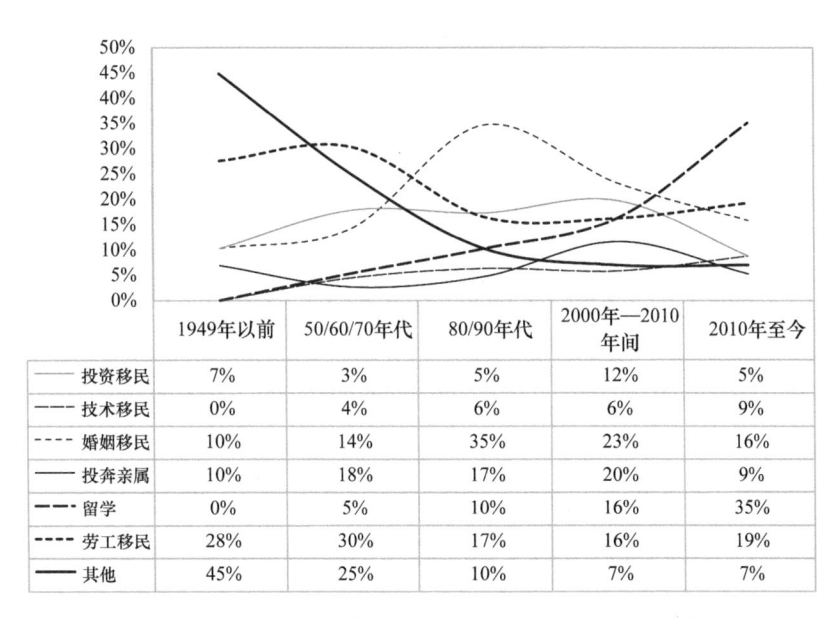

	1949年以前	50/60/70年代	80/90年代	2000年—2010年间	2010年至今
投资移民	7%	3%	5%	12%	5%
技术移民	0%	4%	6%	6%	9%
婚姻移民	10%	14%	35%	23%	16%
投奔亲属	10%	18%	17%	20%	9%
留学	0%	5%	10%	16%	35%
劳工移民	28%	30%	17%	16%	19%
其他	45%	25%	10%	7%	7%

图 3-4 海（境）外移民方式的变化（2019 年数据整理）

乡村移民，都市移民来自更为原子化、多元化与现代化的都市社会，他们的侨都型跨国主义表现出非经济原子化的模式。下面我们将详细分析广州移民的侨都型跨国主义情况。

第二节 非经济原子化模式：侨都型跨国主义

"海外关系"的意义并不在于"关系"本身，而在于这种"关系"所能发挥的巨大作用（孙嘉明、杨雄，2007）。上面梳理了目前广州作为侨都的基本特征及其海（境）外移民的迁移与分布。下面我们根据 2015 年和 2019 年搜集的问卷调查，将进一步分析广州海（境）外移民与广州社会的跨国互动特征及其社会经济效应。

一 侨都型跨国主义及其特征

对于移民输出地区来说，海外移民并不一定会直接导致显著的社会经济效应,只有不断地维持与海外移民的跨国联系,织密跨国网络,培育跨国社会资本,这才有可能会影响到移民输出地区的社会经济发展。又或者说,与海外保持联系的频度与密度,也一定程度上表现为移民输出地区在多大程度上受到海外移民的影响。

(一) 与广州社会联系紧密

一般认为,都市移民由于社会经济背景、迁移与分布构成较为多元与异质,因此其与祖国家乡的联系可能并不如乡村移民那样紧密。但事实上,我们从 2015 年的数据来看,当代广州移民与广州社会的关系紧密且联系频繁。但从关系的紧密程度来说,广州移民与广州社会的联系以直系血亲和姻亲为主,二者占到了 75%。这说明从广州新迁移海外的移民的跨国互动基本上局限于家庭,以原子化为主要特征。见图 3-5:

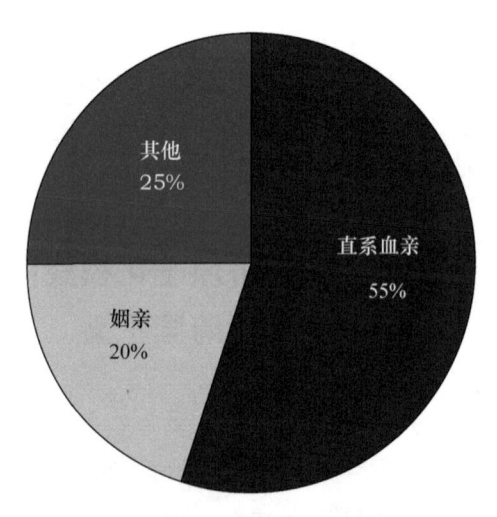

图 3-5 海(境)外亲属与广州居民家庭的关系

从联系的频率来看,当代广州移民与国内亲属的联系比较紧密。在我们所调查的侨户家庭中,2015 年有 53% 的侨户表示一年里与海(境)外亲属联系多次,一年两次的占到 18%。见图 3-6:

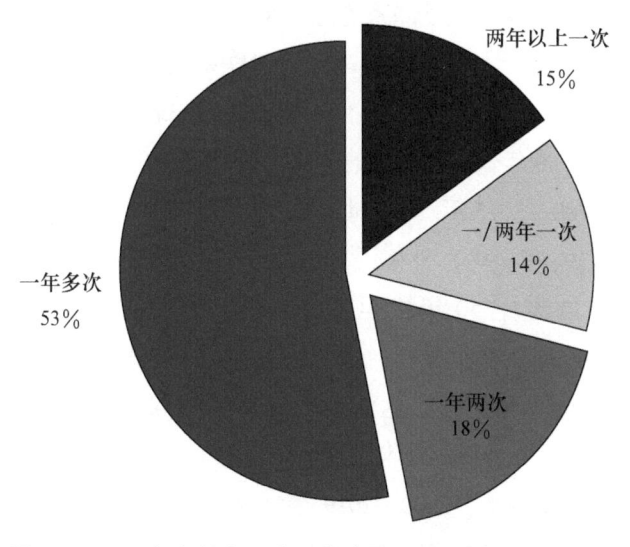

图 3-6 2015 年广州海（境）外移民与国内亲属的联系频率

2019 年有 61% 的侨户家庭表示一年里与海（境）外亲属联系多次，一年一次的占到 20%（见图 3-7）。2015 年和 2019 年这两年的数据显示，广州移民与国内亲属保持着较高的联系频率。

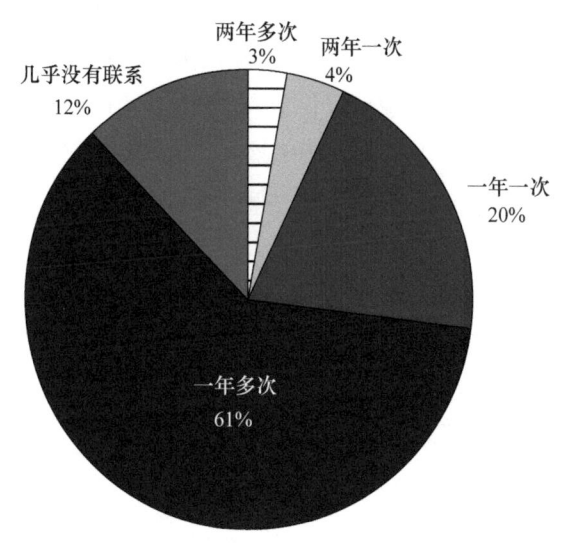

图 3-7 2019 年广州海（境）外移民与国内亲属的联系频率

与国内亲属保持密切联系的海（境）外移民更多是属于新移民。2015 年的数据显示，受访侨眷在回答"联系最紧密的境外亲属主要是哪一年出去"这一问题时，有 78.4% 的侨户表示其海（境）外亲属是 20 世纪 80 年代以后出去的，其中 20 世纪 80—90 年代的占到了 44%，在 2000—2015 年（调查时间）出去的占到了 34%。而新中国成立前出去的海（境）外移民只有很少的比例与侨户有密切联系，占 4.6%。20 世纪 50 年代至 70 年代出去的海（境）外移民占 16.9%。2019 年的数据显示，受访侨眷在回答"联系最紧密的境外亲属主要是哪一年出去"这一问题时，有 63.42% 的侨户表示其海（境）外亲属是 20 世纪 80 年代以后出去的，其中 20 世纪 80—90 年代的占到了 29.86%，2000—2019 年（调查时间）占到了 33.56%。而新中国成立前出去的海（境）外移民只有很少的比例与侨户有密切联系，占 6.71%。20 世纪 50 年代至 70 年代出去的海（境）外移民占 26.39%。

此外，2019 年数据显示，侨眷户的户口性质、教育程度、生活状况以及政治地位与其境外（含港澳台）亲属联系频率有显著关系。其中，拥有非农业户口的侨眷相较于持农业户口的侨眷与海（境）外亲属联系频率更为频繁。侨眷的教育年限越高，其与境外亲属联系密切的比例就越低。侨眷与其海（境）外亲属经济与生活状况差不多时，二者间联系频率越高。无国家行政级别的受访者与海（境）外亲属联系更为密切一些。

表 3-1　影响广州移民跨国互动频率的国内亲属因素　（*P≤0.05）

联系频率的影响因素（卡方检验）	
侨眷情况	联系频率
农业户口/非农业户口	Pearson chi2（4）= 10.3918*（N=422）
教育程度	Pearson chi2（24）= 61.7516*（N=425）
生活状况对比	Pearson chi2（12）= 30.1121*（N=415）
有无国家行政级别	Pearson chi2（20）= 36.1915*（N=206）

（二）以非经济联系为主

学术界主要从利他、利己、隐性家庭合约、社会地位等角度对汇款动机进行分析。利他主义理论认为，移民的跨国汇款是为了顾及汇款者的家庭成员在家乡的日常生活和消费需求（Bracking，2003；Johnson & Whitelaw，1974）。与利他主义动机相反的是，利己主义理论认为，移民的跨国汇款主要是受个人的经济以及金融利己主义原因的驱使（Durand et al.，1996）。卢晨与胡恒昌通过对83 个发展中国家 2004—2016 年间的国际移民汇款数据进行动态面板分析后得出结论认为，整体而言，国际移民汇款呈现出利己主义的动机，母国的政府治理水平、开放程度也会显著影响移民汇款的规模；移民汇款的动机随着母国经济发展水平的不同阶段呈现出非线性特征：当母国实际人均 GDP 处于较低水平值时，移民汇款才表现为利他主义的动机，而当该水平超过门阀值之后，利他主义动机不再占据主导地位。同时，移民汇款成本的削减对母国移民汇款数量的提升也存在非线性特征（卢晨、胡恒昌，2019）。而隐性家庭合约理论则突破了利他与利己理论的个体视角，将家庭作为主要分析单位。这一理论的立论根据是，移民家庭由移民成员和留守成员组成，移出的家庭成员（即移民者）和选择留在家乡的其他家庭成员相互之间建立一种隐性合约，以维护家庭的两地生存的基本需求和共同利益（Poirine，1997；Ilahi & Jafarey，1999）。譬如，国际汇款可以是一种借贷的家庭行为，移民（借款人）的跨国流动通过家庭而取得所需的贷款，借款人到了移居国后以其工作的收入再汇回资金以偿清贷款，这些资金又将以贷款的形式通过其在家乡的亲友再次借出，并由此获利，进而深化其家庭成员的利益。风险分散观念是移民汇款作为移民和家乡家庭成员间建立的隐性家庭合约理论的另一变量（Stark & Taylor，1991；Gubert，2002；De la Briere et al.，2002）。此外，一些社会学学者则从社会地位的角度分析移民汇款的动机，认为移民汇款是移民提高自身社会地位的一种途径（Cohen，2001；Mountz & Wright，1996；Klaver，1997；Van-

Wey et al., 2005)。还有一些学者研究发现，相对剥夺感对于汇款行为有显著影响，来自相对贫困家庭的移民更有可能寄钱回家，但这一因素对于汇款规模的影响并不显著（Lianos & Cavounidis, 2010）。

在传统侨乡（如五邑侨乡、客家侨乡、潮汕侨乡），经济联系是海（境）外移民的重要内容之一，通常也是考察移民与家乡的跨国互动的重要指标之一。海（境）外移民往往通过侨汇、捐赠以及投资等跨国经济模式，来与家乡的亲属、地方社会、基层政府保持密切联系，并在这个过程中实现跨国社会资本化与跨国网络节点的丰富化。但与上述传统模式不同的是，侨都型跨国主义更多集中体现在移民与广州社会的非经济联系上。2015年的调查数据显示，在保持着与海（境）外亲属紧密联系的侨户家庭中，只有26.7%的侨户家庭表示有接受海（境）外亲属的侨汇，或是双方有经济往来。2019年此比例下降到了17%（见图3-8）。

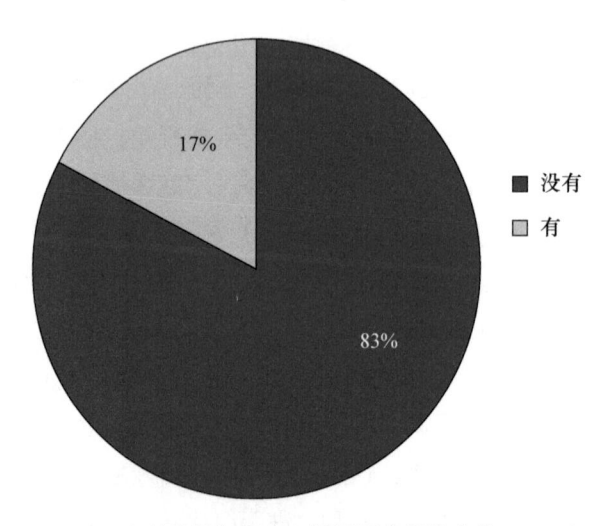

图3-8　广州移民与侨户之间是否有经济来往（2019）

经济联系的减少并不意味着侨都型跨国主义的频率与深度下降。首先，广州移民与家乡亲属的跨国互动频繁。随着通信技术与自媒体的快速发展，网络为移民与家人的跨国联系提供了共享共时的便利条件。2019年数据显示,广州移民与广州亲属的联系方式主要通过网络聊天(如微信)保持联系。51.42%的侨户家庭表示联系方式为网络聊天,35.55%为通过电话联系。是否拥有海(境)外亲属的广州居民家庭其在通信开支上存在显著差异,侨户家庭相比非侨户家庭的通信开支要更高,由此也可侧面印证广州移民与国内亲属交流频繁。其次,广州移民的侨都型跨国主义也较为深度。有43.84%的侨户家庭表示是通过见面与海(境)外亲属保持联系的(见图3-9)。可见,当代广州移民与广州社会的跨国互动更多侧重于精神、观念、文化等非经济层面,而不同于以往海外华侨华人与传统侨乡以经济为主的跨国互动模式(如侨汇、捐赠以及投资)。

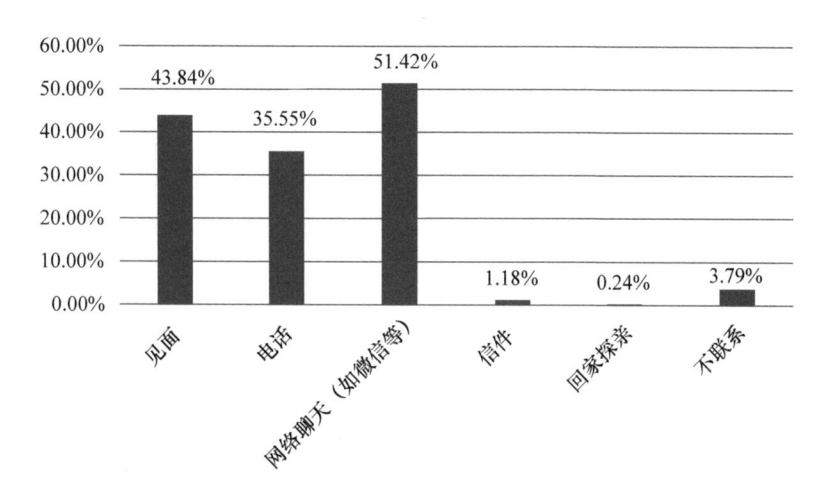

图3-9 广州移民与侨户的主要联系方式(2019)

尽管如此,经济往来仍与双方的联系频率高度相关。2015年的数据显示,二者相关系数为25.7%。这意味着与家乡保持经济联系的海(境)外移民和国内亲属的联系次数多于双方没有经济往来的家庭。但即便在有经济往来的侨户家庭中,由广州移民寄回给国内亲属的比例为51%,而由国内侨户寄给海(境)外亲属的比例为49%（见图3-10）。这说明二者即便是经济联系也以跨国互惠为主要模式，而非单向度由移民寄给输出地及侨户的侨汇。

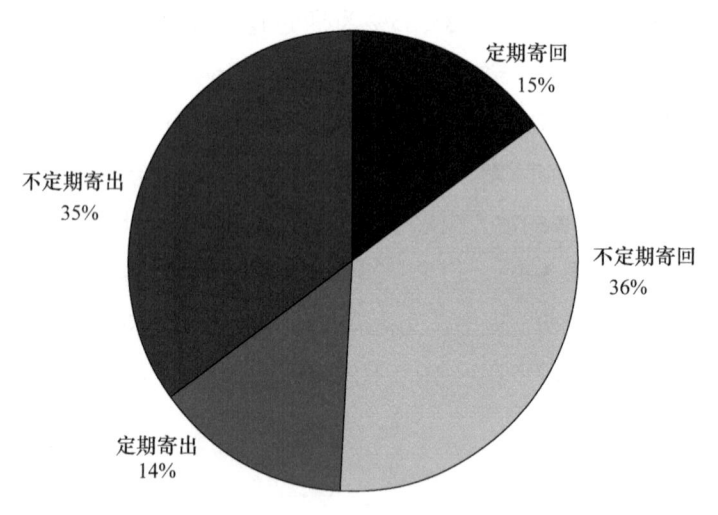

```
定期寄回 15%
不定期寄回 36%
定期寄出 14%
不定期寄出 35%
```

图3-10 侨户与其海（境）外亲属的经济来往方式（2019）

这一定程度说明广州移民所发展出来的跨国社会经济网络是以双向乃至多向为主要特征，并以同质资源交换互惠而非如传统侨乡型跨国主义以经济资源交换声誉地位为主要模式。

由上我们可以看出，广州是具有明显"侨"特征的枢纽型侨都，其所拥有的海外乡亲无论是在数量上还是质量上，在中国超大城市中较为突出。其中，在与广州居民家庭联系最为紧密的海（境）外移民主要是20世纪80年代以后出去的新移民，且迁移模式多以亲属移民为主，其主要分布在中国香港、美国、加拿大和澳大利亚等国家和地区。而相比传统的侨乡，广州作为侨都也具有自身的特殊性。广州海（境）外移民的侨都型跨国主义内容多为非经济类型，跨国主义形式上以核心家庭为主要依托，而双方的跨国互动行为也较为密切。侨都型跨国主义整体呈现出非经济性、原子化与同质资源交换的跨国互动模式，对广州社会产生了一系列的社会经济效应。

二 侨都型跨国主义的社会经济效应

国际移民究竟带给移民输出地区怎样的影响？这是国际移民研究领域长久争论不休的问题。有关这一议题，国际移民学界发展出两个理论流派：发展论与依赖论（De-Haas，2010）。发展论认为国际移民能够带来移民汇款，会增加侨眷的家庭收入与消费，提升其教育文化水平，促进家乡的基础设施建设与公共福利供给，从而带动整个国际移民输出地区的发展（De Jong et al.，2002；Pessar & Mahler，2003；Roberts & Morris，2003）。而依赖论则认为，国际移民导致人才流失以及劳动力缺乏，国际移民汇款大多用于消费而不是生产，进而损坏了地方经济体系，加深社会矛盾和地方不平等，破坏传统的地方社会和文化习俗，使移民输出地区形成对于国际移民的长期依赖而无法实现自给自足与持续发展（Cornelius & Bustamante，1989；Massey, et al.，1998）。

具体到中国的情境来看，我们历来将海外移民与祖国家乡的跨国互动视为积极因素。孙中山先生在革命年代就曾说："华侨是革命之母。"邓小平也在改革开放之初指出："海外移民是一种好东西"。这都是从正面角度来看待海外华侨华人对于祖籍国的积极影响。在中国提出共建"一带一路"的重大发展倡议的新历史背景下，华侨华人作为中国独特的海外资本又被重新强调。2014年6月6日，中共中央总书记、国家主席习近平6日下午在北京会见第七届世界华侨华人社团联谊大会代表，并在讲话中指出："广大海外侨胞要运用自身优势和条件，积极为住在国同中国各领域交流合作牵线搭桥，更好融入和回馈当地社会，为促进世界和平与发展不断作出新贡献。"[①] 2014年9月16日中国国务院侨办主任裘援平在出访缅甸的访问中着重指出："推进21世纪'海上丝绸之路'建

[①] 《习近平会见第七届世界华侨华人社团联谊大会代表》，新华网，参见http：//news.xinhuanet.com/photo/2014-06/06/c_126588952.htm，获取时间：2017年1月17日。

设时，千万不要忘记一支重要的力量——海外侨胞。他们是共建海上丝路的天然合作者、积极贡献者和努力推动者。目前海外有6200多万华侨华人，其中有4000多万分布在东南亚国家。这里恰好是海上丝绸之路主航道辐射的地区。在推进海上丝路建设时，东南亚华侨华人可以发挥独特作用。"① 在这样的时代背景下，更凸显了具有丰富传统侨力资源与现代国际人才资源的广州侨都在国家推进"一带一路"倡议中可以发挥的枢纽作用。

如上所述，广州移民与广州社会发展出另一种有别于侨乡型移民的非经济原子化模式的侨都型跨国主义。正是基于这种跨国主义特征，我们也主要围绕当代广州移民作为原子化个体对于核心家庭的影响来考察其跨国主义模式所带来的社会经济效应。下面我们主要从国内侨眷的客观社会经济地位与主观经济地位两个维度来讨论这种影响。

（一）广州移民对侨眷客观经济地位的积极影响

下面我们使用个人收入、家庭收入、家庭消费等三个指标来测量广州侨户家庭中侨眷的客观社会经济地位指标。

1. 侨眷个人及家庭收入更高

首先，广州移民对于侨眷个人收入及侨户家庭收入有着显著的积极影响。2015年数据显示，侨眷比非侨眷的个人收入以及家庭收入要高，相关系数分别为11.7%和10.3%。2019年数据显示，双方的联系频率越高，侨眷的个人收入越高，相关系数分别为16.6%。侨眷的海（境）外亲属数量越多，海（境）外亲属出去的越晚，侨眷的家庭收入越高，相关系数分别为12.5%、17.9%。从2019年的数据来看，海（境）外亲属对于侨户家庭的收入影响要高于对侨户的个人收入。海（境）外亲属人数、出去年份以及双方的联系频率是其中关键的影响因素。

---

① 裘援平：《海外侨胞是建设海上丝路重要力量》，人民网，http：//finance.people.com.cn/n/2014/0918/c387602-25683937.html，获取时间：2017年1月16日。

其次，广州移民对于侨眷的个人收入及家庭收入的影响主要通过非经济方式。2015年和2019年的数据均显示，海（境）外移民与侨眷存在经济往来和侨眷的个人收入以及家庭收入不存在显著的相关关系。这也意味着，广州海（境）外移民与家乡亲属的联系确实会促进侨眷的个人收入及家庭收入的提高，但是这种正向影响是通过非经济因素实现的（见表3-2）。

表3-2　广州移民对侨眷个人及侨户家庭收入的影响

	个人收入（2015）	个人收入（2019）	家庭收入（2015）	家庭收入（2019）
侨眷/非侨眷①	0.117**（N=979）	0.007（N=2714）	0.103**（N=954）	0.018（N=2573）
侨眷的海（境）外亲属人数	0.004（N=122）	0.03（N=403）	0.017（N=120）	0.125*（N=327）
移民的出境年份	0.053（N=126）	0.074（N=374）	0.100（N=124）	0.179*（N=343）
双方的联系频率	0.063（N=127）	0.166*（N=387）	0.020（N=125）	0.083（N=353）
双方有经济往来/没有经济往来②	0.036（N=127）	0.044（N=378）	0.101（N=125）	0.017（N=345）

*　显著度为0.05水平（双尾检验）。
**　显著度为0.01水平（双尾检验）。

2. 侨户家庭的消费更高

首先，广州移民对于国内侨眷的家庭消费有着显著的正向影响。2015年的数据显示，侨户家庭比非侨户家庭的家庭消费要更高，相关系数为7.1%。2019年数据还显示，侨眷的海（境）外亲

---

①　为了解释方便，本书将定类变量"是否为侨眷"转成虚拟变量，侨眷取"1"，非侨眷取"0"。下面均如此。

②　为了解释方便，本书将定类变量"是否有经济往来"转成虚拟变量，有经济往来取"1"，没有经济往来取"0"。下面均如此。

属数量越多，海（境）外亲属出去的越晚，侨户的家庭消费越高，相关系数分别为13.8%和11.4%。其次，广州移民对于侨户家庭消费的影响主要通过非经济方式。2015年和2019年的数据均显示，双方是否存在经济往来与侨眷的家庭消费不存在显著的相关关系。这也意味着，广州的海（境）外移民主要通过非经济因素对侨户的家庭消费产生正向影响。这也意味着广州移民的侨都型跨国主义确实会给移民输出地带来积极影响，但这种积极影响更多是通过非经济的、象征性社会资本起作用。见下表3-3：

表3-3　　　　广州移民对于侨户家庭消费的影响

	家庭消费总支出（2015）	家庭消费总支出（2019）
侨眷/非侨眷	0.071*（N=1000）	-0.026（N=2803）
侨眷的海（境）外亲属人数	0.019（N=132）	0.138**（N=356）
移民的出境年份	0.044（N=132）	0.114*（N=372）
双方的联系频率	0.032（N=132）	0.059（N=384）
双方有经济往来/没有经济往来	0.111（N=132）	0.026（N=375）

*　显著度为0.05水平（双尾检验）。
**　显著度为0.01水平（双尾检验）。

虽然2019年的数据显示侨眷身份对于家庭消费总支出没有显著影响，但对于文化、娱乐、旅游支出这一细项上有显著正面影响，其相关系数为6.8%（N=2653）。此外，侨眷所拥有的海（境）外亲属数量越多，侨户家庭的整体文化消费越高，两者相关系数分别为8.9%。但双方是否存在经济往来与侨眷家庭文化消费不存在显著的相关关系。这也意味着，广州的海（境）外移民主要通过非经济资助的方式对侨户家庭的文化消费产生积极影响。见表3-4：

表 3-4　　2019 年广州移民对于侨户家庭文化消费的影响

	文化、娱乐、旅游支出
侨眷/非侨眷	0.068*（N=2653）
侨眷的海（境）外亲属人数	0.089*（N=345）
移民的出境年份	-0.027（N=362）
双方的联系频率	0.12（N=369）
双方有经济往来/没有经济往来	0.004（N=365）

* 显著度为 0.05 水平（双尾检验）。

由上我们可以看出，广州海（境）外移民对国内侨眷的个人收入以及侨户家庭的收入与消费均具有显著的正向影响。但与传统侨乡的情况不同的是，这些都市移民对广州社会的积极影响，很大程度上并不是透过经济跨国主义实现的。由此，我们可以看到侨都型跨国主义所产生的影响很可能是隐性以及象征性的。都市移民与广州核心家庭所形成的跨国社会网络对双方均具有同质正向促进作用。

（二）广州移民对侨眷主观社会经济地位的象征作用

下面我们将进一步分析海（境）外移民对于国内侨眷的主观社会经济地位的影响。我们选取了侨眷对自己过去、目前以及未来的社会经济地位的主观感知作为因变量，来考察海（境）外移民在其中所起的作用。

1. 侨眷目前的主观社会经济地位评价更高

广州海（境）外移民对于国内侨眷目前的主观社会经济地位感知有着显著的正向影响，2015 年和 2019 年的数据显示两者相关系数为 7%和 5.2%。

而且 2019 年的数据显示，广州海（境）外移民与侨眷存在跨国经济往来和侨眷主观社会经济地位感知呈现高度相关，相关度为 10.3%。这也意味着，广州海（境）外移民与国内侨眷的跨国经济联系会给侨眷的主观社会经济地位带来正面影响。与没有保持经济联系的侨眷相比，与海（境）外移民保持跨国经济联系的侨眷感觉自己的社会经济地位更高。

此外，海（境）外亲属的人数、广州海（境）外移民的出境年份及其与侨居的联系频率、双方是否有经济往来均与侨眷的主观社会经济地位没有显著的相关关系。见表3-5：

表3-5　　　　广州移民对侨眷主观社会经济地位的影响

	目前的主观社会经济地位程度（2015）	目前的主观社会经济地位程度（2019）
侨眷/非侨眷	0.070* （N=1000）	0.052** （N=2955）
侨眷的海（境）外亲属人数	-0.061 （N=126）	0.059 （N=394）
移民的出境年份	0.138 （N=130）	0.021 （N=408）
双方的联系频率	-0.057 （N=131）	0.018 （N=423）
双方有经济往来/没有经济往来	0.151 （N=131）	0.103* （N=412）

*　显著度为0.05水平（双尾检验）。
**　显著度为0.01水平（双尾检验）。

2. 侨眷过去主观社会经济地位评价更高

2015年和2019年的数据显示，广州海（境）外移民对于国内侨眷五年前的主观社会地位感知有着显著影响，相关系数分别为6.7%和4.2%。而且2015年的数据显示，广州海（境）外移民与侨眷是否存在跨国经济往来与侨眷五年前的主观社会经济地位感知呈现高度相关，相关度为26.3%。这也意味着，广州海（境）外移民与国内侨眷的跨国经济联系会给侨眷的主观社会经济地位带来正面影响。与没有保持跨国经济联系的侨眷相比，与海（境）外移民保持跨国经济联系的侨眷感觉自己比五年前的社会经济地位更高。此外，侨眷的海（境）外亲属人数、广州海（境）外移民的出境年份及其与侨眷的联系频率均和侨眷五年前的主观经济地位没有显著的相关关系。见表 3-6：

表 3-6　广州移民对侨眷五年前的主观社会经济地位的影响

	五年前的主观社会经济地位程度（2015）	五年前的主观社会经济地位程度（2019）
侨眷/非侨眷	0.067*（N=1000）	0.042*（N=2887）
侨眷的海（境）外亲属人数	-0.076（N=126）	0.041（N=385）
移民的出境年份	-0.008（N=130）	0.017（N=400）
双方的联系频率	0.014（N=131）	0.041（N=414）
双方有经济往来/没有经济往来	0.263**（N=131）	0.032（N=371）

*　显著度为 0.05 水平（双尾检验）。
**　显著度为 0.01 水平（双尾检验）。

综合表 3-5 和表 3-6 来看，我们发现广州移民与侨户家庭的经济往来确实会一定程度上增强侨眷目前以及五年前的主观社会经济地位。

3. 侨眷身份对于未来信心没有显著差异

来自广州的海（境）外移民对于国内侨眷五年后的主观社会地位感知的影响不显著，这意味着，是否有海（境）外关系并不影响受访者对未来社会经济地位上升的信心。2015 年的数据显示，海（境）外移民的出境年份会影响国内侨眷自己对于五年后主观社会经济地位的评价。这说明海（境）外移民越晚出去，其国内亲属主观上认为自己五年后的社会经济地位会更高，侨户家庭对于移民的海外迁移越持积极的态度。但这两者的相关关系在 2019 年数据中显示不显著。此外，侨眷的海（境）外亲属人数、广州的海（境）外移民与侨眷的联系频率以及双方是否有经济往来均与侨眷五年后的主观社会地位感知均没有显著的相关关系。总的来说，是否为侨眷身份对于其五年后主观社会经济地位评价的影响有限（见表 3-7）。

表 3-7　广州移民与国内侨眷五年后的主观社会经济地位

	五年后的主观社会经济地位程度（2015）	五年前的主观社会经济地位程度（2019）
侨眷/非侨眷	0.061（N=999）	0.026（N=2684）
侨眷的海（境）外亲属人数	-0.140（N=126）	-0.040（N=357）
移民的出境年份	0.261**（N=130）	0.061（N=368）
双方的联系频率	0.096（N=131）	0.068（N=381）
双方有经济往来/没有经济往来	0.027（N=131）	0.032（N=371）

*　　显著度为 0.05 水平（双尾检验）。
**　　显著度为 0.01 水平（双尾检验）。

综上所述，广州海（境）外移民在广州社会发展过程中更多承担着象征性的功能。他们更多是通过非经济层面的跨国联系对广州居民家庭产生正面影响：

首先，广州海（境）外移民更多是通过非经济层面而非传统的经济层面，对于侨眷的客观社会经济地位产生积极影响。具体来说，相比非侨眷，侨眷的教育程度、个人及家庭收入、家庭消费都要更高，但广州海（境）外移民对于侨眷上述方面的正向影响主要不是通过经济上的联系与支持。侨都型跨国主义形成的跨国网络更多是透过其社会与非经济资源对侨眷家庭产生积极影响。

其次，来自广州海（境）外移民对于国内侨眷的主观社会经济地位仍然有着很大的作用。这种影响除了通过经济层面也通过非经济层面对侨眷的自身评价产生积极效应。具体来说，来自广州海（境）外移民与国内侨眷的跨国联系更多是影响了侨眷过去的社会经济地位感知。而无论这些都市移民与国内侨眷的跨国联系如何，侨眷目前的主观社会经济地位感知都会更高。这意味着都市移民作为一种海（境）外关系资本象征，仍然影响着侨眷目前的主观社会经济地位。至于侨眷未来的社会经济地位感知与双方是否有经济联系无关，更多是受到海（境）外移民的出境年份的影响。广州海（境）外移民越晚出去，其国内侨眷对于自己的社会经济地位变化越持积极的态度。

(三) 广州移民的社会文化影响

广州移民对于侨眷、侨户家庭的影响既表现在经济层面（如消费与收入），同时也呈现出非经济层面的影响。

首先，广州海（境）外移民对于提升国内侨眷的教育程度具有十分积极的影响。广州海（境）外移民所构建出的侨都型跨国主义网络具有象征作用且其移民年份至关重要。2015年和2019年调查数据均显示，侨眷比非侨眷的教育程度要高，相关系数分别为12.2%和7%。此外，2019年的数据还显示，侨眷的教育程度与侨眷的海（境）外亲属人数以及出境年份有着显著相关，相关系数为12.5%和10.4%。这表明在影响侨眷教育程度的众多因素中，广州海（境）外移民人数越多以及出境年份是关键原因。

其次，广州海（境）外移民对于侨眷教育程度的正面影响主要通过非经济渠道。2015年和2019年调查数据均显示，侨眷的教育程度与其和海（境）外移民是否有经济往来不具有显著的相关关系。由此可以从中看出，广州海（境）外移民对家乡亲属教育程度的提高具有积极正面效应，但这种正向影响并不是通过侨汇等经济支持实现的。这也意味着，广州海（境）外移民主要通过侨都型跨国主义网络中的非经济资本对侨眷的教育程度产生正向影响（见表3-7）。

表3-7　　　　广州移民对侨眷教育程度的影响

	教育程度（2015）	教育程度（2019）
侨眷/非侨眷	0.122** (N=1000)	0.070** (N=3029)
侨眷的海（境）外亲属人数	0.005 (N=126)	0.125* (N=403)
移民的出境年份	0.260** (N=130)	0.104* (N=417)

续表

	教育程度（2015）	教育程度（2019）
双方的联系频率	0.004（N=131）	0.075（N=432）
有经济往来/没有经济往来	0.099（N=131）	0.039（N=421）

* 显著度为 0.05 水平（双尾检验）。
** 显著度为 0.01 水平（双尾检验）。
*** 显著度为 0.001 水平（双尾检验）。

再次，广州海（境）外移民对于侨眷的其他文化素质也产生了积极影响。2019 年数据显示，侨眷的语言表达能力、对问题的理解程度、对社会和公共事务的了解程度更好。侨眷身份与这三个向度的能力呈现显著相关，相关系数为 4.3%、4.2% 和 4.7%（见表 3-8）。

表 3-8　　广州移民对侨眷非经济能力的影响

	侨眷/非侨眷的差异（卡方检验）
语言表达能力	0.043*（N3036）
对问题的理解程度	0.042*（N=3036）
对社会和公共事务总的了解程度	0.047*（N=3036）

* 显著度为 0.05 水平（双尾检验）。

第三节　小结

本章在 2015 年、2019 年"广州社会状况综合调查"数据的基础上，主要探讨了广州海（境）外移民的迁移与分布，以及广州的侨都型跨国主义形式、特征及其所产生的社会经济效应。从广州海（境）外移民的迁移与跨国主义特征来看，广州是具有明显"侨"特征的枢纽型城市，其所拥有的海外移民与海外关系资本无论是在数量上还是质量上，在中国超大城市中较为突出。

在与广州社会进行跨国互动的移民群体中，新移民占有很大比例。他们所发展出来的侨都型跨国主义模式不同于以往的传统互动模式（如侨汇、捐赠以及投资），具有现代化、都市化、核心家庭化、非经济化以及原子化等特征。与侨乡型跨国主义相比，侨都型跨国主义所产生的社会经济效应越来越从物质经济层面迈向其他非经济层面（例如智力、技术、思想、观念等方面）。这与广州的海（境）外移民的特殊性有着密切关系。相比传统的五邑侨乡、潮汕侨乡以及客家侨乡，广州的海（境）外移民的社会经济背景较为多元，其中有不少是属于正向移民（positive migration），也即移民者相比非移民者的社会经济地位更高。在新的时代背景下，这些都市移民群体与家乡亲属的跨国社会互动也不同于以往的传统的、异质资源交换的互动模式（如侨汇、捐赠以及投资），而更多的是资讯、观念、情感上的相互交流与支持。

本章所讨论的广州海（境）外移民的侨都型跨国主义更多是基于狭义范畴的，指的是侨眷及其家庭与其海（境）外亲属的关系，但这也可以视作海（境）外移民跨国主义在微观层面的具体呈现。海（境）外移民作为一种民间社会资本，在广州乃至整个华南地区的对外联系上起着非常重要的作用（孙嘉明、杨雄，2007）。尤其在国家构建人类命运共同体与深入推进"一带一路"倡议的新的时代背景下，要想把广州打造成一个能够吸引高端人才、高科技以及高新产业的枢纽型侨都，广州需要其海（境）外移民作为强有力的支撑。但如何恰如其分地利用这种"海（境）外关系"，需要在深入了解其海（境）外移民的跨国网络与资本特征以及作用机制基础上进行总结。

根据对调查数据的分析，我们可以发现应该尽量避免劣势而集中发挥其优势。广州的劣势在于：首先，改革开放后，与海外乡亲在传统侨乡（如江门、汕头、梅州）的大规模投资活动相比，广州的投资优势似乎并不明显。这种情况主要是城市管理限制、土地价格和劳动力价格等所造成的高成本。早期进入珠江三角洲侨乡投资的境外华商，大多数是开设以"三来一补"等劳动力密集型加工企业为主，侨乡的引资也主要是以土地换发展的模式，此类劳动力密集型企业大多不适合在大都市生存和发展。更为重要的是，目前广州倡导产业升级与经济结构转型，主观意愿上在吸引这类投资上也并不积极。其次，广州海（境）外移民的传统民间文化资本在城市化后凸显的陌生人社会中难以发挥作用。改革开放后，传统侨乡的宗亲力量有一定程度的恢复。在侨乡，修庙和祭祖活动往往是一项重大集体行为，并通常得到了海外乡亲的参与。这种跨国活动成为传统侨乡加强与海外乡亲文化联系的主要形式之一。而广州城市社区则缺乏培育与发展这种社会文化资本的空间与土壤。与都市移民对广州历史文化认同较弱相联系的是境外乡亲对广州社会公益事业的"个人感情"不深。

尽管与传统侨乡相比，广州作为枢纽型侨都固然有其弱势，但广州的优势体现在对外辐射力强、吸引人才层次高，拥有优质的、高质量的跨国社会经济资本上。实际上，广州市境外华商投资活动的基本特点是以技术含量较高的高新技术企业以及总部经济这类形式为主。许多境外公司将广州当作在广东或者在中国开展经济活动的中心，将公司总部设在广州。另外，广州目前已经具备国际性大都市的物质条件以及观念基础，不仅有许多以留学生移民为代表的新移民和海归回流到广州工作，而且不少来自韩国、日本、东南亚等国家和地区的高端人才也在广州工作。

可以预见，随着广州枢纽型侨都战略定位的提出与落实，将会有越来越多非广州籍移民与广州进行跨国社会互动，其侨都型跨国主义也将会呈现更深的现代性与都市精神。

结　论

社会学的兴起来自"现代性之谜",社会学经典大家围绕如何理解现代性的特征并如何解释现代社会衍生出一系列经典议题(吉登斯,2022)。二战后,世界各国先后进入了现代化进程。大量国际移民从发展中国家流向发达国家、从乡村流向城市。与此同时,发展中国家的国际移民输出地区本身也在经历着剧烈的城市化变迁与社会结构转型。杂糅了侨乡与侨都特性的国际移民输出地区大量产生,并对全球国际移民的跨国主义图景产生了深远影响。下面我们将分别从国际移民输出地和移民跨国主义视角进行探讨。

第一节　从乡土到现代：移民输出地的社会转型

费孝通先生在讨论乡土中国时曾提出"差序格局""士绅阶层"的理念(费孝通,1998 & 2006)。从 19 世纪中叶开始在华南地区(尤其闽、粤两地)有大规模的人口流向东南亚与北美地区,这导致地方社会向侨乡社会转型(陈春声,2006)。海外移民扮演"士绅"的社会角色,承担起为村庄共同体提供公共物品及照顾老弱病残的社会责任(陈志明,2013;段颖,2013;陈杰 & 黎相宜,2014)。可以说,基于"差序格局"与"士绅传统"发展而来的道义责任是维系中国东南沿海与其分布在北美和东南亚地区的海外移民的重要纽带,深刻塑造了侨乡社会的网络资本、组织形态与社会结构。"乡土中国"也构成了学界探讨海外华人移民与侨乡社会跨国互动的基本出发点与切入点（参见陈达，1938）。

而上述社会基础在新中国建立后尤其是在改革开放后发生了巨大的社会转型与社会变迁。随着中国改革开放及城市化进程加速，大量农村人口进入城市，造成乡村空心化，"熟人社会"向"半熟人社会"（贺雪峰，2000）"无主体熟人社会"（吴重庆，2011）的过渡与转型，而大城市也在不断向周边扩展，不少城乡结合部的村落被合并至城区而被终结（李培林，2014）。上述社会变迁与结构转型折射在国际移民输出地则呈现为侨乡社会大面积空心化并引发侨乡范式式微（陈杰、黎相宜，2014b）。与此同时，大量杂糅了侨乡与侨都特性的国际移民输出地区在中国产生。

而作为中国超大城市的广州，就是一个兼具侨都与侨乡二元特征的国际移民输出地。广州在从乡土性向现代性的转型过程中，呈现出了侨乡与侨都的二元形态。广州作为"侨都"的一面在于：广州城市化发展较早，来自城市中心的移民受到都市精神的长期浸染。这些都市移民在改革开放先行一步的优势下迁移海外，遍布全球。2015 年、2019 年"广州社会状况综合调查"的数据显示，广州所拥有的海外乡亲无论是在数量上还是质量上，在中国超大城市中较为突出。这些都市移民较为分散、社会经济背景多元，主要分布在美国、加拿大和澳大利亚等发达国家。这些移民本身具有异质性与多元性，其社会支持网络主要基于核心家庭，与广州的联系没有强纽带作为依托而呈现"弱关系"（Granovetter，1974）形态。

与此同时广州又有传统侨乡的一面：随着广州城市化的推进，许多城市近郊农村、城郊接合部也被并入广州城区规划。但是这些近郊长期为乡土社会，从广州近郊出去的乡村移民在迁移模式上与传统侨乡很相似。这种劳工移民的迁移与适应模式对其侨乡型跨国主义产生了深远影响。广州近郊仍然是具有强血缘地缘纽带的熟人社会，这些华人移民受到家族、宗族等社会网络支持，并以亲缘、地缘为基础进行跨国迁移并实现在地社会适应。这种迁移模式也使其透过这种强关系与侨乡保持同质性高的跨国社会网络。此外，近郊这些华人劳工移民在移居国的社会地位相对比较边缘，而且多前往拉美等发展中国家。这导致这些移民既在不同社会空间中感知到"社会地位落差"，但又难以只通过与侨乡保持跨国社会互动来实现社会地位补偿（参见黎相宜，2019）。

广州社会与广州移民的模式及特征折射的是中国许多大城市社会变迁及与其海外移民关系的变化。很多中国新移民的输出地兼具了侨乡和侨都的双重特征。上述现象不仅发生于中国不同的地方，还可能同时并存于同一地方的不同移民群体中，甚至来自同一祖籍地的移民群体身上。如果将中国社会变迁与华人移民放置在全球社会发展与国际移民的图景下时，我们所讨论的华人移民输出地社会的乡土转型与现代性呈现并非孤例。

城市化、工业化与现代化所带来的国际移民输出地社会结构变迁及随之而来的社区内部异质分化，使很多发展中国家的国际移民输出地同时兼具了乡村与都市、有机团结与机械团结（Durkheim，2014）、社区与社会（Tonnies，2011）等双重特征。在众多杂糅了侨乡与侨都特性的国际移民输出地区中，其社区的社会资本与组织形态具有同质与异质、强关系与弱关系的双重性。这些国际移民输出地本身的社会经济发展不均衡，社区内国际移民所能得到的社会支持网络，以及与海外移民保持联系的跨国社会网络存在着很大的差异性与异质性。国际移民输出地的乡村与都市的二元杂糅形态深刻塑造了其与海外移民的跨国互动频率、模式与类型，使其形成了双层跨国主义形态。

第二节 从双层到多层：移民跨国主义及其未来

如本书前面所展示的，当代广州移民与广州社会的跨国互动实际上呈现出双层跨国主义特征，一层是侨都型跨国主义，而另一层则是呈现出乡土特色的侨乡型跨国主义。双层跨国主义既与移民来自的区域有关（广州中心城区/原城乡结合部、近郊地区），同时这种双层跨国主义又同时表现在动态变化中的原乡土类移民身上（比如来自广州花都区、番禺区、增城区等原先近郊地区的移民）。

  侨都型跨国主义呈现出现代化、都市化、核心家庭化、非经济化以及原子化等特征。随着广州社会的经济发展与城市化，新移民以核心家庭为主要依托，与家乡的非经济联系日渐增多。有些跨国经济互动模式出现了下降趋势（如捐赠）。侨都型跨国主义内容也越来越从物质经济层面迈向其他非经济层面，如情感、信息、技术、智力、观念、思想等方面。很多新移民对于祖（籍）国、家乡的贡献不仅局限于通过经济资本，还包括社会、文化等象征资本的投入。广州移民家乡和侨眷的象征作用增强。新移民对于家乡和国内亲属的非经济影响日渐突出，其所构建的侨都型跨国主义网络具有同质互惠的特征。

  而侨乡型跨国主义则更多呈现出衣锦还乡、回馈桑梓等乡土特性。从广州近郊出去的移民来自乡镇的熟人社会，依靠血缘地缘迁移海外。这些群体对家乡具有一种浓厚的乡土情结以及强烈的道义责任，使其与祖（籍）国家乡的跨国互动表现出传统道义特征。以本书所讨论的花都籍巴拿马移民为例，他们在巴拿马所发展出来的浅层融入、深层区隔的工具型调适模式，使其深层次的社会心理需求需要透过跨国主义实现。其中，经济跨国主义是这些移民与广州的首要跨国互动形式之一，由此所形成的跨国经济网络构成了中国与巴拿马跨国经济的重要节点与组成部分。其主要形式包括跨境消费、回乡投资以及慈善捐赠等。当然，随着广州近郊地区的城市化进程加快与城郊居民经济收入增加，广州近郊移民与家乡的互动模式除了具有传统侨乡型跨国主义的特征外（如侨汇、捐赠和投资），也发展出一些新的互动方式（如跨国政治支持）。侨乡型跨国主义网络也开始越来越表现出非经济的成分，其中所蕴含的"乡土情结"开始转向跨国政治与民间文化交流领域。

上面所讨论的双层跨国主义主要是从国际移民输出地视角对国际移民跨国主义进行分类的。其中所讨论的"双层"源于国际移民输出地区在现代化进程中所呈现出的乡都二元性。但如果从国际移民的跨国主义地点而言，其更多呈现出一种不定向、多空间的多层跨国主义。伴随着全球化，对于广州移民来说，单一的祖籍国或移居国并不能够完全满足他们获取经济、社会政治与情感等多种资源的需求。因此他们试图采取多层弹性策略，不断流动于世界多个空间（不仅限于祖籍国与移居国），在其中居住、经商甚至参与当地政治、经济与社会生活，以便寻求利益最大化。这种跨国主义模式是广州移民试图巩固经济所得、实现地位提升与分散政治风险的重要方式，其跨国活动由此呈现出不定向、多空间、多层次的性质。

侨乡是当代广州移民进行跨国活动的首要空间但不是唯一空间。广州移民回到祖（籍）国家乡进行跨境消费、社会捐赠、经济投资、政治参与，为这些移民群体在世界范围内频繁的多层跨国活动提供了情感、信息与资金支持，促进了华人移民的多层跨国社会网络的形成和扩展。而且随着广州社会经济的发展，越来越多的新移民选择回乡定居。但随着全球化的加深，很多新移民的跨国主义已经超越了广州、广东乃至中国，而是遍布世界各国。其跨国主义的空间随着其个体生命历程的发展、家庭成员的流动与社会关系网络的扩张而呈现出多层次、不定向的特点。

此外，需要看到的是，香港作为枢纽一直在中国对外迁移的进程中扮演着重要角色。而对于广州移民而言，香港是其进行跨国主义的重要地点与中转站。历史上，广州和香港两地一直联系紧密，两地民众语言相通。在广州大规模向外迁移的历史进程中，香港一直扮演着重要的中转站角色。不少当代广州移民因各种原因，在亲戚朋友的帮助下，"借道"国际交通枢纽——香港，流向美洲和欧洲，香港也因此在当代广州移民的跨国活动中扮演着关键角色。香港得天独厚的地理位置和优越的生活条件，一直吸引着不少新移民的目光。不少广州移民会选择在香港购置房产、商铺，甚至将其作为开展跨国生意的重要据点之一。同时，香港是亚洲的国际金融中心。一些新移民会将赚取的外汇通过国际银行汇入香港，交由专业的基金投资管理公司打理。总的来说，香港一直是广州移民进行跨国经济投资、跨境消费的的重要空间之一。

同时，北美对于当代广州移民而言既是其重要的居住地又是其进行跨国主义活动的重要场所。对于迁移美国、加拿大的广州移民而言，北美是移居国。而对于迁移至其他地区（尤其是拉丁美洲）的移民来说，北美也是他们进行跨国迁移与进行跨国主义的重要地区之一。比如在巴拿马、秘鲁、牙买加、巴西等国的广州移民通过子女留学、在北美开展跨国生意等模式进一步迁移北美。他们中很多会选择美国、加拿大作为新的移居地或是跨国活动地点。从20世纪70年代开始，加拿大的多伦多、温哥华以及美国的迈阿密等地已经逐渐形成了颇具规模的拉美华人聚居地，并出现了各类社团组织。同时，他们也会同时保持着北美、拉美与中国的跨国联系。比如很多移民群体就在北美从事拉美消费品（如蓝山咖啡）的销售，或者将拉美或中国作为商品出口地，等等。这为广州移民的跨国活动提供了社会组织与网络基础，很大程度上支撑了这一群体的多层次需求。

随着发展中国家的经济发展与群体性崛起，全球南—南移民呈现出井喷趋势，而原先所谓的传统的南—北移民也发生了极大变化。无论是发展视角下的国际移民与跨国主义研究，还是跨国主义视角下的国际移民与发展研究，主要认为移民跨国主义是一个从世界体系的核心地带将各种资源传送到半边缘与边缘区域的过程。但正如本书所展示的，不同类型的国际移民在跨国迁移形态、社会经济背景上发生广泛性变化的同时，祖籍地的类型本身是多元化的，甚至同一个祖籍地本身就充满了异质性，这也导致了国际移民的跨国主义呈现出不确定性以及类型多样化。

本书所提出的双层跨国主义的分析框架为我们理解并探讨当前

发展中国家与海外移民的跨国社会互动，以及世界其他国际移民群体与国际移民输出地的政治、经济、社会与文化联系提供了新视角。就如最后所讨论的，由于生命历程与政治经济实力的区别，有的国际移民能够在多个社会文化空间中持续利用由此产生的多元经济和政治机会。而有些国际移民则由于实力所限，只能选择在祖籍国和移居国活动。不少国际移民在侨乡型跨国主义与侨都型跨国主义，祖籍国、移居国与第三国之间不断交叠与跨越，在不断流动与漂泊中进行人员的调整、资金的流动、信息的传播与观念的整合，由此构成了当代国际移民跨国主义的丰富图景。

参考文献

潮龙起，2009，《跨国华人研究的理论和实践——对海外跨国主义华人研究的评述》，《史学理论研究》，第1期。

潮龙起、魏华云，2010，《跨国的政治参与：华侨华人的反"独"促统工作探析——以海外中国和平统一促进会为中心》，《理论学刊》，第6期。

陈春声，2006，《海外移民与地方社会的转型——论清末潮州社会向"侨乡"的转变》，徐杰舜，许宪隆主编：《人类学与乡土中国——人类学高级论坛2005卷》，哈尔滨：黑龙江人民出版社。

陈春声，2021，《地方故事与国家历史：韩江中下游地域的社会变迁》，北京：生活·读书·新知三联书店。

陈达，1938，《南洋华侨与闽粤社会》，上海：商务印书馆。

陈慧、朱竑、刘云刚，2021，《跨国人口迁移新特征下的移民研究转向——移民产业概念的提出、发展与应用》，《地理科学》，第11期。

陈杰，2008，《两头家：华南侨乡的家庭策略》，中山大学博士学位论文。

陈杰，2023，《两头家：华南侨乡的家庭策略与社会互动——基于海南南村的田野调查》，北京：社会科学文献出版社。

陈杰、黎相宜，2014a，《道义传统、社会地位补偿与文化馈赠——以广东五邑侨乡坎镇移民的跨国实践为例》，《开放时代》，第 3 期。

陈杰、黎相宜，2014b，《海南冠南侨乡公共文化空间的变迁——兼论侨乡范式的式微》，《广西民族大学学报（哲学社会科学版）》，第 5 期。

陈杰、黎相宜，2017，《广州市海外关系及其社会经济效应分析》，《八桂侨刊》，第 2 期。

陈蕊，2005，《关于侨乡优势的思考——广东潮州大吴村旅外乡亲捐资公益事业调研报告》，《华侨华人历史研究》，第 4 期。

陈祥水，1991，《纽约皇后区：新华侨的社会结构》，台北："中央"研究院民族学研究所。

陈衍德，2000，《欧洲福建籍华人地缘性社团的个案研究》，《华侨华人历史研究》，第 3 期。

陈衍德，2002，《集聚与弘扬——海外的福建人社团》，长沙：湖南人民出版社。

陈奕平、曹锦洲，2023，《国际移民与祖籍国经济现代化——以华侨华人为例的分析》，《华侨华人历史研究》，第 2 期。

陈翊，2015，《移民行动对跨国空间社会网络的依赖——对浙南移民在欧洲族裔聚集区的考察》，《华侨华人历史研究》，第 3 期。

陈勇，2009，《华人的旧金山：一个跨太平洋的族群的故事，1850—1943》，北京：北京大学出版社。

陈志明，2013，《人类学与华人研究视野下的公益慈善》，《中山大学学报（社会科学版）》，第 4 期。

陈志明、吴翠蓉，2006，《诗山跨境关系与经济活动》，见陈志明，丁毓玲，王连茂主编，《跨国网络与华南侨乡：文化、认同和社会变迁》，香港：香港中文大学亚太研究所。

程希，2006，《侨乡研究：对华侨、华人与中国关系的不同解读》，《世界民族》，第 5 期。

段颖，2013，《跨国网络、公益传统与侨乡社会——以梅州松口德村为例》，《中山大学学报（社会科学版）》，第 4 期。

费孝通，1998，《乡土中国·生育制度》，北京：北京大学出版社。

费孝通，2006，《中国绅士》，惠海鸣译，北京：中国社会科学出版社。

冯永利、王进明，2013，《多元文化主义与欧洲移民治理》，《国际论坛》，第 3 期。

管彦忠，2002，《中国人移居巴拿马的历史进程》，《拉丁美洲研究》，第 2 期。

广州市地方志编纂委员会，1996，《广州市志（卷十八）·华侨志·穗港澳关系志》，广州：广州出版社。

广州市侨联，1999，《关于新移民工作的调查与思考》，《华侨与华人》，第 1 期。

何敏、于天祚，2018，《情感因素对海外优秀青年人才回流的影响研究》，《大学教育科学》，第 4 期。

贺东航、黄美缘，2005，《经济与公益活动中的地方政府与华侨华人互动》，《南洋问题研究》，第 4 期。

贺雪峰，2000，《论半熟人社会——理解村委会选举的一个视角》，《政治学研究》，第 3 期。

黄岑，1997，《海外华人和中国南部的华资跨国企业》，《八桂侨史》，第 4 期。

黄海刚，2017，《从人才流失到人才环流：国际高水平人才流动的转换》，《高等教育研究》，第 1 期。

黄静，2003，《潮汕与中国传统侨乡：一个关于移民经验的类型学分析》，《华侨华人历史研究》，第 1 期。

黄昆章、张应龙主编，2003，《华侨华人与中国侨乡的现代化》，北京：中国华侨出版社。

黄旭、刘怀宽、薛德升，2020，《全球化背景下国际移民社会融合研究综述与展望》，《世界地理研究》，第 2 期。

景燕春，2018，《华人移民慈善的动力机制：以广东侨乡顺德为例》，《华侨华人历史研究》，第 4 期。

柯群英，2003，《福建侨乡中文化资本与祭祖的关系》，周大鸣、柯群英主编，《侨乡移民与地方社会》，北京：民族出版社。

柯群英，2005，《人类学与散居人口研究：侨乡研究中的一些注意事项》，《广西民族学院学报（哲学社会科学版）》，第 4 期。

孔飞力，2016［2008］，《他者中的华人：中国近现代移民史》，李明欢译，南京：江苏人民出版社。

黎相宜，2011，《动员与被动员：华人移民与侨乡社会发展》，《广东技术师范学院学报》，第 8 期。

黎相宜，2014，《跨越彼岸：美国福州移民的跨国政治实践研究》，《学术研究》，第 4 期。

黎相宜，2015a，《制度型族群聚集与多向分层融入——基于广州南涌华侨农场两个归难侨群体的比较研究》，《广西民族大学学报（哲学社会科学版）》，第 1 期。

黎相宜，2015b，《道义、交换与移民跨国实践——基于衰退型侨乡海南文昌的个案研究》，《华侨华人历史研究》，第 3 期。

黎相宜，2015c，《跨国集体维权与"回飞镖"效应——基于美国福州移民的个案研究》，《中山大学学报（哲学社会科学版）》，第 4 期。

黎相宜，2017，《从生产性身体到消费性身体：基于美国福州青年劳工移民的分析》，《中国青年研究》，第 5 期。

黎相宜，2018，《从区域社会结构与在地文化系统视角看海外华人社团内部冲突——以美国为例》，《华侨华人历史研究》，第 2 期。

黎相宜，2019，《移民跨国实践中的社会地位补偿：基于华南侨乡三个华人移民群体的比较研究》，北京：中国社会科学出版社。

黎相宜、陈杰，2011，《社会地位补偿与海外移民捐赠——广东五邑侨乡与海南文昌侨乡的比较分析》，《华侨华人历史研究》，第 4 期。

黎相宜、陈送贤，2019，《浅层融入、深层区隔与多层跨国实践——以牙买加东莞移民为例》,《华侨华人历史研究》,第4期。

黎相宜、秦悦、谢睿,2022,《区别化治理:基于三个移民安置聚集区的比较研究》,北京:中国社会科学出版社。

黎相宜、周敏,2012,《跨国实践中的社会地位补偿:华南侨乡两个移民群体文化馈赠的比较研究》,《社会学研究》,第3期。

黎相宜、周敏,2013,《抵御性族裔身份认同:美国洛杉矶海南籍越南华人的田野调查与分析》,《民族研究》,第1期。

黎相宜、周敏,2014,《跨国空间下消费的社会价值兑现——基于美国福州移民两栖消费的个案研究》,《社会学研究》,第2期。

黎相宜、朱荟岚,2022,《华人移民 Up 主的族群身份展演与反响——基于 b 站有关视频的话语分析》,《华侨华人历史研究》,第3期。

李春辉、杨生茂主编,1990,《美洲华侨华人史》,北京:东方出版社。

李明欢,1999,《"相对失落"与"连锁效应":关于当代温州地区出国移民潮的分析与思考》,《社会学研究》,第5期。

李明欢,2000,《20 世纪西方国际移民理论》,《厦门大学学报(哲学社会科学版)》,第4期。

李明欢,2001,《"多元文化"论争世纪回眸》,《社会学研究》,第3期。

李明欢,2005a,《"侨乡社会资本"解读:以当代福建跨境移民潮为例》,《华侨华人历史研究》,第2期。

李明欢,2005b,《福建侨乡调查:侨乡认同、侨乡网络与侨乡文化》,厦门:厦门大学出版社。

李明欢,2018,《国际移民与人类命运共同体构建:以华侨华人为视角的思考》,《华侨华人历史研究》,第1期。

李培林,2014,《村落的终结——羊城村的故事》,北京:中国社会科学出版社。

李其荣，2007，《国际移民对输出国与输入国的双重影响》，《社会科学》，第 9 期。

李云，2014，《从社会资本视角看海外慈善资源的获取与利用——以广州祠堂文化的复兴为例》，《广西社会主义学院学报》第 1 期。

李云、陈世柏，2013，《海外移民慈善捐赠行为的系统构成及其运行》，《求索》，第 9 期。

连培德，2009，《美国华人和其他主要亚裔族群的跨国政治活动调查》，万晓宏译，《华侨华人历史研究》，第 1 期。

梁玉成，2013，《在广州的非洲裔移民行为的因果机制——累积因果视野下的移民行为研究》，《社会学研究》，第 1 期。

林昌华，2018，《改革开放以来侨汇收入对中国经济发展的影响及启示》，《华侨华人历史研究》，第 4 期。

林金枝，1981a，《解放前华侨在广东投资的状况及其作用》，《学术研究》，第 5 期。

林金枝，1981b，《解放前华侨在广东投资的状况及其作用》（续完），《学术研究》，1981 年第 6 期。

林金枝，1992，《侨汇对中国经济发展与侨乡建设的作用》，《南洋问题研究》，第 2 期。

林胜，2016，《循环流动理论及在中国侨乡海外移民的适用》，《世界民族》，第 3 期。

林勇，2011，《国际侨汇对移民来源国经济发展的影响——国外学术观点综述》，《华侨华人历史研究》，第 1 期。

刘朝晖，2005，《超越乡土社会：一个侨乡村落的历史文化与社会结构》，北京：民族出版社。

刘朝晖，2006，《侨乡认同的建构与侨资走向浦西：以一个流产的侨资项目为例》，见陈志明，丁毓玲，王连茂主编，《跨国网络与华南侨乡：文化、认同和社会变迁》，香港：香港中文大学亚太研究所。

刘飞，2007，《从生产主义到消费主义：炫耀性消费研究述评》，《社会》，第4期。

刘宏，1998，《海外华人社团的国际化：动力·作用·前景》，《华侨华人历史研究》，第1期。

刘莹，2009，《移民网络与侨乡跨国移民分析——以青田人移民欧洲为例》，《华侨华人历史研究》，第2期。

卢晨、胡恒昌，2019，《国际移民汇款的动机与宏观影响因素——基于系统广义矩估计的动态面板分析》，《华侨华人历史研究》，第2期。

卢帆，2008，《炫耀性消费：基于侨乡文化的分析》，《经济与社会发展》，第2期。

卢帆，2008，《一家两国：跨国主义语境中的移民家庭研究》，厦门大学硕士论文。

麻国庆，2023，《序 两头家：认识华人社会的一把钥匙》，《两头家：华南侨乡的家庭策略与社会互动——基于海南南村的田野调查》，北京：中国社会科学出版社。

梅伟强，2007，《"集体家书"连五洲———五邑侨刊乡讯研究（1978~2005）》，香港：香港社会科学出版社有限公司。

孟晓晨、赵星烁、买买提江等，2007，《社会资本与地方经济发展：以广东新会为例》，《地理研究》，第2期。

普鹏飞，2021，《归侨侨眷的跨国网络与中越跨境经济合作——以广西东兴为例》，《华侨华人历史研究》，第1期。

强晓云，2008，《试论国际移民与国家形象的关联性——以中国在俄罗斯的国家形象为例的研究》，《社会科学》，第7期。

沈惠芬，2011，《华侨家庭留守妇女的婚姻状况——以20世纪30—50年代福建泉州华侨婚姻为例》，《华侨华人历史研究》，第2期。

石坚平，2011，《国际移民与婚姻挤压——以战后四邑侨乡为例的探讨》，《华侨华人历史研究》，第4期。

宋平，1995，《承继与嬗变：当代菲律宾当代华人社团比较研究》，厦门：厦门大学出版社。

宋平，2005，《传统宗族与跨国社会实践》，《文史哲》，第5期。

孙嘉明、杨雄，2007，《全球化进程中的跨国界交往现象——试论"海外关系"对本土经济、社会转型的影响》，《社会科学》，第6期。

谭雅伦，2010，《弱群心声："出洋子弟勿相配"——珠三角侨乡歌谣中的出洋传统与家庭意识》，《华侨华人历史研究》，第4期。

王春光，2000，《巴黎的温州人——一个移民群体的跨社会建构行动》，南昌：江西人民出版社。

王春光，2002，《移民的行动抉择与网络依赖——对温州侨乡现象的社会学透视》，《华侨华人历史研究》，第3期。

王付兵，2002，《改革开放以来的福建侨汇》，《八桂侨刊》，第3期。

王赓武，1995，《东南亚华人与中国经济与社会》，见林孝胜编，《东南亚华人与中国经济与社会》，新加坡：新加坡亚洲研究学会等。

王铭铭，1997，《社会人类学与中国研究》，北京：生活·读书·新知三联书店。

王晓、童莹，2019，《另类的守望者——国内外跨国留守儿童研究进展与前瞻》，《华侨华人历史研究》，第3期。

王颖、姚宝珍，2021，《国际移民对母国经济的影响——基于汇款中介效应的实证分析》，《经济问题》，第1期。

吴重庆，2011，《从熟人社会到"无主体熟人社会"》，《读书》，第1期。

夏翠君，2016，《地方建构视角下的青田侨乡——幸村之民居景观研究》，《华侨华人历史研究》，第4期。

项飙，2012，《全球"猎身"：世界信息产业和印度的技术劳工》，北京：北京大学出版社。

肖文评，2008，《粤东客家山村的水客、侨批与侨乡社会——以民国时期大埔县百侯村为个案》，《汕头大学学报（人文社会科学版）》，第4期。

邢菁华，2024，《当代华侨华人自组织参与全球卫生治理研究》，《暨南学报（哲学社会科学版）》，第1期。

杨丽云，2003，《人类学互惠理论谱系研究》，《广西民族研究》，第4期。

姚婷，2017，《侨刊参与华南侨乡社会治理的实践初探——以1949年前的台山侨刊为例》，《华侨华人历史研究》，第1期。

游俊豪，2006，《旧侨乡的转型：1978至2000年离散华人对番禺的影响》，见陈志明，丁毓玲，王连茂主编，《跨国网络与华南侨乡：文化、认同和社会变迁》，香港：香港中文大学亚太研究所。

曾少聪、李善龙，2016，《跨国活动、海外移民与侨乡社会发展——以闽东侨乡福村为例》，《世界民族》，第6期。

詹姆斯·C. 斯科特，2001，《农民的道义经济学：东南亚的反叛与生存》程立显、刘建译，南京：译林出版社。

张彬，2013，《巴拿马新移民：广州花都区儒林村侨乡调查》，暨南大学硕士学位论文。

张国雄，1998，《广东五邑侨乡的海外移民运动》，《华侨华人历史研究》，第3期。

张国雄，2003，《从粤闽侨乡考察二战前海外华侨华人的群体特征——以五邑侨乡为主》，《华侨华人历史研究》，第2期。

张慧婧、张蔚然，2022，《海外枢纽型侨团组织与命运共同体关系探析》，《八桂侨刊》，第2期。

张慧梅，刘宏，2006，《20世纪中叶新马华人社会与华南互动之探讨》，《南洋问题研究》，第2期。

张秀明，2008，《改革开放以来侨务政策的演变及华侨华人与中国的互动》,《华侨华人历史研究》,第 3 期。

张应龙,2005,《都市侨乡:侨乡研究新命题》,《华侨华人历史研究》,第 3 期。

章雅荻、余潇枫,2020,《国际移民视阈下移民动因理论再建构》,《国际观察》,第 1 期。

郑一省,2004,《华侨华人与闽粤侨乡互动关系的恢复和发展》,《东南亚研究》,第 2 期。

周大鸣、柯群英主编,2003,《侨乡移民与地方社会》,北京:民族出版社。

周敏,2024,《唐人街:深具经济潜质的华人社区》,郭南译,北京:商务印书馆。

周敏,2004,《少数族裔经济理论在美国的发展:共识与争议》,《思想战线》,第 5 期。

周敏、刘宏,2013,《海外华人跨国主义实践的模式及其差异——基于美国与新加坡的比较分析》,《华侨华人历史研究》,第 1 期。

周敏、黎相宜,2012,《国际移民研究的理论回顾及未来展望》,《东南亚研究》,第 6 期。

周敏、张国雄主编,2012,《国际移民与社会发展》,广州:中山大学出版社。

朱慧玲,2005,《拉丁美洲侨情现状与特点》,《八桂侨刊》,第 4 期。

朱康对,2013,《海外温州人经济崛起的融资机制——纽约温州人标会现象研究》,《上海经济研究》,第 1 期。

庄国土,1999,《华侨华人与港澳同胞对厦门捐赠的分析》,《华侨华人历史研究》,第 4 期。

庄国土,2001,《华侨华人与中国的关系》,广州:广东高等教育出版社。

[德] 哈贝马斯,1994,《交往行为理论·第二卷—论功能主义理

论批判》，洪佩郁、蔺青译，重庆：重庆出版社。

[法] 马塞尔·莫斯，2002，《礼物》，汲喆译，上海：上海人民出版社。

[美] 阿列汗德罗·波特斯、周敏，2011，《国际移民的跨国主义实践与移民祖籍国的发展：美国墨西哥裔和华裔社团的比较》，《华人研究国际学报》，第三卷，第1期。

[美] 凡勃伦，[1899] 1964，《有闲阶级论——关于制度的经济研究》，蔡受百译，北京：商务印书馆。

[美] 加里·S. 贝克尔，1995 [1976]，《人类行为的经济分析》，王业宇、陈琪译，上海：上海三联书店和上海人民出版社。

[美] 露丝·本尼迪克特，1987，《文化模式》，何锡章、黄欢译，北京：华夏出版社。

[美] 马文·哈里斯，1988，《文化人类学》，李培茱等译，北京：东方出版社。

[日] 广田康生，2005，《移民和城市》，马铭译，北京：商务印书馆。

[英] 吉登斯，2022，《现代性的后果》，田禾译，南京：译林出版社。

Abdih, Yasser, Ralph Chami, Jihad Dagher and Peter Montiel 2012, "Remittances and Institutions: Are Remittances a Curse?", *World Development* 40 (4): 657-666.

Adams, Richard H. Jr. 2003, International Migration, Remittances, and the Brain Drain: A Study of 24 Labor-Exporting Countries. Policy Research Working Paper 3069. Washington, DC: The World Bank, Poverty Reduction and Economic Management Network, Poverty Reduction Group. Farsakh, eds. pp. 149-70. Paris: OECD.

Adams, Richard H. Jr. 2011, "Evaluating the Economic Impact of International Remittances on Developing Countries Using Household Surveys: A Literature Review", *Journal of Development Studies* 47

(6): 809-828.

Alarcon, Rafael 1992, Norteñización: Self - Perpetuating Migration from a Mexican Town. pp. 302-318, in J. Bustamante, R. Hinojoas and C. Reynolds (eds.), *US-Mexico Relations: Labour Market Interdependence.* Stanford: Stanford University Press.

Anderson, Benedict R. 1992, *Long-distance Nationalism: World Capitalism and the Rise of Identity Politics*, Amsterdam: CASA-Centre for Asian Studies Amsterdam.

Andrade-Ekhoff, Katharine and Claudia Marina Silva-Avalos 2003, *Globalization of the Periphery: The Challenges of Transnational Migration for Local Development in Central America*, El Salvador: Latin American Scholar Social Science (FLASCO).

Asis, Maruja MB. 2006, "Living with Migration: Experiences of Left-behind Children in the Philippines", *Asian population studies* 2 (1): 45-67.

Basch, Linda Green, Nina Glick-Schiller and Cristina Szanton Blanc (eds.) 1994, *Nations Unbound: Transnational Projects, Postcolonial Predicaments, and Deterritorialized Nation-States*, London: Gordon and Breach.

Beine, Michel and Christopher Parsons 2015, "Climatic Factors as Determinants of International Migration", *The Scandinavian Journal of Economics* 117 (2): 723-767.

Berlemann, Michael and Max Friedrich Steinhardt 2017, "Climate Change, Natural Disasters, and Migration: A Survey of the Empirical Evidence", *CESifo Economic Studies* 63 (4): 353-385.

Bilodeau, Antoine 2008, "Immigrants' voice Through Protest Politics in Canada and Australia: Assessing the Impact of Pre-migration Political Repression", *Journal of Ethnic and Migration Studies* 34 (6): 975-1002.

Black, Richard , Xiang Biao, Michael Collyer, Godfried Engbersen, Liesbeth Heering and Eugenia Markova 2006, Migration and Development: Causes and Consequences, *The Dynamics of International Migration and Settlement in Europe* (41): 41–63.

BloemraadIRENE 2006, *Becoming a citizen: Incorporating immigrants and refugees in the United States and Canada*, Berkeley: University of California Press.

Bracking Sarah 2003, "Sending Money Home: Are Remittances always Beneficial to Those Who Stay behind?", *Journal of International Development* 15 (5): 633–644.

Broadfoot, Barry 1986, *The Immigrant Years: From Europe to Canada 1945–1967*, Vancouver: Douglas and McIntyre.

Bryceson, Deborah and Ulla Vuorela 2002, *The Transnational Family: New European frontiers and global networks*, Oxford: Berg Press.

BéNéDICTE DE LA BRIèRE, ELISABETH SADOULET, ALAIN DE JANVRY AND SYLVIE LAMBERT 2002, "The Roles of Destination, Gender, and Household Composition in Explaining Remittances an Analysis for the Dominican Sierra", *Journal of Development Economics* 68 (2): 309–328.

Cantore, Nicola and Massimiliano Calì 2015, "The Impact of Temporary Migration on Source Countries", *International Migration Review* 49 (3): 697–726.

Carling, Jørgen 2005, *The Human Dynamics of Transnationalism: Asymmetries of Solidarity and Frustration*, Presented at SSRC Workshop Migration and Development, New York, November 17–19.

Castells, Manuel 1989, *The Informational City: Information Technology, Economic Restructuring and the Urban–Regional Process*, Oxford: Basil Blackwell.

Castles, Stephen 2010, "Understanding Global Migration: A Social

Transformation Perspective", *Journal of Ethnic and Migration Studies* 36 (10): 1565-1586.

Castles, Stephen and Mark J Miller 2003, *The Age of Migration: International Population Movements in the Modern World*, New York: Guilford Press.

Cheng, Joseph Y. S. and Ngok, King-lun 1999, Government Policy in the Reform Era: Interactions between Organs Responsible for Overseas Chinese and Qiaoxiang Commnities. In Leo Douw, Cen Huang and Michael R. Godley (eds.), *Qiaoxiang Ties: Interdisciplinary Approaches to 'Cultural Capitalism' in South China*, London: Kegan Paul International in association with International Institute for Asian Studies.

Cohen, Jeffrey H. 2001, "Transnational Migration in Rural Oaxaca, Mexico: Dependency, Development and the Household", *American Anthropologist* 103 (4): 954-967.

Cohen, Jeffrey H. 2004, *The Culture of Migration in Southern Mexico*, Austin: University of Texas Press.

Cornelius, Wayne A. and Jorge A Bustamante 1989, *Mexican Migration to the United States: Origins, Consequences, and Policy Options*, San Diego: Center for US-Mexican Studies, University of California, San Diego.

De Haas, Hein, Mathias Czaika, Marie-Laurence Flahaux, Edo Mahendra, Katharina Natter, Simona Vezzoli and María Villares-Varela 2019, "International Migration: Trends, Determinants, and Policy Effects", *Population and Development review* 45 (4): 885-922.

De Jong, Gordon F., Aphichat Chamratrithirong, and Quynh-Giang Tran 2002, "For Better, for Worse: Life Satisfaction Consequences of Migration", *International Migration Review* 36 (3): 838-863.

De-Haas, Hein 2010, "Migration and Development: A Theoretical Perspective", *International Migration Review* 44 (1): 227-264.

Diaz-Briquets, Sergio and Sidney Weintraub (eds.) 1991, *Migration, Remittances, and Small Business Development: Mexico and Caribbean Basin Countries*, Boulder, Co.: Westview Press.

Douw, Leo, Cen Huang and Michael R. Godley (eds.) 1999, *Qiaoxiang Ties: Interdisciplinary Approaches to 'Cultural Capitalism' in South China*, London: Kegan Paul International in Association with International Institute for Asian Studies.

Drouhot, Lucas G. and Victor Nee 2019, "Assimilation and the Second Generation in Europe and America: Blending and Segregating Social Dynamics Between Immigrants and Natives", *Annual Review of Sociology* 45: 177-99.

Durand, Jorge, William Kandel, Emilio A. Parrado, Douglas S. Massey 1996, "International Migration and Development in Mexican Communities", *Demography* 33 (2): 249-264.

Durkheim, Emily 2014, *The Division of Labor in Society*, Free Press.

Eckstein, Susan and Lorena Barberia 2002, "Grounding Immigrant Generations in History: Cuban Americans and Their Transnational Ties", *International Migration Review* 36 (3): 799-837.

Flores, Juan 2005, "The Diaspora Strikes Back: Reflections on Cultural Remittances", *NACLA Report on the Americas* 39 (3): 21-26.

Fong, Eric Kumiko Shibuya and Xi Chen 2020, "Migration among East and Southeast Asian Economies", *International migration* 58 (4): 69-84.

Gammeltoft-Hansen, Thomas, and Ninna Nyberg Sørensen (eds.) 2013, *The Migration Industry and the Commercialization of International Migration*, London: Routledge.

Gardner, Katy 2006, "The Transnational Work of Kinship and Caring: Bengali-British Marriages in Historical Perspective", *Global Networks* 6 (4): 373-387.

Germano, Roy 2017, "Remittances as Diplomatic Leverage?: The Precedent for Trump's Threat to Restrict Remittances to Mexico", *Research and Politics* 4 (2): 2053168017709411.

Gibson, John and David McKenzie 2014, "Scientific Mobility and Knowledge Networks in High Emigration Countries: Evidence from the Pacific", *Research policy* 43 (9): 1486-1495.

Glazer, Nathan and Daniel P. Moynihan 1970, *Beyond the Melting Pot: The Negroes, Puerto Ricans, Jews, Italians and Irish of New York City*, 2nd ed. Cambridge: MIT Press.

Glick-Schiller, Nina and Georges Fouron 2001, *Georges Woke Up Laughing: Long-Distance Nationalism and the Search for Home*, Durham, NC: Duke University Press.

Glick-Schiller, Nina Linda Basch and Cristina Blanc-Szanton 1992b, "Transnationalism: A new Analytic Framework for Understanding Migration", *Annals of the New York Academy of Sciences* 645 (1): 1-24.

Glick-Schiller, Nina, Linda Basch and Cristina Blanc-Szanton 1992a, *Towards a Transnational Perspective on Migration: Race, Class, Ethnicity, and Nationalism Reconsidered*, New York: New York Academy of Sciences.

Gold, Steven 2001, "Gender, Class, and Network: Social Structure and Migration Patterns among Transnational Israelis", *Global Networks* 1 (1): 57-78.

Goldring, Luin 1996, "Blurring Borders: Constructing Transnational Communities in the Process of Mexico-U. S. Immigration", *Research* in *Community Sociology* 6 (2): 69-104.

Gordon, Milton M. 1964, *Assimilation in American Life: The Role of Race, Religion, and National Origins*, New York: Oxford University Press.

Granovetter, Mark S. 1974, *Getting a Job: A Study of Contacts and Careers*, Cambridge, MA: Harvard University Press.

Grasmuck, Sherri and Patricia R. Pessar 1991, *Between Two Islands: Dominican International Migration*, Berkeley: University of California Press.

Guarnizo, Luis E., Alejandro Portes and WilliamHalle 2003, "Assimilation and Transnationalism: Determinants of Transnational Political Action among Contemporary Migrants", *American Journal of Sociology* 108 (6): 1211-1248.

Guarnizo, Luis E., Arturo I. Sanchez and Elizabeth M. Roach 1999, "Mistrust, Fragmented Solidarity, and Transnational Migration: Colombians in New York and Los Angeles", *Ethnic and Racial Studies* 22 (2): 367-396.

Guarnizo, Luis E. 1997, "The Emergence of a Transnational Social Formation and the Mirage of Return Migration among Dominican Transmigrants", *Identities* 4 (2): 281-322.

Guarnizo, Luis E. 2003, "The Economics of Transnational Living", *International Migration Review* 37 (3): 666-699.

Gubert, Flore. 2002, "Do Migrants Insure Those Who Stay Behind? Evidence from the Kayes Area (Western Mali)", *Oxford Development Studies* 30 (3): 267-287.

Heering, Liesbeth, Rob Van Der Erf and Leo Van Wissen 2004, "The Role of Family Networks and Migration Culture in the Continuation of Moroccan Emigration: A Gender Perspective", *Journal of Ethnic* and *Migration Studies* 30 (2): 323-337.

Heitmueller, Axel 2006, "Coordination Failures in Network Migration", *The Manchester School* 74 (6): 701-710.

Herzog Jr, Henry W. and Alan M. Schlottmann 1983, "Migrant Information, Job Search and the Remigration Decision", *Southern Economic Journal* 50 (1): 43-56.

Hsu, Madeline 2000a, *Dreaming of Gold, Dream of Home: Transnationalism and Migration Between the United States and South China, 1882-1942*, Stanford: Stanford University Press.

Hsu, Madeline 2000b, "Migration and Native Place: Qiaokan and the Imagined Community of Taishan County, Guangdong, 1893-1993", *The Journal of Asian Studies* 59 (2): 307-331.

Huang, Cen and Michael R. Godley (eds.) 1999, *Qiaoxiang Ties: Interdisciplinary Approaches to "Cultural Capitalism" in South China*, London: Kegan Paul International in Association with International Institute for Asian Studies.

Hugo, Graeme J. 1981, Village-community Ties, "Village Norms, and Ethnic and Social Networks: A Review of Evidence from the Third World", in Gordon F De Jong and Robert W Gardner (eds.), *Migration Decision Making: Multidisciplinary Approaches to Microlevel Studies in Developed and Developing Countries*, New York: Pergamon Press.

Ilahi, Nadeem, and Saqib Jafarey 1999, "Guestworker Migration, Remittances, and the Extended Family: Evidence from Pakistan", *Journal of Development Economics* 58 (2): 485-512.

Itzigsohn, Jose 1995, "Migrant Remittances, Labor Markets, and Household Strategies: A Comparative Analysis of Low-Income Household Strategies in the Caribbean Basin", *Social Forces* 74 (2): 633-655.

Itzigsohn, Jose, Carlos D. Cabral, Esther H. Medina andObed Vazquez 1999, "Mapping Dominican Transnationalism: Narrow and Broad Transnational Practices", *Ethnic Racial Studies* 22 (2): 316-339.

Johnson, Graham E. 1994, "Open for Business, Open to the World: Consequences of Global Incorporation in Guangdong and the Pearl River Delta", pp. 55 – 87, in Thomas P. Lyons and Victor Nee (eds.), *The Economic Transformation of South China: Reform and Development in the Post-Mao Era*, Ithaca: East Asia Program, Cornell University.

Johnson, Graham E. 1998, "Managing Revolutionary Transformation: Action and Reaction in the Pearl River Delta Region", pp. 295-334, in Joseph Y. S. Cheng (eds.), *The Guangdong Development Model and Its Chanllenges*. Hongkong: City University of Hong Kong Press.

Johnson, Graham E. and Whitelaw Edward W. 1974, "Urban-rural income transfers in Kenya: An Estimated-remittances Function", *Economic Development and Cultural Change* 22 (3): 473-479.

Jones, Richard C. 1998, "Remittances and Inequality: A Question of Migration Stage and Geographic Scale", *Economic Geography* 74 (1): 8-25.

Jones-Correa, Michael 2001, "Under Two Flags: Dual Nationality in Latin America and its Consequences for Naturalization in the United States", *International Migration Review* 35 (4): 997-1029.

Khavarian-Garmsir, Amir Reza, Ahmad Pourahmad, Hossein Hataminejad and Rahmatollah Farhoodi 2019, "Climate Change and Environmental Degradation and the Drivers of Migration in the Context of Shrinking Cities: A Case Study of Khuzestan Province, Iran", *Sustainable Cities and Society* 47: 101480.

Kim, Keuntae and Joel E. Cohen 2010, "Determinants of International Migration Flows to and from Industrialized Countries: A Panel Data

Approach Beyond Gravity", *International migration review* 44 (4): 899-932.

Klaver, Jeanine 1997, *From the Land of the Sun to the City of Angels: The Migration Process of Zapotec Indians from Oaxaca, Mexico to Los Angeles, California*, Amsterdam: University of Amsterdam.

Koh, Sin Yee and Bart Wissink 2017, "Enabling, Structuring and Creating Elite Transnational Lifestyles: Intermediaries of The Super-Rich and The Elite Mobilities Industry", *Journal of Ethnic and Migration Studies* 44 (4): 592-609.

Kuah, Khun Eng 2000, *Rebuilding the Ancestral Village: Singaporeans in China*, Aldershot: Ashgate.

Kubik, Zaneta and Mathilde Maurel 2016, "Weather Shocks, Agricultural Production and Migration: Evidence from Tanzania", *The Journal of Development Studies* 52 (5): 665-680.

Kwong, Peter 1987, *The New Chinatown*, New York: Hill and Wang.

Lam, Theodora and Brenda SA Yeoh 2019, "Parental Migration and Disruptions in Everyday life: Reactions of Left-behind Children in Southeast Asia", *Journal of ethnic and migration studies* 45 (16): 3085-3104.

Landolt, Patricia 2001, "Salvadoran Economic Transnationalism: Embedded Strategies for Household Maintenance, Immigrant Incorporation, and Entrepreneurial Expansion", *Global Networks* 1 (3): 217-242.

Lee, Sandra Soo-Jin 2000, "Dys-Appearing Tongues and Bodily Memories: The Aging of First-Generation Resident Koreans in Japan", *Ethos* 28 (2): 198-223.

Levitt, Peggy 2001, "Transnational Migration: Taking Stock and Future Directions", *Global Networks* 1 (3): 195-216.

Levitt, Peggy 2007, *God Needs No Passport: How Immigrants are*

Changing the American Religious Landscape, New York: New Press.

Levitt, Peggy and Nina Nyberg-Sørensen 2004, "The Transnational Turn in Migration Studies", *Global Migration Perspectives* 6: 2-13.

Lewis, W Arthur 1954, "Economic Development with Unlimited Supplies of Labor", *The Manchester School of Economic and Social Studies* 22: 139-191.

Liang, Zai Miao David Chunyu, Guotu Zhuang and Wenzhen Ye 2008, "Cumulative Causation, Market Transition, and Emigration from China", *American Journal of Sociology* 114 (3): 706-737.

Lianos, Theodore P. and Jennifer Cavounidis 2010, "Immigrant Remittances, Stability of Employment and Relative Deprivation", *International Migration* 48 (5): 118-141.

Light, Ivan, Min Zhou and Rebecca Kim 2002, "Transnationalism and American Exports in an English-speaking World", *International Migration Review* 36 (3): 702-725.

Light, Ivan, Richard Isralowitz 1997, *Immigrant Entrepreneurs and Immigrant Absorption in the United States and Israel*, Aldershot, UK: Ashgate.

Mahler, Sarah J. 2000, "Constructing International Relations: The Role of Transnational Migrants and Other Non-state Actors", *Identities* 7 (2): 197-232.

Martin, Maxmillan, Billah Motasim, Tasneem Siddiqui, Chowdhury Abrar, Richard Black and Dominic Kniveton, 2014, "Climate-related Migration in Rural Bangladesh: A Behavioural Model", *Population and Environment* 36 (1): 85-110.

Massey, Douglas S., Joaquin Arango, Graeme Hugo, Ali Kouaouci, Adela Pellegrino and Edward Taylor J. 1993, "Theories of International Migration: A Review and Appraisal", *Population and Development Review* 19 (3): 431-466.

Massey, Douglas S., Joaquin Arango, Graeme Hugo, Ali Kouaouci, Adela Pellegrino and Edward Taylor J. 1994, "An Evaluation of International Migration Theory: The North American Case", *Population and Development Review* 20 (4): 699-751.

Massey, Douglas S. 1990a, "The Social and Economic Origins of Immigration", *Annals of the American Academy of Political and Social Science* 510: 60-72.

Massey, Douglas S. 1990b, "Social Structure, Household Strategies, and the Cumulative Causation of Migration", *Population Index* 56 (1): 3-26.

Massey, Douglas S. Joaquin Arango, Graeme Hugo, Ali Kouaouci, Adela Pelllegrino and Edward Taylor J. 1998, *Worlds in Motion: Understanding International Migration at the End of the Millennium*, New York: Oxford University Press.

Morawska, Ewa 1990, The sociology and Historiography of Immigration, pp. 187-240, in Virginia Yans- McLaughlin (eds.), *Immigration Reconsidered: History, Sociology, and Politics*, New York: Oxford University Press.

Mountz, Alison, and Richard Wright 1996, "Daily Life in the Transnational Migration Community of San Agustin, Oaxaca and Poughkeepsie, New York", *Diaspora* 5 (3): 403-428.

Myrdal, Gunnar 1957, *Rich Lands and Poor*, New York: Harper and Row.

Neumann, Kathleen and Frans Hermans 2017, "What Drives Human Migration in Sahelian Countries? A Meta-analysis", Population, Space and Place. *Population, Space and Place* 23 (1): e1962.

Nyberg-Sørensen, Nina, Nicolas Van Haer and Poul Engberg-Pedersen 2002, "The Migration-Development Nexus: Evidence and Policy Options State-of-the-Art Overview", *International Migration* 40

(5): 3-47.

Nyíric, Pál and Biao Xiang 2022, *Migration and Values*. Conference Papers. Halle (Saale): Max-Planck-Institut für ethnologische Forschung.

Orozco, Manuel 2005, "Transnationalism and Development: Trends and Opportunities in Latin America", In World Bank (ed.), *Remittances: Development Impact and Future Prospects*, Washington, DC: World Bank.

Parreñas, Rhacel Salazar 2001, "Mothering from a Distance: Emotions, Gender, and Intergenerational Relations in Filipino Transnational Families", *Feminist Studies* 27 (2): 361-390.

Pessar, Patricia R. and Sarah J. Mahler 2003, "Transnational Migration: Bringing Gender In", *International Migration Review* 37 (3): 812-846.

Petras, Elizabeth M. 1981, "The Global Labor Market in the Modern World-economy", In Mary M Kritz, Charles B Keely, and Silvano M Tomasi (eds.), *Global Trends in Migration: Theory and Research on International Population Movements*, Staten Island, New York: Center for Migration Studies: 44-63.

Pieke, Frank, Pál Nyíri, Mette Thunø and Antonella Ceccagno 2004, *Transnational Chinese: Fujianese Migrants in Europe*, Stanford: Stanford University Press.

Piore, Michael J. 1979, *Birds of Passage: Migrant Labor in Industrial Societies*, Cambridge: Cambridge University Press.

Poirine, Bernard 1997, "A Theory of Remittances as an Implicit Family Loan Arrangement", *World Development* 25: 589-611.

Popkin, Eric 1999, "Guatemalan Mayan Migration to Los Angeles: Constructing Transnational Linkages in the Context of the Settlement Process", *Ethnic and Racial Studies* 22 (2): 267-289.

Portes, Alejandro 1978, "Migration and Underdevelopment", *Politics & Society* 8 (1): 1.

Portes, Alejandro 1994, "Paradoxes of the Informal Economy: The Social Basis of Unregulated Entrepreneurship", in Neil J. Smelser and Richard Swedberg (eds.), *Handbook of Economic Sociology*. Princeton: Princeton University Press.

Portes, Alejandro 1995, "Children of Immigrants: Segmented Assimilation and its Determinants", in Alejandro Portes (ed.), *The Economic Sociology of Immigration: Essays on Networks, Ethnicity and Entrepreneurship*, New York, Russell Sage Foundation.

Portes, Alejandro 2001, "Introduction: the Debates and Significance of Immigrant Transnationalism", *Global Networks* 1 (3): 181-194.

Portes, Alejandro 2003, "Conclusion: Theoretical Convergencies and Empirical Evidence in the Study of Immigrant Transnationalism", *International Migration Review* 37 (3): 874-892.

Portes, Alejandro and John Walton 1981, *Labor, Class, and the International System*, New York: Academic Press.

Portes, Alejandro and Min Zhou 1992, "Gaining the Upper Hand: Economic Mobility among Immigrant and Domestic Minorities", *Ethnic and Racial Studies* 15 (4): 491-522.

Portes, Alejandro and Min Zhou 1993, "The New Second Generation: Segmented Assimilation and its Variants among Post-1965 Immigrant Youth", *American Academy of Political and Social Science* 530 (November): 74-96.

Portes, Alejandro and Min Zhou 2001, "The New Second Generation: Segmented Assimilation and Its Variants", in Harry Goulbourne (ed.), *Race and Ethnicity: Critical Concepts in Sociology*, Vol IV: *Integration Adaptation and Change*, New York: Routledge.

Portes, Alejandro and Ruben Rumbaut G. 2001, *Legacies: The Story of the Immigrant Second Generation*, Berkeley: University of California Press.

Portes, Alejandro, Luis E. Guarnizo and Patricia Landolt 1999, "The Study of Transnationalism: Pitfalls and Promise of an Emergent Research Field", *Ethnic Racial Studies* 22 (2): 217-237.

Potts, Deborah 2000, "Worker-Peasants and Farmer-Housewives in Africa: The Debate about 'Committed' Farmers, Access to Land and Agricultural Production", *Journal of Southern African Studies* 26 (4): 807-832.

Ramon, Mon P. 1998, "The Latest Wave of Chinese Immigration to Panama (1985-1992): Legal Entry and Adaptation Problems", in Wang Ling-chi and Wang Gung Wu (eds.), *The Chinese Diaspora: Selected Essays Volume II*, Singapore: Times Academic Press.

Ranis, Gustav and John C. H. Fei 1961, "A Theory of Economic Development", *American Economic Review* 51 (4): 533-565.

Robert Park E. and Ernest Burgess W, 1921, *Introduction to the Science of Society*, 2nd ed. Chicago: University of Chicago Press.

Roberts, Kenneth D. and Michael D. S. Morris 2003, "Fortune, Risk, and Remittances: An Application of Option Theory to Participation in Migration Networks", *International Migration Review* 37 (4): 1252-1281.

Royuela, Vicente 2015, "The Role of Urbanisation on International Migrations: A Case Study of EU and ENP Countries", *International Journal of Manpower* 36 (4): 469-490.

Schaeffer, Peter V. 1995, "The Work Effort and the Consumption of Immigrants as a Function of Their Assimilation", *International Economic Review* 36 (3): 625-642.

Siu, Lok 2000, *At the Intersection of Nations: Diasporic Chinese in Panama and the Cultural Politics of Belong*, Stanford University PHD.

Sjaastad, Larry A. 1962, "The Costs and Returns of Human Migration", *Journal of Political Economy* 70 (S): 80-93.

Smart, Alan and George C. S. Lin, 2007, "Local capitalisms, Local Citizenship and Translocality: Rescaling from below in the Pearl River Delta region, China", *International Journal of Urban and Regional Research* 31 (2): 280-302.

Smith, Robert C. and Luis E. Guarnizo (eds.) 1998, *Transnationalism from Below*, New Brunswick, NJ: Transaction Books.

Stahl, Charles W. 2003, "International Labor Migration in East Asia: Trends and Policy Issues", pp. 29-54, in Iredale Robyn, Hawksley Charles, and Castles Stephan. (eds.), *Migration in the Asia Pacific: Population, Settlement and Citizenship Issues*, Northampton, MA: Edward Elgar.

Stark, Oded and Edward J. Taylor 1991, "Migration Incentives, Migration Types: The Role of Relative Deprivation", *The Economic Journal* 101 (408): 1163-1178.

Stark, Oded, Edward J. Taylor and Shlomo Yitzhaki 1986, "Remittances and Inequality", *The Economic Journal* 96 (383): 722-740.

Susanto, Joko and Nor Fatimah Che Sulaiman 2022, "Economic Prospects and International Labor Migration", *International Journal of Sustainable Development and Planning* 17 (8): 2475-2483.

Tan, Chia-zhi and Henry Wai-chung Yeung 2000, "The Internationalization of Singaporean Firms into China: Entry Modes and Investment Strategies", in Henry Wai-chung Yeung and Kris Old (eds.), *Globalization of Chinese Business Firms*, London: Palgrave Macmillan.

Taylor, J. Edward 1986, "Differential Migration, Networks, Information and Risk", in Greenwich Oded Stark (ed.), *Research in Hu-*

man Capital and Development, Vol 4: Migration, Human Capital, and Development, Conn: JAI Press: 147-171.

Taylor, J. Edward 2006, "International Migration and Economic Development", pp. 28-30, in *International Symposium on International Migration and Development*, United Nations Secretariat, Turin, Italy: Population Division, Department of Economic and Social Affairs.

Todaro, Michael P. 1969, "A Model of Labor Migration and Urban Unemployment in Less-developed Countries", *The American Economic Review* 59: 138-148.

Tonnies, Ferdinand 2011, *Community and Society*, Franklin: Dover Publications press.

Tyburski, Michael D. 2014, "Curse or Cure? Migrant Remittances and Corruption", *The Journal of Politics* 76 (3): 814-824.

Van der Erf, Rob and Liesbeth Heering 2002, *Moroccan Migration Dynamics: Prospects for the Future*, Switzerland: International Organisation for Migration.

Vang, Zoua M. and Susan E. Eckstein 2015, "Toward an Improved Understanding of Immigrant Adaptation and Transnational Engagement: The Case of Cuban Émigrés in the United States", *Comparative Migration Studies* 3 (1): 1-20.

VanWey, Leah K., Catherine M. Tucker, Eileen Diaz McConnell 2005, "Community Organization, Migration, and Remittances in Oaxaca", *Latin American Research Review* 40 (1): 83-107.

Vertovec, Steven 2004, "Cheap Calls: The Social Glue of Migrant Transnationalism", *Global Networks* 4 (2): 219-224.

Woon, Yuen Fong 1996, "The Re-emergence of the Guan Community of South China in the Post-Mao Era: The Significance of Ideological Factors", *China Information* 11 (1): 14-38.

Xiang, Biao 2021, "Shock Mobility: Convulsions in Human Migration

Are Having Large Impacts", in *Molab Inventory of Mobilities and Socioeconomic Changes*, Halle (Saale): Department Anthropology of Economic Experimentation.

Xiang, Biao 2023, William L. Allen, Shahram Khosravi, Hélène Neveu Kringelbach, Yasmin Y. Ortiga, Karen Anne S. Liao, Jorge E. Cuéllar, Lamea Momen, Priya Deshingkar and Mukta Naik 2023, "Shock Mobilities During Moments of Acute Uncertainty", *Geopolitics* 28 (4): 1632-1657.

Zhou, Min 1992, *Chinatown: The Socioeconomic Potential of an Urban Enclave*, Philadelphia, Pa.: Temple University Press.

Zhou, Min 2004, "Revisiting Ethnic Entrepreneurship: Convergencies, Controversies, and Conceptual Advancements", *International Migration Review* 38 (3): 1040-1074.

Zhou, Min and Carl L. Bankston III. 1994, "Social Capital and the Adaptation of the Second Generation: The Case of Vietnamese Youth in New Orleans East", *International Migration Review* 28 (4): 821-845.

Zhou, Min and Carl L. Bankston, III. 1998, *Growing Up American: How Vietnamese Children Adapt to Life in the United States*, New York: Russell Sage Foundation.

Zhou, Min and John R. Logan 1989, "Returns on Human Capital in Ethnic Enclaves: New York City's Chinatown", *American Sociological Review* 54 (5): 809820.

Zhou, Min and John R. Logan 1991, "In and Out of Chinatown: Residential Mobility and Segregation of New York City's Chinese", *Social Forces* 70 (2): 387407.

Zhou, Min and Rennie Lee 2013, "Transnationalism and Community Building: Chinese Immigrant Organizations in the United States", *Annals of the American Academy of Political and Social Science* 647 (1):

22-49.

Zhou, Min and Susan S. Kim 2006, "Community Forces, Social Capital, and Educational Achievement: The Case of Supplementary Education in the Chinese and Korean Immigrant Communities", *Harvard Educational Review* 76 (1): 1-29.

Zhou, Min and Xiangyi Li 2018, "Remittances for Collective Consumption and Social Status Compensation: Variations on Transnational Practices among Chinese International Migrants", *International Migration Review* 52 (1): 4-42.

Zhou, Yu and Yenfen Tseng 2001, "Regrounding the 'Ungrounded Empires': Localization as the Geographical Catalyst for Transnationalism", *Global Networks* 1 (2): 131-154.

Zolberg, Aristide R. 1983, "The Formation of New States as a Refugee-Generating Process", *The Annals of the American Academy of Political and Social Science* 467 (1): 24-38.

Zweig, David 2006, "Competing for Talent: China's Strategies to Reverse the Brain Drain", *International Labour Review* 145 (1-2): 65.

Østergaard-Nielsen, Eva 2003, "The Politics of Migrants' Transnational Political Practices", *International Migration Review* 37 (3): 760-786.

后　　记

　　本书的选题来自我们虽然生活在"城市中国",却又在"乡土中国"长期调研的张力之间所带来的困惑。由于研究领域和研究兴趣,我们在将近 15 年的时间中,长期来往于中国东南沿海的传统侨乡,以及这些华人移民散布的北美和东南亚,进行田野调查;反而对于作为我们日常生活的广州出现了某种知识的盲点。作为"日常"与"附近",既重要又琐碎,既熟悉又陌生,既亲近又遥远。就我们关心的国际移民跨国主义议题而言,广州作为一个侨都,其与海外移民的跨国互动与我们所熟知的闽粤侨乡有什么不同。这是我们做这项研究的起点。

　　这项研究开始于 2013 年,到今年出版,整整十年时间。在研究过程中,我们得到了《广东华侨史》编修工作团队,以及广州市社会科学院"广州社会状况综合调查"项目提供的资料支持。

　　同时,我们要感谢中山大学社会学与人类学学院、中山大学国际关系学院以及广州市社会科学院,给我们的研究工作提供了良好的氛围和空间,让我们最终得以完成此项研究。母校中山大学的诸位师友长期以来对我们的关心和支持,我们铭记在心。

　　此外,我们要特别感谢美国国家科学院院士、美国艺术与科学院院士周敏教授百忙之中赐序。感谢中国社会科学出版社宋燕鹏编审，在书稿编校过程中所给予的细致校对和中肯建议。同时感谢博士生杨宜滋与王蓉的校对工作。

  生活始终大于学术，学术终归要叩问于生活。生活无限，研究不止，我们必将继续努力！谨此为记。

黎相宜、陈杰

2024 年 4 月 14 日于广州